चिंगारियाँ

चिंगारियाँ

(नाट्य संग्रह)

मधु धवन

वाणी प्रकाशन

वाणी प्रकाशन
4695, 21-ए, दरियागंज, नयी दिल्ली 110 002

शाखा
अशोक राजपथ, पटना 800 004

फ़ोन : +91 11 23273167 फ़ैक्स : +91 11 23275710

www.vaniprakashan.in
vaniprakashan@gmail.com
sales@vaniprakashan.in

CHINGARIYAN
(NATAK SAMAGRA)
by Madhu Dhawan

ISBN : 978-93-86799-20-3
Play

प्रथम संस्करण
मूल्य : ₹ 795

सिटी प्रेस, दिल्ली-110 095 में मुद्रित

वाणी प्रकाशन का लोगो मक़बूल फ़िदा हुसेन की कूची से

सादर समर्पित

परमप्रिय जीवनसाथी

एवं नर श्रेष्ठ

श्री विजय कुमार धवन को

जिनके प्रेमबल से मैं

सदा प्रोत्साहित होती रही।

दो शब्द

अपने सात नाटकों का संग्रह आपको देते हुए अनूठी प्रसन्नता की प्रतीति हो रही है। समसामयिक जीवन-मूल्यों सामाजिक सन्दर्भों तथा मानवीय गरिमा के साथ खिलवाड़ करने वाली परिस्थितियाँ जिस तरह हावी होती जा रही हैं, विसंगतियाँ कृत्रिमता एवं विडम्बनाएँ भी उसी गति से बढ़ती जा रही हैं।

आज कथनी और करनी के मध्य बढ़ते अन्तराल के कारण उन्मुक्तता, समानता एवं बन्धुत्व की जितनी चर्चा की जाती रही है उतनी प्रतिफलित हो नहीं पायी। जीवनव्यापी राजनीति के दाँव-पेचों के चलते समसामाजिक दैनिक जीवन में त्रासदी का ज़हर घुलता गया है।

मुझे इस बात की कसक सदा बनी रही कि तमिलनाडु भारत का अंश होते हुए भी अपने देश के नागरिक हिन्दी के विरुद्ध आवाज़ उठाते हैं?

मैं बंगलौर विश्वविद्यालय की छात्रा हूँ। अंग्रेजी में काम करना आता है। जिस कॉलेज में नियुक्त हुई उस कॉलेज में हिन्दी को कोई स्थान नहीं था। पहले मैं वेल्यू एजुकेशन की कक्षाएँ लिया करती थी किन्तु जब पता चला कि हिन्दी के पद पर नियुक्त मुझे अन्य विषय के लिए भी इस्तेमाल किया जा रहा है जो नियमानुसार उचित नहीं है। इत्तेफाक से उन्हीं दिनों कक्षा में कबीर का यह दोहा पढ़ा रही थी—

कबिरा आप ठगाइए, आप न ठगिये कोय।
आप ठगे सुख होत है, और ठगे दुख होय॥

यानी खुद ठग जाओ, लेकिन किसी को ठगो नहीं, क्योंकि स्वयं ठग जाने पर सुख मिलता है और दूसरों को ठगने से दुख होता है। मुझे राष्ट्रीय स्तर पर यह ठगी लगी।

मैंने ठान लिया कि हिन्दी ही मेरा लक्ष्य है। मैंने अंग्रेजी में काम करना सदा के लिए छोड़ दिया। जो लोग हिन्दी की नौकरी पर विराजमान दूसरे काम करना ज़्यादा पसन्द करते थे, क्योंकि तमिलनाडु में उन्हें हिकारत की दृष्टि से जो देखा जाता था।

मैंने कॉलेज में कई तरह के कार्यक्रम करवाने शुरू किये।

सिस्टर प्रिंसिपल डॉ. हेलन विंसेंट जहाँ व्यवस्था से डरती थीं वहीं मेरी निर्भीकता को देख प्रेरित भी। उनकी अनुमति के बिना तो मैं भी कुछ नहीं कर सकती थी। मैंने नाटकों को भाषा सिखाने का उचित साधन चुना। नाटक की निर्णायक श्रीमती सुषमा आहूजा, जो जानी-मानी धारावाहिक कार्यक्रमों की प्रोड्यूसर, अभिनेत्री थीं, को आमंत्रित करती अथवा बड़ी हस्ती को प्रेरणा का साधन बना लेती जिससे लोगों में साहस आये। चारों तरफ खुशहाली का आलम छाने लगा। लोग प्रिंसिपल को बधाई देने लगे। इससे कान्वेंट में छाया आतंक छँटने लगा।

कॉलेज के वातावरण में अन्य विषयों के साथ हिन्दी क्लब की स्थापना हुई। स्टेल्ला मॉरिस सब कॉलेजों का आज भी प्रतिनिधि है। हमें देखकर सब आगे बढ़ने लगे।

पहले इन्टर क्लास प्रतियोगिता करवाती रही फिर इन्टर कॉलेज करवानी शुरू की। अब तो प्रतिवर्ष नाटक प्रतियोगिता होती है।

1990 के आसपास कितने सारे नाटक कई बार कॉलेज में खेले गये। इस तरह अन्य कॉलेजों में भी सत्ता का डर दूर होने लगा। मेरे आत्मविश्वास को देख, सब आगे आने लगे। इस तरह कारवाँ बनता चला गया। मेरे मन में जिन विचारों की भीड़ लग गयी थी जो बाड़ बन आयी थी वह नाटकों के रूप में निकली। ये नाटक उन्हीं पलों का श्रम हैं।

शुभ कामनाओं सहित

मधु धवन

आमुख

साहित्य की सबसे प्रभावशाली तथा जीवन को जीवन्त रूप में प्रस्तुत करनेवाली विधा नाटक है। शायद इसीलिए शेक्सपियर ने मानव-जीवन को रंगमंच माना है। नाटक तथा रंगमंच की परम्परा बहुत पुरानी है—वह चाहे भारतीय हो या पाश्चात्य।

भारतीय नाट्य में जहाँ रस को महत्ता दी जाती है वहीं पाश्चात्य में द्वन्द्व पर बल दिया जाता है। लेकिन देखा जाये तो आजकल नाट्य स्वरूप लगभग समान हैं। कभी भारतीय तत्त्व पाश्चात्य नाटकों में देखे जाते हैं तो कभी पाश्चात्य तत्त्वों को भारतीय नाटकों में समाहित किया गया।

आज नाटक मात्र लिखित शब्द ही न रहकर धारावाहिकों के रूप में उच्च शिखर पर समासीन हो चुका है। वस्तुतः नाटक लिखित शब्द नहीं अपितु उसकी सार्थकता मंच पर बोलते हुए शब्दों में ही होती है।

आधुनिक काल में हिन्दी के कथ्यगत तथा शिल्पगत विविध आयामों की विकास यात्रा में पहले से कई ज़्यादा वैविध्य समाहित हुए हैं। देश की आज़ादी के बाद यह गति क्रमशः मन्द हो गयी। बड़े नाटकों की अपेक्षा छोटे और एकांकी में शिल्पगत विकास दिखायी देता है।

आधुनिक काल में हिन्दी के नाट्य रचनाकारों ने समूचे भारतीय जीवन की प्रत्येक गतिविधि को, उसके हरेक भाग को, सोच को, चेतना को और संवेदना को नाटकों के जरिये चित्रित किया है। यहाँ यह कहना अतिशयोक्ति न होगी कि 1960 के बाद के नाटकों में भारतीय जन-जीवन का सच्चा स्वरूप प्रस्तुत हुआ है। इस समय के नाटकों में मनुष्य की पीड़ा तथा दिशाहीनता स्पष्ट झलकती है। टूटते परिवेश, आधे-अधूरे, रक्तकमल, अब्दुल्ला दीवाना, देवयानी का कहना, भूल, तीसरा हाथी, बर्फ़ की दीवार, मैंने कब चाहा? आदि नाटकों में संघर्ष और रिश्तों में बढ़ती दीवार को दिखाने का प्रयास है। न्याय की रात, बकरी, ओउम क्रान्ति, दिल्ली ऊँचा सुनती है, कुत्ते, त्रास, शम्बूक हत्या आदि नाटकों में व्यवस्था-विरोध के स्वर को सुनाने का प्रयास है।

इस कालावधि में जिन नाटककारों ने अपनी कश्तियों से हिन्दी रंगमंच को विशेष स्थान बनाने में जो योगदान दिया इनमें रामकुमार वर्मा, जगदीशचन्द्र माथुर, उदयशंकर भट्ट्ट, उपेंद्रनाथ अश्क, विष्णु प्रभाकर आदि पुरानी पीढ़ी के नाटककार हैं। तो अगली पीढ़ी के मोहन राकेश, लक्ष्मीनारायण लाल, धर्मवीर भारती, विनोद रस्तोगी, मणि मधुकर, शंकर शेष, कुसुम कुमार आदि नाम उल्लेखनीय हैं।

डॉ. मधु धवन ने युगीन समस्याओं को अपने नाटकों का विषय बनाया और समाज में फैली विद्रूपताओं को अपने नाटकों में स्थान दिया। समकालीन भारतीय जन-जीवन आर्थिक-सामाजिक विषम परिस्थितियों से गुजर रहा है। व्यक्ति आज के दिखावे के विषमजाल में ऐसा फँस गया है कि बिना उसकी दौड़ दोड़े वह चैन की साँस नहीं ले सकता। उनके पात्र अन्तर्विरोधी द्वन्द्वों से ग्रस्त हैं। भगतसिंह, मैंने कब चाहा?, भूल, त्रास, आज की पुकार, रफ्तार आदि में देखा जा सकता है। वहीं उनके नाटकों में औद्योगिकी-प्रौद्योगिकी तथा तीव्रगति से बढ़ते संचार माध्यमों के प्रभाव से बदलते विचारों और उच्च स्तरीय जीवन शैली को दिखलाने का प्रयास है। नयी सभ्यता के नये अंदाज देखने को मिलते हैं। 'त्रास' नाटक में समकालीन जीवन में सामाजिक, शैक्षणिक एवं नैतिक परिदृश्यों को उजागर कर शिक्षा संस्थानों की बढ़ती लोलुपता तथा शिक्षकों की समझौतावादी प्रवृत्ति के कारण छात्रवर्ग की उन्नति तथा उनके सर्वांगीण विकास में अवरोधों पर प्रकाश डाला गया है।

नाटककार ने शिक्षा-प्रणाली पर प्रहार किया है। जिस तरह द्रोणाचार्य व्यवस्था से समझौता कर आत्मा की आवाज़ को दबा देते हैं, अपनी सुविधा और सुरक्षा हितार्थ असहाय बन जाते हैं, उसी तरह माधव प्रसाद भी व्यवस्था के साथ समझौता कर स्कूल कमेटी के इशारों पर चलते हैं। स्कूल की शोहरत बढ़ाते-बढ़ाते माधव प्रसाद के भीतर का आदमी कब पत्थर बन गया उन्हें पता नहीं।

सत्य, मानवता, जन कल्याण का मार्ग जानते हुए भी वे अन्याय-असत्य के मार्ग पर चलते रहे। इस नाटक में पौराणिक और ऐतिहासिकता का भाव मात्र लिया है। पौराणिक पात्र मात्र वस्तुस्थिति आंकलन के लिए हैं। इनके नाटक आज के युवा वर्ग का प्रतिनिधित्व करते हैं। लेखिका ने जहाँ 'मैंने कब चाहा?' के माध्यम से आज की नयी पीढ़ी में बढ़ती दायित्वहीन मौजमस्ती की आत्मसीमित, अनुशासनहीनता और विद्रोह की भावना दिखायी है वहीं 'रफ्तार' के माध्यम से आज की बढ़ती स्मार्ट पीढ़ी के बहुआयामी स्वरूप को बड़ी कुशलता से दर्शाया है।

कुल मिलाकर कहा जा सकता है कि हिन्दी जगत में वे अपने सामाजिक तथा शैक्षणिक नाटक तथा एकांकियों द्वारा चर्चित हैं। डॉ. मधु धवन ने अपने

नाटकों-एकांकियों में स्वदेशी की भावना, शिक्षा-प्रणाली की दशा, राष्ट्रीय चेतना, सांस्कृतिक चेतना तथा नैतिकता को मुखरित करने में सफलता पायी है।

आपके नाटकों की भाषा सरल, साफ-सुथरी है। नाटक के संवाद प्रभावोत्पादक रोचकता के साथ-साथ व्यावहारिक एवं जीवन्तता लिए हैं।

बीसवीं सदी के आठवें दशक में उभरी लेखिका ने पारम्परिक नैतिक मूल्यों के विघटन, रिश्तों के खोखलेपन, नयी स्थितियाँ प्रतिस्पर्धा की गहमागहमी आदि पर ध्यान आकर्षित किया है।

मधु धवन के नाटकों में सामाजिक जीवन की यथार्थ अभिव्यक्ति, समस्याओं का सूक्ष्म समाधान और रंगमंचीय सार्थकता की सहज उपलब्धियाँ हैं।

–मिथलेश कुमारी मिश्र
निदेशिका
बिहार राष्ट्रीय भाषा परिषद
पटना

नाटककार मधु धवन के साथ साक्षात्कार

प्र. मधुधवन जी, प्रारम्भ से अब आपकी रचना प्रक्रिया में क्या अन्तर है?

उ. रचनाकार की विचारधारा में समय और उम्र के साथ बदलाव आता ही है। उम्र की परिपक्वता जीवन की गहनता को जोड़ती ही है।

प्र. आपने मंच के लिए कितना सृजन किया है?

उ. मैंने दो दर्जन नाटक लिखे और करवाये। जिनमें अधिकतर रेडियो नाटक हैं, जो समय-समय पर प्रसारित हुए। इनके अलावा अस्सी एकांकी लिखे जिनमें आधे से ज़्यादा बाल एकांकी हैं और उन्हें मंचित करवाया भी। वे स्कूल की पुस्तकों में हैं तथा पाँच धारावाहिक लिखे।

प्र. नाटकों के अलावा आपने महाकाव्य, चार खण्डकाव्य, तीन काव्य-संग्रह, पाँच कहानी संग्रह, एक बाल उपन्यास, 11 उपन्यास, तथा अन्य विधाओं पर कई पुस्तकें लिखीं हैं। इस प्रकार आपकी सौ से ज़्यादा पुस्तकें हैं।

प्र. नाटकों के सृजन के मूल में आपकी चिन्तन-दृष्टि क्या थी?

उ. तुम्हारा यह प्रश्न सटीक है। वर्तमान युग में यह प्रवृत्ति बहुआयामी रही। मैं उस समय तमिलनाडु के स्कूल-कालेज में हिन्दी बोलने की क्षमता भरने की अनथक चेष्टा कर रही थी। कक्षा में छात्राओं की सख्या सौ से ज़्यादा हुआ करती थी। अतः सबको दलों में बाँटकर प्रोजेक्ट दिया करती थी। उस समय नयी समस्याओं पर दस से ज़्यादा एकांकी लिखकर तैयार करती और छात्र की योग्यता अनुसार कार्य दिया करती थी। इस तरह ज्वलंत समस्याओं पर खूब लिखा।

प्र. 'रफ्तार' नाटक की नायिका और 'मैंने कब चाहा?' के नारी पात्रों को देखने पर लगता है कि नारी मनचाही बुलन्दी पर है? आप नारी को कहाँ खड़ा पाती है?

उ. बीसवीं सदी की नारी के नारी-मुक्ति आन्दोलन, नारी-शिक्षा अभियानों के बावजूद उनकी दशा में कोई खास अन्तर नहीं आया लेकिन इक्कसवीं सदी की नारी ने हर क्षेत्र में अपनी गुणवत्ता से प्रबल साहसी कदम उठाकर अपनी राह बना ली है। आज की नारी ने माता-पुत्री-बहन-पत्नी आदि सम्बन्धों के माध्यम से ही अपना परिचय न देकर स्वयं को राष्ट्र के समझदार नागरिक के रूप में

उपस्थित किया है। 'रफ्तार' में यह उद्घाटित करने का प्रयास है कि हम सब किसी दिक् और काल में ही पैदा होते हैं और युगीन परिस्थितियाँ उस समय की विचारधाराओं का प्रतिबिम्ब होती हैं। आज के सन्दर्भ में नर-नारी की परस्पर निर्भरता की अनिवार्यता बनाये रखना और पूरकता के सिद्धान्त को सम्यक् दृष्टि और सम्यक् आचरण से स्वीकार करना ही आज के सन्दर्भ में उचित है।

6. आज के इस वैज्ञानिक युग में नारी की स्थिति में कोई बदलाव आया है?

उ. यह मेरी रुचि का सवाल है। हाँ, बहुत बदलाव आया है। विश्व इतिहास में पहली बार नारी विज्ञान, औद्योगिकी-प्रोद्योगिकी मनोविज्ञान, राजनीति, प्रशासन, कला-संगीत-साहित्य संचार माध्यमों तथा फिल्मी दुनिया में अपने स्वत्व के प्रति जागृत हुई। आज नारी का अस्तित्त्व पुरुष वर्चस्व के समान है। शिक्षित होकर नारियों ने अपने घर के पुरुषों, चाहे वह पिता हो, पुत्र हो, भाई हो या पति हो, उनका मान बढ़ाया है। आज नारियों ने घर-बाहर कमाल कर दिखाया है।

प्र. आपने जो साहित्य लिखा है, उसे उसके कितने अर्थों में प्रासंगिक मानती हैं?

उ. जब प्रश्न प्रासंगिकता का उठ खड़ा हुआ है तो कहूँगी कि उपभोक्ता और वैश्वीकरण के पाये पर टिकी उत्तर आधुनिकता ने चूँकि इतिहास के साथ-साथ सनातन सार्वभौमिक मूल्यों की समाप्ति की घोषणा कर दी है। मेरे नाटकों में पारिवारिक तथा सामाजिक उस चेतना को झकझोर गया है जो आधुनिकता के छद्म वेश में गुमराह करती है। आज हमारा जीवन कैसे सुखी हो सकता है। हमारा निरंतर प्रतिकूल स्थितियों के बीच काम करते हुए कठोर संघर्ष की माँग करता है। मेरे साहित्य में आपको आज जीवन के मूल्यों को बनाये रखते हुए सतपथ पर चलने, उन्माद की हिंसाओं से परे दृढ़ संकल्पी, निष्ठावान, बड़प्पनयुक्त, उदारवादी, जीवन की सही राह मिलेगी, जिसकी आज बहुत ज़रूरत है।

मेरा साहित्य सर्वजनहिताय का उद्घोषक है। इसमें किशोरावस्था की नाना समस्याओं की गाँठ खोलता है। जिसे वे किसी के साथ बाँटना नहीं चाहते। मानवाधिकार शिक्षा तथा शान्ति-शिक्षा का स्वरूप प्रकट करता हुआ युवा पीढ़ी का मार्गदर्शन करता है। अपने आप निर्णय लेने की प्रक्रिया में आन्तरिक संघर्ष से लेकर बड़े पैमाने के सशस्त्र विरोधों तक मानव जीवन के विभिन्न स्तरों पर विवाद तर्क-वितर्क, विचार वैषम्य बना रहता है। फिर भी यह ज़रूरी नहीं कि समस्त विवाद ध्वंसात्मक हों, रचनात्मक परिवर्तन की दिशा में विवाद बहुत अहमियत लिए होता है। विवाद रचनात्मक ही होते हैं।

–डॉ. अंबुजा एन मालखेड़कर

महिला नाट्य साहित्य

गुलबर्गा विश्वविद्यालय, गुलबर्गा

अनुक्रम

भूल

पात्र-परिचय

(सिन्धिया परिवार)

दीक्षा	–	बहू, नितेश की भाभी
नरेश	–	दीक्षा का पति
नम्रता	–	नरेश की बहन
नितेश	–	नरेश का छोटा भाई
तपस्या	–	दीक्षा की बहन
ऋचा	–	कदम्ब की पत्नी
रामदीन	–	घर का नौकर
परेश	–	नरेश का भाई
मेघा	–	परेश की पत्नी
कदम्ब	–	नरेश का छोटा भाई
देवीदयाल	–	ऋचा के पिताजी

प्रथम अंक

प्रथम दृश्य

[रंगमंच पर पर्दा उठता है। राजसी ठाट-बाट से सजा हुआ कमरा सामने कांच का छोटा मंदिरनुमा कमरा जिसमें दो फुट ऊँची श्वेत संगमरमर की लक्ष्मी नारायण की मनोहर मूर्तियाँ हैं। अगर चन्दन के धूम से कमरा महक रहा है। कुल मिलाकर धुला-सा स्वच्छ सुन्दर कमरा। सोफे पर दीक्षा और उसकी बहन तपस्या बैठी है। तपस्या ने हाथ में एक कमीज का पैकेट पकड़ा हुआ है।]

तपस्या : पता नहीं दीक्षा, तेरे साहब को यह पसन्द आयेगी भी कि...?

दीक्षा : अरे दीदी, आप खामखाह परेशान हो रहे हैं। उन्हें बिलकुल पसन्द आयेगी। और क्या बताऊँ...(**भेद भरे स्वर में**) बिलकुल नादान हैं...।

तपस्या : कौन...तेरा पति नरेश...?

दीक्षा : गऊ...है...गऊ बिना सींग वाली...(**हँसती है**)

तपस्या : बड़ा नाम है इस परिवार का...(**कुछ सोचती हुई**) परिवार बड़ा भी है। चार भाई और एक बहन...। तेरी ननद कैसी है...?

दीक्षा : ठीक है...।

तपस्या : ...और भाई...यानी तेरे देवर...?

दीक्षा : सब भले हैं। ...पढ़ाई-लिखाई में जितने माहिर हैं लोकनीति में उतने ही बुद्धू...बस, आज्ञाकारी प्यादे...।

तपस्या : फिर तो तेरे मजे हैं...।

दीक्षा : हाँ, हैं तो...।

तपस्या : घर में दहेज सम्बन्धी चर्चा चलती है?

दीक्षा : ज़िक्र तो कभी नहीं किया। अच्छा बताओ दीदी क्या लोगी चाय या कॉफी...?

तपस्या : चाय ले लूँगी। (**दीक्षा बदन दबाती है और थोड़ी देर में रामदीन प्रवेश करता है।**)

दीक्षा : रामदीन, दो बढ़िया चाय लाओ...।

रामदीन : जी अच्छा। (**वह चला जाता है**)

तपस्या : ...और हमारी पूजनीय माताजी ने भी क्या दे देना था...? कंजूस मक्खीचूस हैं...चमड़ी जाये पर दमड़ी न जाये...।

दीक्षा : (**तपस्या के कन्धे झकझोरते हुए**)...मैं माँ से शिकायत करूँगी...।

तपस्या : मैं झूठ बोलती हूँ...? मेरी शादी में दिखावा तो बहुत किया था...। ऊपर से अफवाह यह कि तपस्या के ससुराल वाले बड़े आदमी हैं...उनका मुँह खुला रहता है...।

दीक्षा : उस समय पापा जिंदा थे, उन्होंने कमी तो नहीं रखी थी।

तपस्या : यही नियामत थी।

दीक्षा : जानती हो दीदी, मेरी सासू जी जरा तुनक मिजाज की है...।

तपस्या : गलत, बिलकुल गलत, वह बुद्धिजीवियों की कोटि में आती हैं। आह...आलीशान व्यक्तित्त्व वाली नारी (**थोड़ा रुक कर जैसे कुछ देख रही हो**) जिधर से गुजर जाती हैं समस्त वातावरण घण्टों एक महक से महकता रहता है। हर सार्वजनिक स्थल पर उनके गुणों की चर्चा होती है।

दीक्षा : परिवार के समस्त सदस्यों में अपनी एक विशिष्टता होती है। आपके ससुर क्या कम हैं...?

तपस्या : (**बात बदलते हुए**) तेरे सास-ससुर कहाँ हैं...? दिखायी नहीं दिये...?

दीक्षा : वे तीर्थयात्रा के लिए गये हुए हैं।

तपस्या : (**बात बदलते हुए**) तेरे कब आयेंगे...? (**उसकी ओर देखती है**)

दीक्षा : कार और ड्राइवर लेकर गये हैं, किसी समय आ सकते हैं।

तपस्या : सब बातें यहाँ की अच्छी हैं...मेरा मतलब है कि तेरी ससुराल में सब सज्जन हैं किन्तु मैं तेरे घर आया-जाया नहीं करूँगी। तुम फोन कर मुझे बुलाया मत करो...(**थोड़ी**

देर तक चुप रहती है मानो किसी गहरी बात का रहस्य खोलने जा रही हो) कहीं ऐसा न हो कि गलती करो तुम और जुर्माना मुझे भरना पड़ जाये। कहीं वे ये न सोचें कि बहन गलत राह दिखा रही है।

दीक्षा : क्या मतलब...?

तपस्या : (**दृढ़ स्वर में**) पहले तुम मुझे यह बतलाओ कि तुम्हारे माता-पिता यानी सास-ससुर तीर्थयात्रा क्यों गये हैं...? ...मैं तेरी मानसिकता जानती हूँ इसीलिए जब माँ ने मुझे कहा तो...(**दीक्षा बात काटती हुई**)

दीक्षा : मैं एक अलग घर ले लूँगी...। मुझे किसी की परवाह नहीं जो मेरी इच्छा पूर्ण होने नहीं देगा मैं उसे माचिस की तीली की तरह छक...छुम जला दूँगी।...(**अभिनय करती है**)

तपस्या : यह विचार अनुचित है और असम्भव भी...अलगाव...नरेश मानेगा...?

दीक्षा : (**चहकती हुई**) इतना तो झटपट कर देंगे...एक दिन मुझे घुमाने ले गये थे। मैंने कहा कि विदेशी कार की अपनी शान होती है...बस, टोयटा खरीद दी...पैसा है तो दिल...दिल शहंशाह का है...।

तपस्या : (**उठकर खिड़की के पास आ खड़ी हो जाती है और बाहर झाँकने लगती है**) आह, कितना रमणीय भू-खण्ड है। उमेश ठीक कहता था।

दीक्षा : (**उत्सुक**) क्या कहता था...?

तपस्या : यही...इस घर के बच्चों को श्रेष्ठ संस्कार प्राप्त हैं। सुबह-शाम सन्ध्या-वन्दनादि होते हैं। यहाँ की एक अलग-अलग दुनिया है। शहर से बीस मील पर स्थित एक अद्वितीय दुर्ग है जो मनीसारी लता कुंजों से परिपूर्ण है। इसके एक कोने में भारी-भरकम यन्त्रों को अपने में समेटे फैक्ट्री है जो यहाँ आता है इसी रंग में रंग जाता है।

दीक्षा : (**प्रसन्न होते हुए**) यही सत्य है...।

तपस्या : ...और भी बातें जो उसने बतायीं सत्य प्रतीत होती हैं।

दीक्षा : बताओ दीदी, क्या मुझे नहीं बताओगी...?

तपस्या : कहता था—"यहाँ लोक-परलोक की साधना में जुटकर नारी नारी नहीं अपितु दायित्व का स्तम्भ बन जाती है।"

दीक्षा : ...ओह...हो...तो कहीं आपको यह डर तो नहीं कि मेरा रूप क्या बन जायेगा...?...अरे दीदी, घबराती क्यों हो...? (**कुछ पल रुक कर**)...शक्ति, समृद्धि और राज्य सभी सीमित होते हैं...सौन्दर्यमयी के मन बहलाव के उपकरण ...सब मेरे हाथ के ठोकर में होंगे। अगली बार जब तुमको बुलाऊँगी तो यह दिखलाने के लिए...।

तपस्या : (**हैरान होते हुए**) इतना विश्वास...!!! घबराहट होती है।

दीक्षा : इतना विश्वास किसी बलबूते पर ही होता है।

तपस्या : जरा मैं भी तो सुनूँ...?

दीक्षा : (**गर्व से अपना सिर हवा में ऊँचा उठाते हुए**)...मेरी कुशाग्रबुद्धि...। मुझ जैसे व्यक्तित्त्ववालों को आत्मानन्द के लिए किसी बाह्य आलम्बन की अपेक्षा नहीं होती। हम अपनी ही महिमा में प्रतिष्ठित हो कृत्य हो जाते हैं।

तपस्या : (**त्योरियाँ चढ़ाते हुए**) यह तुम नहीं, तुम्हारी अल्पबुद्धि बोल रही है।

दीक्षा : (**तुनक कर**) दीदी, आप कहना क्या चाहती हैं...?

तपस्या : मैं कहना चाहती हूँ कि तुम्हें गम्भीरतापूर्वक जीवन के हर पहलू पर चिन्तन करना चाहिए...। (**दीक्षा उसकी बात काटती हुई पूछती है**)

दीक्षा : मसलन...?

तपस्या : मसलन...। मसलन यह कि तेरे बर्ताव से असन्तुष्ट होकर तेरे सास-ससुर तीर्थयात्रा करने के बहाने घर से बाहर चले गये हैं...क्या यह उचित है...? (**सोफे के पास आते हुए**) जरा सोचो, किसी साधारण परिवार में जन्मी-पली कन्या का विवाह उच्च संस्कार युक्त परिवार के ज्येष्ठ पुत्र के साथ धूमधाम से सम्पन्न हो जाता है और बड़े घर की गृहस्थी का भार उसे सौंपा जाता है (**वह चुप हो गयी**) (तपस्या को चुप देख दीक्षा ने पूछा।)

दीक्षा : ...तो...

तपस्या : तो उसको गृहस्थी सँभालनी आयेगी...? उसका क्या हाल होगा...?

दीक्षा : हाल...बहुत सुन्दर...कन्या राज करेगी...।

तपस्या : सबसे अधिक धर्मसंकट की स्थिति तो पुत्र के लिए होगी। कभी इस ओर सोचा है...? तुम जो कुछ हो नरेश के साथ हो उससे अलग नहीं...।

दीक्षा : हटाओ दीदी, इन बेकार की बातों को...(**बात काटते हुए**)

तपस्या : ये बेकार की बातें हैं...? ये गूढ़ार्थक हैं...।

दीक्षा : इन गूढ़ार्थक बातों का क्या प्रयोजन...?...जब परिवेश से साक्षात्कार होगा...तो हल ढूँढ़ लूँगी।

तपस्या : (**चिन्तित**) जानती है, इस समय तेरे पास किस अभिप्राय से भेजी गयी हूँ...?

दीक्षा : बताये बिना मैं कैसे जान सकती हूँ...।

तपस्या : तुम्हें अचेतन और उपचेतन के कठघरे से उभार कर चेतन...

दीक्षा : ओ...दीदी, यह सब क्या है?

तपस्या : सदियों से चली आयी नारी की सफलता का राज़...।

दीक्षा : ऐसा कौन-सा राज़ है जिसे मैं नहीं जानती...?

तपस्या : तुम कुछ नहीं जानतीं इसलिए तुम्हें बताना चाहती हूँ। ...(**रोष में**)...सदियों से परिवेश की हर विषमता को अपनी अनोखी सूझबूझ और कर्मठता से अपने अनुकूल ढाल देने में नारी पारंगत है किन्तु...

दीक्षा : (**क्रोध से**) बोलो...बोलो...चुप क्यों हो गयी...?

तपस्या : (**तटस्थ होते हुए**) ...तुम एक अपवाद हो दीक्षा...।

दीक्षा : (**हँसते हुए**)...मत भूलो दीदी, मैं आगत हूँ...।

तपस्या : तुम हँस कर बात को टाल रही हो। मैं बस काल्पनिक दृश्य से काँप उठती हूँ...मैं क्या माँ भी...माँ ने जबसे सुना है खाना बन्द कर दिया है।

दीक्षा : (**उसी तरह क्रोध में**) किसने कहा है मेरे बारे में सोच-सोच कर अज्ञात भय से काँपो...? मैं अपनी चिन्ता स्वयं कर सकती हूँ।

तपस्या : तेरे स्वभाव और व्यवहार ने। तेरे स्वभाव और भाव का

अन्दाजा नहीं लगाया जा सकता। तेरी करनी और कथनी में सर्वदा अन्तर रहा है...।

दीक्षा : (**क्रोध से नथुने फड़कने लगते हैं**) जो मुझे आँख दिखायेगा ...मैं...मैं उसे समूल नष्ट कर दूँगी...।

तपस्या : इसी बात का तो माँ को और मुझे भी डर है।

दीक्षा : किस बात का...?

तपस्या : इतनी भोली मत बन।...प्रतिशोध के अलावा भी जीवन में कुछ होता है।...भरेपूरे अखण्ड परिवार को अपने स्वार्थ के लिए खण्ड-खण्ड ही नहीं अपितु विषैले दंश...।

दीक्षा : (**कुपित होते हुए**) ...तो बात यहाँ तक आ गयी।...मुझे नागिन कहा जा रहा है...किन्तु...किन्तु नागिन बेवात किसी को कुछ नहीं कहती...।

तपस्या : (**बात काटती हुई**)...नहीं, तुम यहाँ बिलकुल गलत हो, स्थिति में नागिन दंश के प्रहार से भाव व्यक्त करती है और दोनों स्थितियों में विष निकलता है।

दीक्षा : (**नथुने फड़कने लगते हैं**) चुप करो...

तपस्या : क्रोध पर वश नहीं।

दीक्षा : चुप करो...प्रत्यक्ष क्यों नहीं कहतीं कि मेरी अमीरी देखकर जलती हो...। (**और उत्तेजित होते हुए**)

तपस्या : (**अवाक्**) ....नहीं...नहीं दीक्षा, मेरी प्यारी दीक्षा, मेरी बहन ऐसा मत कह...ऐसा घिनौना आरोप मत लगा...। (**स्वगत**) मैं जानती थी कि तुम ऐसा ही सोचेगी। माँ को समझाया भी था कि मुझे इस तरह की बात लेकर मत भेजो...मैं स्वयं नहीं आयी...तुमने दो दिन पहले फोन किया था...माँ ने भेजा...

दीक्षा : माँ के नाम पर कीचड़ मत उछालो, दीदी।

तपस्या : (**घबरायी-सी**) सच कहती हूँ...मेरी प्यारी दीक्षा।

दीक्षा : (**उसी तरह क्रुद्ध**) ...और क्या कहती हैं माँ...,

तपस्या : सच कहती हूँ...उन्होंने कहा है...निश्चल प्रवृत्ति के अपने सुकुमार देवरों में फूट मत डालना, ऐसा कोई काम न करना जिससे...

दीक्षा : मैं आपसे बात करना नहीं चाहती।...जाइये अभी....जाइये।

(पैर पटकती हुई वह अन्दर चली जाती है)

तपस्या : उसी ओर देखती है **(स्वगत)** ...चली गयी...नादान...बुद्धू ...मूर्ख...
हाय! कैसे किसी को समझाया जा सकता है...?
शादी के बाद कन्या को कुछ शिष्टता से पेश आना चाहिए ...सास-ससुर को तंग करना, उन्हें लोगों की नज़रों में तीर्थयात्रा करने का बहाना करना पड़े यह कहाँ की लोकनीति है...?
बहू अपने सास-ससुर, जो उसे इतने अरमानों के साथ धूम-धाम से ब्याह रचाकर घर लाते हैं उन्हें सुख न देकर बाहर जाने के लिए मजबूर करे—कहाँ का बड़प्पन है...?
...यह तुम नहीं जानतीं...नारी सम्पदा तभी तक है जब वह स्वयं विवेकशील होकर गृहस्थी चलाये, उजड़ी बस्ती बसाने की शक्ति रखे।...वह विनाशात्मक नहीं रचनात्मक कार्य करे। उसके आगमन से दसों दिशाएँ इन्द्रधनुषी आभायुक्त हो आनन्द विकीर्ण करें। ...ऐसे मनमोहक वातावरण में विचरण करने वाला नर द्विगुणित शक्ति-सामर्थ्य से युक्त होगा। ...**(कुछ क्षण चुपचाप टहलती रहती है)**...सन्त्रास घुटन...और तनाव के परिवेश में कोई क्या कर सकता है ...घबराहट होती है। समस्त अन्धकारमय प्रतीत होता है...। **(सिर पकड़कर बैठ जाती है)**
(नम्रता का प्रवेश)

नम्रता : ओह...तपस्या दी...! क्या हुआ तपस्या दी...? आपने सिर क्यों पकड़ा है...?

तपस्या : **(सहेजती हुई)** आओ नम्रता, कहो कैसी हो...?

नम्रता : मैं तो ठीक हूँ। आप बतायें...आपकी तबीयत ठीक है।

तपस्या : हाँ...प्यारी नम्रता मेरी तबीयत ठीक है।**(उठने के लिए उद्यत होती है)**

नम्रता : मैं भाभी को सूचित करती हूँ...। **(वह जाने के लिए उद्यत होती है)**

तपस्या : **(उसे रोकती हुई)** नहीं नम्रता, मैं मिल चुकी हूँ, अब मैं जा रही हूँ। आपके माता-पिता दिखलाई नहीं देते?

नम्रता : वे तीर्थयात्रा के लिए गये हैं...।

तपस्या : पहले भी जाया करते थे...? (**अपनी बात को छिपाते हुए**) मेरा मतलब है कितने दिनों के लिए जाते हैं...?

नम्रता : (**झेंपते हुए**) नहीं...जी...जी..." (**कुछ छिपाते हुए**) आपने चाय पी...मैं अभी लायी...(**वह चली जाती है**)

तपस्या : अपनी भाभी की तनिक बात नहीं की...। कितने सुलझे हुए विचारों की है। और कोई होता तो मुँह बनाकर कड़वी बात करता किन्तु अच्छे संस्कार...। अवश्य दीक्षा ने कुछ कहा होगा...नम्रता के चेहरे पर खुशी की लहर नहीं थी...।

नम्रता : (**चाय की ट्रे पकड़े नम्रता का प्रवेश**) लीजिए दीदी, गर्मागर्म चाय। (**चाय का कप तपस्या को पकड़ाती है। तपस्या चाय को देखते हुए कहती है**)

तपस्या : कुछ पल मेरे पास बैठो नम्रता...(**नम्रता उसके पास बैठती है**)

नम्रता : कहिये तपस्या दी, क्या कहना चाहती हैं...?

तपस्या : आपका यह बगीचा बहुत सुन्दर है।

नम्रता : आपको अच्छा लगा है। आप आया कीजिये। आपको कौन से फूल अच्छे लगते हैं...?

तपस्या : (**स्वगत**)...चार बज गये हैं। मुझे भी अब जाना चाहिए ...चलूँ...। वह उठ खड़ी होती है।

नम्रता : आपने बताया नहीं आपको कौन-से फूल अच्छे लगते हैं?

तपस्या : (**चिन्तित**) जिनकी महक हो, जिनमें काँटे न हों वे सारे फूल अच्छे लगते हैं।

नम्रता : गुलाब में तो महक होती है और काँटे भी...?

तपस्या : (**ओंठ भींचते हुए**) वो गुलाब किस काम के जो किसी को दर्द दें...। अब मैं चलना चाहूँगी, मुझे देर हो रही है। (**प्रस्थान**)

[परदा गिरता है]

दूसरा दृश्य

[वही कमरा। सजावट में कोई फर्क नहीं। सोफे पर बड़े मालिक-मालकिन यानी कि दीक्षा के सास-ससुर बैठे हैं। दोनों का व्यक्तित्त्व देखते ही बनता है। चेहरे स्वर्णिम आभा से दहक रहे हैं। सामने टँगी घड़ी में सुबह के दस बज रहे हैं। श्रीमान सिन्धिया जी किसी मशीन की ड्राइंग देख रहे हैं और श्रीमती सिन्धिया अखबार पढ़ रही हैं।]

माँ : सुना है, राजा का पुत्र दायित्व विमुख होने जा रहा है।

पिता : हमारी गृह-सरकार प्रसंग छेड़ रही है तो कुछ प्रासंगिकता अवश्य होगी।

माँ : कुछ से आपका तात्पर्य...?

पिता : ...राजपुत्र दायित्व विमुख तभी होगा जब संस्कार तथा शिक्षा में त्रटि रह जायेगी, अन्यथा विमुख होने का कारण समझ नहीं आता।

माँ : राजा को ही ज़्यादा परेशानियाँ होती हैं। अब कुछ सोच-विचार कीजिए।

पिता : समस्या क्या है...?

माँ : अदनी-सी समस्या तो यह है कि बीबी नौकरी करना चाहती है।

पिता : आपके पास मामला लाया गया या नहीं...?

माँ : मामला लाया गया था।

पिता : आपने अपनी बहू को यह नहीं बताया कि यहाँ **(अन्दर से किसी चीज के टूटने की आवाज़ आती है। दोनों का ध्यान उस तरफ चला जाता है)**

माँ : मैंने हल कर दिया था—बहू सारा घर-परिवार, जायदाद, नौकर-चाकर सँभाले...बस तबसे कीमती चीज़ें टूट रही हैं...।

(अन्दर से चीज़ें पटकने की आवाज़ें आने लगती हैं। माता-पिता उस ओर बढ़ते हैं। स्टेज का प्रकाश मन्द हो जाता है और दूसरी तरफ प्रकाश होता है। प्रकाश में दीक्षा और नरेश साफ दिखायी देते हैं।)

दीक्षा : तुम अपना हक क्यों नहीं माँगते...?...अधिकार...अधिकार ...कहती हुई उसके पीछे-पीछे जाती है)

नरेश : कौन से अधिकार की बात कर रही हो?

दीक्षा : जायदाद का हिस्सा...(**बात काटते हुए**)

नरेश : (**क्रोध से**) पहली बार...पहली बार (**बल पूर्वक**) पहली बार ...इन भित्तियों के अन्दर ऐसी तुच्छ बातें हो रही हैं। हम तीनों भाई समान हैं।...आज के बाद ऐसी फूट वाली बात मुँह से निकलना...। (**नरेश तेज-तेज कदमों से बाहर चला जाता है। दीक्षा पैर पटकती अन्दर। स्टेज के एक ओर जहाँ माता-पिता खड़े हैं। प्रकाश हो जाता है और दूसरी ओर का बुझ जाता है। दर्शक केवल माता-पिता को ही देख सकते हैं।**)

पिता : मैं तो एक बात जानता हूँ (**एक दीर्घश्वास खींचते हुए**) भीरु हृदय और कायर मनोवृत्ति वाले राज-संचालन नहीं कर सकते। कैसे वे राज्य और प्रजा की रक्षा का दायित्व पूर्ण कर सकते हैं...?

माँ : आपका संकेत किस ओर है...?

पिता : (**चुटकी लेते हुए**) नहीं समझीं...बस महारानी जी! आपका दावा है कि आप आँख का इशारा समझती हैं। यहाँ मैंने इतनी लम्बी बात नहीं (**अपने को सुधारते हुए**) कथा कह डाली और आप समझीं नहीं...।

माँ : (**प्रश्नसूचक दृष्टि से**) नहीं मैं समझी नहीं।

पिता : समस्त दोष हमारे पुत्र का है...।

माँ : पुत्र का या पुत्रवधू का...?

पिता : पुत्र का...।

माँ : हमारी भारतीय संस्कृति में पुत्र को दूध के समान माना जाता है और पुत्रवधू उसमें चीनी। आज समय के परिवर्तित होते दृष्टिकोण को देखकर हश्र होता है। हमारी पुत्रवधू दूध में जैसे चीनी की तरह घुल जाती है उस भाँति घुलने की अपेक्षा उसमें घी की तरह अलग तैर रही है।

पिता : इसमें भी मैं पुत्र को दोषी ठहराता हूँ।

माँ : अब यह सोचिये कि उसकी नौकरी करने की इच्छा का क्या किया जाये...?

पिता : कमाल है, हमारे पुत्र ने उसे इस तथ्य से अवगत नहीं कराया कि हमारे यहाँ लोग नौकरी माँगने आते हैं और हम उन्हें कृतार्थ करते हैं।

माँ : अब किया क्या जाये...?

पिता : अब पुत्र को चाहिए कि दीक्षा की योग्यता का पता लगाये और उसके अनुरूप कारखाने का एक स्कन्ध उसे सौंप दें...।

माँ : प्राणनाथ! यह सलाह तो कबका नरेश उसे दे चुका है...खोदा पहाड़ निकली चुहिया...

पिता : महारानी साहिबा! विभाग भी तो उसकी इच्छा पर निर्धारित किया जाये। आज से उसे आय-व्यय विभाग की संचालिका बना दिया जाये।

माँ : यह उचित रहेगा...आपकी राय मुझे मन्जूर है।

पिता : पहले अपनी पुत्रवधू की राय जान लेना भी अनिवार्य है।

माँ : **(मैं अभी उसे बुलाती हूँ, वहीं से आवाज़ देती है।)** ...बेटी दीक्षा...बेटी दीक्षा...**(नेवथ्य से आवाज़ आती है...जी...)** तनिक इधर आओ बेटी...।

दीक्षा : **(दीक्षा का प्रवेश)** क्या बात है माँजी...?

पिता : आओ बेटी, इधर बैठो। **(अपने समीप के सोफे पर बैठने को कहते हैं। दीक्षा खड़ी रहती है)** एक सलाह करनी थी...नरेश को भी बुला लाओ...।

दीक्षा : **(रूखे स्वर में)** फैक्ट्री चले गये हैं...

माँ : बैठो बेटी, आज रुष्ट प्रतीत हो...?

दीक्षा : **(उसी तरह खड़ी रहती है)** आपने मुझे बुलाया था...?

माँ : बेटी, इतनी सी बात पर रुष्ट नहीं होते...तुम इस घर की बड़ी बहू हो...। तुम्हें ही घर के तौर-तरीके चलाने हैं। घर का संचालन करने के लिए इनकी जानकारी अनिवार्य होती है।

दीक्षा : **(कड़े स्वर में)** मुझे इन सब में रुचि नहीं है...

पिता : बेटी, अपनी रुचि से हमें अवगत कराओ। **(दीक्षा चुप रहती है)** देखो बेटी, यह घर एक विमान है इसे चलाने के लिए दक्ष चालक का होना बहुत ज़रूरी

है। हमारे बाद तुम्हें इसका चालक बनना है...। (**वह एक पल रुकते हैं**) तुम्हें प्रशिक्षण देना चाहते हैं...

दीक्षा : मैं इसकी आवश्यकता नहीं समझती...पिताजी।

माँ : अभी तुम नादान हो...अपरिपक्व हो...चालक के हाथ में तब तक विमान नहीं दिया जा सकता जब तक प्रशिक्षण पूर्णरूपेण सन्तोषजनक न हो जाये।

पिता : तुम्हें विमान चालक की भाँति सावधानी और सतर्कता का प्रशिक्षण अनिवार्य है।

दीक्षा : (**सक्रोध**) आप यह कैसे कह सकते हैं कि मेरा ज्ञान अपरिपक्व है...? मैंने अर्थशास्त्र में एम.ए. की है...

पिता : तुम्हारा कहना उचित है। हम बिन जाने ऐसा नहीं कह सकते...।

माँ : प्रेम से बोलो बेटी, प्रेम में तो देवता भी...

दीक्षा : तो क्या मैं प्रेम से नहीं बोलती...? यह बात तो मैं आपसे भी कह सकती हूँ कि आप सब मुझे प्रेम नहीं करते।

माँ : मेरी बेटी, इस तरह की भावना का शिकार नहीं होते ...क्लेश बढ़ाने से बढ़ता है। यह वह चिंगारी जो जहाँ उड़कर पड़ती है उसको ध्वंश कर देती है।

दीक्षा : मैं इतना जानती हूँ कि आप मेरे बारे में यह सोचते हैं कि मुझे कोई काम नहीं आता, यह गलत है...। मैं चाहूँ तो हर तरह का काम कर सकती हूँ...। यह घर क्या सारी फैक्ट्री अकेली चला सकती हूँ...।

माँ : हम तुम्हारे सामर्थ्य को सुनकर प्रसन्न हुए। हम भी चाहते हैं कि हमने जो कड़ी मेहनत के द्वारा बाग-बगीचे कल-कारखाने लगाये हैं उन्हें तुम सँभालो...।

पिता : (**पत्नी की बात काटते हुए**) इन सबको सँभालने का दायित्व अपने कन्धों पर लोगी तो हमें अपनी मेहनत सार्थक लगेगी और परम सन्तोष मिलेगा।

माँ : बेटी, समय के साथ तुम इस तथ्य से भली-भाँति परिचित हो जाओगी कि चीज़ें खरीदनी कितनी आसान है, उन्हें सँभालना उतना ही कठिन...।

दीक्षा : माँजी, आप कहती हैं कि आपकी कड़ी मेहनत की, आपके

गाढ़े खून-पसीने की कमाई है...यह कथन मैंने कितनी बार सुन लिया है।

...हाँ...यह बात तो सही है कि दर्द चाज खरीद कर लाने वाला ही समझ सकता है किन्तु आप मुझे मौका तो दें तभी मैं इस बात को प्रमाणित कर सकती हूँ कि मुझे उतना ही दर्द है और मैं भी अच्छी संचालिका हूँ...।

पिता : सुना है...दीक्षा बेटी नौकरी करना चाहती है...?

दीक्षा : इतने बड़े घर में करूँ भी तो क्या...?

माँ : हमने तुम्हारे योग्य दो क्षेत्र खोज निकाले हैं–पहला, समस्त घर की व्यवस्था करो। आज नहीं तो कल तुम्हें सँभालना ही होगा। फिर अभी से क्यों नहीं...?

दीक्षा : (**निराश**) और दूसरा...?

माँ : और दूसरा, फैक्ट्री के आय-व्यय को सँभालो।

दीक्षा : दूसरा ही आकर्षित है।

पिता : तुम स्वयं निर्णय कर लो...बेटी...।

दीक्षा : क्या मुझे चैक साइन करने का अधिकार प्राप्त होगा?

पिता : अवश्य, तुम पदनाम सहित एक भुजा बनोगी।

दीक्षा : (**उसकी आँखों में चमक आ जाती है**) मुझे फैक्ट्री में काम करना मन्जूर है...।

पिता : फैक्ट्री में समस्त नियमों का पालन करना होगा...? नियम पालन के साथ-साथ स्थान के अनुरूप तुम्हारा व्यवहार अपेक्षित होगा।

दीक्षा : क्या मतलब...? मैं समझी नहीं...।

पिता : मतलब यह कि वहाँ एक जिम्मेदार अफसर हो। नरेश की पत्नी नहीं।

दीक्षा : मुझे मन्जूर है।

पिता : आज से तुम्हें चार महीने दिये जाते हैं, अपनी योग्यता का प्रदर्शन करने के लिए।

दीक्षा : (**खुशी से उछल पड़ती है**) मुझे सब शर्तें स्वीकार हैं।

माँ : अब जाओ, आवश्यक कार्यवाही कर दी जाये...।

दीक्षा : (**प्रसन्नता से**) माताजी-पिताजी, मैं अभी तैयार होकर आयी।

माँ : आप इंटरकाम से समस्त विभागों को सूचित कर दें... आवश्यक कार्यवाही के लिए पेपर तैयार करें।

पिता : घर की प्राचीरों में दरारें तभी आती हैं जब उसमें उचित अनुपात में सम्मिश्रण का अभाव हो। देखो, बहू कितनी प्रसन्न है...।

माँ : ईश्वर उसे शक्ति-सामर्थ्य प्रदान करे...।

(दोनों उठते हैं।)

[परदा गिरता है]

दूसरा अंक

प्रथम दृश्य

[तीन महीने के बाद का दृश्य। वही सजा हुआ कमरा। सब कुछ उसी प्रकार है। कमरे में नरेश बड़ी बेचैनी से घूम रहा है। ऐसा प्रतीत होता है जैसे किसी का इन्तजार कर रहा हो।]

(माता-पिता का प्रवेश)

पिता : **(चिन्तित)** अब इस तरह बेचैन होने से क्या हासिल होगा...?

नरेश : मैंने आपको बताया भी था कि अभी दीक्षा में अपरिपक्वता है। वह अपने को परिवार का अंग नहीं मानती...। उसके अन्दर अस्थिरता है।

पिता : क्या उसने तुम्हें बतलाया नहीं...?

नरेश : नहीं पिताजी, आप क्या समझते हैं कि वह मुझसे राय लेकर काम करती है...?

पिता : चलो...मुँह पर जो कालिख लगनी थी वह तो लग गयी है...अब आगे की सोचो...। **(वह अपनी छाती को एक हाथ से पकड़े सोफे की ओर झुकते हैं। नरेश और नरेश की माताजी उन्हें अन्दर ले जाते हैं। उनके प्रस्थान करते ही दीक्षा का प्रवेश आरकंडी की नीली साड़ी में बेहद सुन्दर लग रही है)**

दीक्षा : **(स्वगत)** अब मजा आयेगा...आह...जो किया बेहद अच्छा किया...**(हाथ में पकड़ी फाइल खोलकर देखने लगती है।)**

(नरेश का प्रवेश)

नरेश : दीक्षा, मैं इन्तज़ार कर रहा था...।

दीक्षा : जानकर सुकून मिला...जनाब को मुझे याद करने की

फुर्सत मिल गयी है...?

नरेश : (**अनसुनी करते हुए नाराज़गी से**) तुम्हारी शिकायत आयी है।

दीक्षा : किसने की...?

नरेश : तुम समय पर चैक नहीं देती हो।

दीक्षा : मेरी मर्जी...।

नरेश : (**बिफरते हुए**) ...हैं...अरे...इसमें मर्जी की क्या बात...? इतना भी नहीं मालूम समय पर माल न मिलने की वजह से काम बन्द हो जायेगा...? कितना नुकसान हो गया है और कितना माल की प्रतीक्षा में अभी होगा...। दूसरी बात, कितनी भी बड़ी कम्पनी क्यों न हो, हिसाब से व्यय आवश्यक होता है। इस मामले में तुम्हें एक महीने का पूर्ण प्रशिक्षण दिया गया था। हर तरह की सम्पूर्ण जानकारी दी गयी थी। यहाँ तक कि कितनी बार माँ ने प्यार से समझाया...कितनी बार पिताजी ने पास बिठाकर मार्गदर्शन दिया किन्तु तुम हर बात के लिए मनमानी करने पर तुली हो...।

दीक्षा : (**चीखते हुए**) हाँ...हाँ...मैंने कहा न मेरी मर्जी...

नरेश : चीखती क्यों हो...? बताओ जो मैं पूछ रहा हूँ...बैंकों के खाते खाली क्यों हैं...?

दीक्षा : किस बैंक की बात कर रहे हो...?

नरेश : दोनों बैंकों की बात कर रहा हूँ। ...इतनी धनराशि थी कहाँ गयी...?

दीक्षा : (**त्योरियाँ चढ़ाते हुए**) मैं किसी बात का उत्तर देना अनिवार्य नहीं समझती।

नरेश : सैकड़ों खर्च सिर पर हैं और बैंक में पचास हज़ार की धनराशि नहीं है, जबकि पचपन लाख की विपुल राशि थी कम्पनी के खाते में...कहाँ है?

दीक्षा : तो अब मुझे हिसाब भी देना पड़ेगा...?

नरेश : जी हाँ, हमारी आर्थिक स्थिति को डाँवाँडोल करने वाले को क्षमा नहीं किया जायेगा। तुमको एक-एक पैसे का हिसाब देना होगा।

दीक्षा : यदि मैं न दूँ तो...?

नरेश : तुम समझने की चेष्टा क्यों नहीं करतीं...?

दीक्षा : यही तो मैं भी कह रही हूँ कि आप समझते क्यों नहीं...?

नरेश : (**उसकी बात को सुन क्रुद्ध होते हुए**) अभी ज़िक्र आना है पच्चीस लाख का, तेल का टैंकर नौ लाख का, तनख्वाह ...और रोज़ के दो तीन लाख के अन्य खर्चे...आखिर इतना पैसा गया कहाँ...?

दीक्षा : मैंने एक खूबसूरत घर खरीद लिया है।

नरेश : (**बनते हुए**) क...या....?

दीक्षा : कम, लैट्स गो देयर...(**प्रेमातुर**) ...ओ माई लव...जरा सोचो कितना आनन्द आयेगा, जब हम एकान्त में, नये घर के नये वातावरण में विहार करेंगे...।

नरेश : (**संकोच**) कभी नहीं सुना था कि मालिक अपने घर की चोरी स्वयं करते हैं किन्तु आज मैं यह क्या देख रहा हूँ...अपनी ही (**नथुने पकड़ने लगते हैं**)

दीक्षा : क्या हो गया जो इस क़दर बिफर रहे हो...?

नरेश : ...कम से कम सलाह मशवरा तो करना था...हम सब बैरी तो नहीं हैं...फिर?

दीक्षा : (**तुनक कर**) लीजिए और सुनिये, जब कम्पनी का सारा खर्च चला सकती हूँ तो एक अदना-सा घर नहीं खरीद सकती...?

नरेश : (**कुपित होता हुआ**) बात मकान की नहीं है...

दीक्षा : तो फिर किसकी है...?

नरेश : सिद्धान्त की...। तुम किस बूते पर कम्पनी का पैसा खर्च सकती हो...? और तुम्हें कम्पनी के आय-व्यय को सँभालने के लिए कहा गया था न कि उस पैसे से घर खरीदने को...?

दीक्षा : क्या हुआ एक घर ही तो खरीदा है...।

नरेश : घर खरीदने का अर्थ जानती हो...? (**कमरे में अक्श-विक्श टहलता है**) उफ्...कैसी पत्नी, बहू और (**बात काटते हुए दीक्षा कहती है**)

दीक्षा : ...और...क्या कहना चाहते हो...?

नरेश : (**बौखलाया हुआ**) अपने ही घर की नींव खोद रही हो...।

दीक्षा : (**अभिनय करते हुए**) शान्त रहो जी, आज मेरे विरुद्ध हो, मुझे धिक्कार रहे हो, अप्रत्यक्ष रूप में धूर्त, चालाक, बेईमान कह रहे हो कल जब तुम्हारे अन्य भाइयों की शादी हो जायेगी तब ऐसा सम्मान नहीं रह जायेगा फिर मालूम चलेगा कि हम दोनों में कौन दूरदर्शी था...उस समय कहते नहीं थकोगे 'दीक्षा...(**आवाज़ बदलते हुए**) 'दीक्षा...मेरी प्यारी दीक्षा...! तुम महान हो....तुम न होतीं तो आज मैं बर्बाद हो जाता...वगैरह....वगैरह...। (**तेवर बदलते हुए**) तुम्हीं बताओ नरेश क्या हम दोनों आजीवन गुलाम बन कर रहेंगे...?

नरेश : (**चीखता है**) गुलाम! यह क्या बकवास लगा रखी हो... क्यों मुझको ज़हरीले इंजेक्शन लगा रही हो...?

(**इन्टरकॉम का बजर बजता है नरेश उसे उठाता है।**)

नरेश : यस...मि. मूर्ति...हूँ...बैंक से पता लगाइये...कौन-सी बम्बई की पार्टी है...? गैलवनाइजिंग करके तीन दिनों में प्रदीप जी आ गये हैं...ठीक है, आप उनसे कहिये कुछ प्रबन्ध कर दें...हूँ...हूँ...ठीक है, कल इतवार है, परसों है, ...परसों गणतन्त्र दिवस...आज ही जो बन्दोबस्त करना है कर दीजिए अन्यथा माल के अभाव में कम्पनी को भारी क्षति उठानी पड़ेगी...कम से कम माल आ जाये समय पर...। (**चोंगा रख दीक्षा की ओर उन्मुख हो**) देखा, दायित्वहीन जन सबके कार्यों में किस प्रकार ब्रेक लगा देते हैं...(**बजर पुनः बजता है**) यस...क्या कहा..., हाँ...हाँ...अच्छा, चैक लौट आया है (**झुंझलाहट**) सही है लेकिन ऐसा कभी पहले नहीं हुआ है पहली बार हो रहा है...माल के लिए तीस दिन की मियाद तो होती ही है...। अच्छा तुम लाइन कनेक्ट कर दो मैं बात करूँगा...। (**दीक्षा चुपचाप अनमनी-सी देख रही है नरेश उसको जलती हुई आँखों से देख रहा है**) ओह...यस मि. धर्मपाल जी, देखिए, चैक...(**उस तरफ से धर्मपाल जी बोल रहे हैं**) इसका अर्थ यह तो नहीं कि

कम्पनी डूब रही है...। इतना माल आपसे खरीदा जाता है...आप विभाग में नये आये हैं क्या...? अच्छा ठीक है आप एक दिन का समय दीजिए...। यह कम्पनी कोई छोटी-मोटी है जो केस दायर कर रहे हैं...(**नरम होते हुए**) आप मेरी बात सुनिये, मैं एक महीना यहाँ न था और पिताजी भी तीर्थ यात्रा पर गये थे...कल ही आया हूँ। मुझे थोड़ा समय दीजिए कल शाम तक आपको बीस लाख का चैक मिल जायेगा... ।...ज़रूर...ज़रूर...धन्यवाद।

दीक्षा : कम्पनी जब इतनी बड़ी है तो पैसा भी होगा ही...सिर पकड़ कर बैठने की क्या आवश्यकता है...?

नरेश : आफिस का नम्बर मिलाओ...।

दीक्षा : मैं हुक्म की गुलाम हूँ....।

नरेश : ऐसे कोरे जवाब दुश्मन भी नहीं देता। विचित्र औरत है...मोटी चमड़ी की (**स्वयं नम्बर मिलाता है**) हाँ....सुधीर, ऐसा करो कादंब को मेरे पास भेज दो...। क्या...माल के लिए रवाना हो गये हैं...। तुम एक चैक सैंडवालस्टिंग वाले खाते से काट कर मेरे पास भेजो...हाँ बीस लाख का...हाँ धर्मपाल की कम्पनी के नाम...।

दीक्षा : (**चिढ़ती हुई**) तुम कुछ भी कहो, मैंने जो घर खरीदा है उसे एक बार देख लोगे तो तुम्हारे तेवर ही बदल जायेंगे।

नरेश : जाओ, जाकर, अपने घर में...मैं तुम्हारा क्या लगता हूँ जो साथ चलूँ...? (**एकटक दीक्षा की आँखों में झाँकता है**) यदि मैं तुम्हारा अपना होता तो तुम मेरे सम्मान का, मेरे माता-पिता के सम्मान का, खानदान के सम्मान का और कम्पनी के मान-सम्मान का ख्याल रखतीं...। तुमने पाँच लाख का चैक पास होने क्यों नहीं दिया...

दीक्षा : मुझे जो अच्छा लगेगा मैं वही करूँगी...

नरेश : यह कोई तुम्हारा व्यक्तिगत मामला है...?...पिताजी ने योग्यता दिखलाने को कहा था न कि हस्तक्षेप करने को...?

दीक्षा : (**मुँह चिढ़ाती हुई**) तुम सबकी चाबी मेरे पास है जनाब...

नरेश : (**फोन नम्बर मिलाता है**) सिंडिकेट बैंक...ओह मि. कृष्णन

...यस...यस...कादंब वहाँ पहुँच गया है। अच्छा तो आपको बता दिया है...इसीलिए क्या करें जनाब...अब औरतों के आकर्षण कई तरह के होते हैं...क्षति तो उठानी पड़ रही है।...जी...जी...दीक्षा जी के हस्ताक्षर का अधिकार समाप्त समझा जाये...मैं भी अभी पहुँचता हूँ तब तक काग़ज़ी कार्यवाही तैयार करें।

दीक्षा : (**आप से तुम पर आ जाती है**) तुम कैसे मेरा अधिकार छीन सकते हो...?

नरेश : मैंने नहीं कम्पनी के नियमों ने...। कम्पनी तुम्हें दायित्वविमुख होने का करार देकर पदमुक्त करती है।

दीक्षा : (**आगबबूला होती हुई**) तुम होते कौन हो...?

नरेश : अब मुझे यह भी बताना पड़ेगा...? पावर मिलते ही सम्बन्ध भी भूल गयीं। किसी ने ठीक कहा है—कुर्सी का नशा मदांध बना देता है।

दीक्षा : और यह भी किसी ने ठीक कहा है—बेवकूफों के सिर पर सींग नहीं होते। क्या कम्पनी में तुम्हारी कोई हैसियत नहीं जो कहते हो कि कम्पनी ने करार किया है।

नरेश : (**गुस्से में**) तुम्हें काम प्रारम्भ करने से पूर्व पूरी जानकारी दे दी गयी थी।

दीक्षा : (**अपनी दाल गलती न देखकर चिढ़ जाती है**) मैं अभी पिताजी के पास जाती हूँ...।

नरेश : नाहक समय बर्बाद करोगी उनका...। तुम्हारी विशेष जानकारी के लिए मुझे उन्होंने ही बताया है। जिस घर को तुमने चोरी-छिपे खरीदा है, उसका भी उन्हें इल्म है।...

दीक्षा : (**अवाक्**) कैसे?

नरेश : इतने बड़े पैमाने पर कल कारखाने चलाने वाले गुप्तावस्था में नहीं रहते प्रिय...

दीक्षा : (**अवश-विवश**) मैं इस घर में एक पल जल नहीं सकती ...मेरा अपमान...

नरेश : तुम्हारा अपमान...आश्चर्य होता है...तुम्हारे मुँह से ये सुनकर। यदि तम्हें मान-सम्मान की बात का ज्ञान होता

तो सिन्धिया खानदान की बड़ी बहू यह घटिया कदम कदापि न उठाती।

दीक्षा : ज़्यादा बड़ी-बड़ी बातें मत करो। यदि सुप्तावस्था में नहीं थे तो पहले दिन ही क्यों नहीं पकड़ा...?

नरेश : पहले दिन से ही पिताजी को सूचना मिल गयी थी। वे तो मेरे आने का इन्तज़ार कर रहे थे। (**एक पैकेट निकालता है**) ये देखो, सारे चैक, दो सौ तीन चैक जो बाउंस होने से पहले ही पिताजी के पास बैंक मैनेजर ने भेज दिये थे और पिताजी ने इनकी रकम अदा कर दी है...।

दीक्षा : (**पैर पटकती हुई**) तुम मुझे अपराधी बनाने पर क्यों तुले हुए हो...? मेरा अपमान...

नरेश : अपमान किसी का अलग होता है सुनकर हैरानी हुई। आज हमारे चैक बाउंस होकर लौट आने की स्थिति में पहुँच गये हैं। सिन्धिया खानदान के किसी अध्याय में ऐसा नहीं हुआ है। (**गुस्से से**) भरे बाज़ार में बड़े से लेकर छोटे तक को नंगा कर दिया ऊपर से अपराधी भी हमें ठहराती हो? (**उत्तेजित होते हुए**) तुम मुझे बताओ कि तुम किस बात पर अपने को अलग मानती हो...? मैं पूछता हूँ आपका नाम क्या है। आपका उत्तर है—श्रीमती सिन्धिया। आप किसकी बहू हैं? आप उत्तर देती हैं—श्रीप्रकाश सिन्धिया और शकुन सिन्धिया की।

दीक्षा : (**रुआँसी हो**) हर क्षेत्र में उत्तीर्ण होना क्या सबके वश की बात है...? मैंने कभी पहले किसी फैक्टरी को चलाया है जो जानती...?

नरेश : इतनी निष्ठा से जो तुम्हें प्रशिक्षण दिया गया था वह इसलिए व्यर्थ हो गया है क्योंकि तुम लोभी लालची आत्म सीमित हो। ब्याह को अभी साल भी नहीं हुआ था तभी से त्रिया चरित्र तुमने शुरू कर दिये। तुम्हें यह सब करने की क्या आवश्यकता है? जो कहती हो माँ-पिताजी पूरी कर देते हैं। फिर भी तुम नीचता दिखाने पर तुली हो...।

दीक्षा : एक बार तो क्षमा कर दो...भूल हो गयी...।

नरेश : अब जब गलती का एहसास हो गया है तो इस तरह की बातों से अपने कारनामों पर पर्दा नहीं डाल सकतीं।

दीक्षा : अब मुझे कुछ मत कहो...

नरेश : आ गयीं न लाइन पर...।

(माँ का प्रवेश)

माँ : यह सब क्या हो रहा है...?

नरेश : माँ, अच्छा हुआ आप आ गयीं। मुझे बैंक जाना है कादंब मेरा इन्तजार कर रहा होगा। इसे सँभालो।

[नरेश का प्रस्थान]

माँ : इस तरह आहत नहीं होते बेटी...। अब घर का क्षेत्र सँभालो। घर किसी फैक्ट्री से कम थोड़े ही होता है। प्रशासन की यहाँ सख्त ज़रूरत होती है।

दीक्षा : **(उखड़ी हुई)** यहाँ मेरा निर्वाह नहीं होगा माँजी।

नरेश : **(लौट कर आता है जैसे कोई ज़रूरी बात माँ से कहनी हो)** यह बिखरती चली जा रही है। इसे सही राह दिखाओ। आपने कितने घरों की बहू-बेटियों को सही मार्ग दिखलाया फिर अपनी बहू को क्यों नहीं?

माँ : तू गया नहीं नरेश...?

नरेश : चला गया था माँ, लेकिन इस विचार के आते ही मैं लौट आया क्योंकि सही दिशा का होना हम सबके लिए ज़रूरी है...।

माँ : नरेश बेटा, मैं जानती हूँ कि तेरे मन की क्या दशा हो रही है...?

नरेश : पिताजी को सूचित कर दीजिएगा कि मैं कार्यवाही के लिए बैंक गया हूँ...। मैं जाता हूँ माँ...।

(प्रस्थान करता है)

माँ : क्यों दुखी है मेरी बच्ची...?

दीक्षा : सुख है ही कहाँ?

माँ : धन-धान्य से भरपूर गृहस्थ-जीवन तुम्हें सुख प्रदान करने में असमर्थ है तो...

दीक्षा : **(उनकी ओर देखती हुई)** तो...

माँ : तुम पढ़ी-लिखी हो। अनुकूल वातावरण का निर्माण

करो...। सम्भव है आज तक हम भी किसी स्वर्गीय आनन्द से वंचित रहे हों...?

दीक्षा : मेरी तबियत ठीक नहीं है मुझे आराम की ज़रूरत है। **(अन्दर चली जाती है)**

माँ : **(चिन्तित रहती हैं)** ...कमाल है, भोली-भाली कन्या कपटी निकली...बाह्य रूप जितना मनोहारी है उतना अन्तःकरण कलुषित...आश्चर्य होता है। किस पर विश्वास करें और किस पर नहीं।

[रंगमंच का प्रकाश धीरे-धीरे मंद हो जाता है...।]

दूसरा दृश्य

[वही कमरा है। रात का समय है। सामने घड़ी पर दस बज रहे हैं। मिसेज सिन्धिया यानी नरेश की माताजी चिन्तित मुद्रा में कमरे में टहल रही हो।]

पिता : क्या बात है आजकल पूजा-पाठ तजकर किन उधेड़बुनों में खोयी है मेरी गृह सरकार...?

माँ : आपका कहना उचित है इधर कुछ दिनों से हमारी पुत्रवधू के रंग-ढंग उचित नहीं हैं...। हमारी गुजर उसके साथ...**(वह कुछ देर रुकती है)** या यों कह लें उसकी गुजर हमारे साथ...कैसे होगी...?

पिता : अब क्या चाहती...है?

माँ : अब संपूर्ण घर के तौर-तरीके बदल देना चाहती है। **(नम्रता का प्रवेश)**

पिता : चलो यह मौका भी उसको दे दो...। हम भी श्रृंगेरी जाने को सोच रहे थे। अब मौका भी अच्छा है। हमारी अनुपस्थिति में कुछ अनुभव की प्राप्ति तो अवश्य होगी ही...?

नम्रता : क्षमा चाहती हूँ माँ-पिता जी..., यह उचित नहीं...। आप भाभी की इच्छापूर्ति के लिए तीर्थयात्रा का बहाना कर चले जाते हैं...।

माँ : नरेश भी नहीं चाहता...।

पिता : नरेश के शब्द तो नहीं लगते...क्योंकि उसे क्या मालूम है

कि हम क्यों जाते हैं...। हमें अपनी इच्छा-अनिच्छा का ध्यान भी रखना चाहिए। बाहर से आने वालों को अपना स्थायी अंग बनाने के लिए वक़्त और अवसर देना ही पड़ता है। हम जो करेंगे हमारी ओर देखकर बच्चे भी वही करेंगे...।

माँ : हमें इस तथ्य पर गम्भीरतापूर्वक विचार करना होगा। आज एक बहू के आने पर पानी उसर गया है तो कल और तीन बहू के आने पर क्या होगा...?

पिता : बच्ची है, समझ जायेगी...।

नम्रता : (**वहीं सोफे पर बैठी है**) पिताजी, आप उन्हें समझाते क्यों नहीं...?

पिता : बेटी, आपको बड़ों की बातों में नहीं आना चाहिए।

माँ : सगाई के समय सबने टोका था...'लड़की धन्ना सेठ की बेटी चाहे न हो किन्तु हो खानदानी...' नरेश इसकी सुन्दरता पर रीझ गया था। मैंने उसे समझाया भी लेकिन वह चाहता था। (**दबी आवाज़ में**) 'माँ समाज की घिसी-पिटी बातें न मानकर मेरी शादी इसी कन्या से करवा दीजिए। पिताविहीन कन्या वृथा दहेज का शिकार बन जायेगी। कितने नेक खयालात है उसके...कन्या इतना अच्छा घर-वर पाकर भी....

पिता : कन्या में दोष नहीं होता। दोष आता है परिवेश से प्राप्त विचारों-संस्कारों की भिन्नता के चलते...।

माँ : समस्त शहर में यही चर्चा है शकुन तो बड़ी भाग्यवान है। पुत्रवधू कितनी खूबसूरत मिली है।

पिता : इसमें क्या सन्देह है...?

माँ : (**अनसुनी करते हुए**) लोगों को क्या पता कि कठिनाइयाँ भी बेशुमार मिली हैं...।

पिता : (**दार्शनिक**) परमात्मा की लीला अपरम्पार है। मनुष्य कोई भी कार्य तब तक नहीं कर सकता जब तक उसे परमात्मा की कृपा प्राप्त न हो एकाग्रचित्त से भक्ति तभी सम्भव है, जब हम मोह-माया से मुक्त हों...यहाँ प्रभु-भजन में विघ्न उपस्थित होता है।

माँ : सत्य वचन, क्षणिक मोह के वशीभूत मेरी बुद्धि को आपने प्रकाश प्रदान किया। आप धन्य हैं जो इस प्रकार विचार करते हैं।

नम्रता : (**जो अभी भी बेचैन खड़ी है**) माँ, आप दोनों नरेश भैया की खातिर बाहर चले जाते हैं तो क्या हमारी ओर तनिक ध्यान नहीं...?

माँ : प्रिय पुत्री, भाभी के साथ रहकर घर की स्थिति को सुधारना तुम्हारा ही काम है...।

नम्रता : (**कटुता से**) वह किसी की परवाह करती ही कहाँ हैं...? हम उनके सारे सुखों का ख्याल करते हैं....लेकिन उन्हें कोई...(**पिता ने टोका**)

पिता : बेटी नम्रता, नम्रता से पेश आना आवश्यक है। अपनी भाभी का आदर करना तुम्हारा कर्तव्य है। उनके लिए तुम्हारे कथन में आदर भाव होना चाहिए। बेटी, नैतिक मूल्य बाहर दिखावे के लिए नहीं होते ये व्यक्तित्त्व को प्रतिबिम्बित करते हैं।

नम्रता : क्षमा चाहती हूँ पिताजी, ऐसी गलती फिर न होगी।

पिता : भाभी की किसी बात का बुरा नहीं मानना चाहिए...।

नम्रता : पिताजी, भाभी भी तो हर कार्य और व्यवहार की कटु आलोचना करती हैं, मेरी सदा उनसे बात-बात पर झड़प हो जाती है। मैं उनको समझ न सकी।

पिता : संघर्ष और झड़प क्यों होते हैं...(**नम्रता और माँ उनकी ओर देखती हैं**) ...जब हम अपने को कमज़ोर पाते हैं या आत्म-विश्वास की कमी हो तब हम अपने अस्तित्त्व के लिए संघर्ष की पद्धति अपना लेते हैं। तुम्हारी भाभी में अपने अस्तित्त्व को लेकर तथा अमीर घर की बहू बन जाने के उपरान्त नारी की अस्मिता का प्रश्न उभर आया है। यही कारण है कि उसका व्यवहार भिन्न है....।

माँ : इसका कोई उपचार नहीं...?

पिता : उपचार यही है कि संघर्ष, द्वन्द्व और झड़प में पड़े हुए व्यक्तियों का स्वभाव पढ़ा जाये और उनकी समस्याओं को सुलझाते हुए व्यवहार करें...।

नम्रता : किन्तु पिताजी, हमें यह कैसे पता चलेगा कि किसी का व्यवहार क्या है? हम पहचानेंगे कैसे...?

पिता : हाँ यह तुमने बहुत अच्छा प्रश्न पूछा (**कुछ सोचते हुए**) बेटी, मुख्यतः पाँच तरह की प्रवृत्ति के लोग पाये जाते हैं।

नम्रता : कौन-कौन से पिताजी?

पिता : (**समझाते हुए**) पहले मत्स्य स्वभाव वाले, दूसरे लोमड़ी के स्वभाव वाले, तीसरा कछुआ स्वभाव वाले, चौथा उल्लू के स्वभाव वाले और पाँचवाँ नन्हा भालू...।

नम्रता : पिताजी, इनके लक्षण यदि बतला देते तो मैं सबके स्वभाव का अध्ययन कर सकती, और अपने व्यवहार का सुधार कर सकती...।

पिता : बेटी, मत्स्य प्रवृत्ति वाले सदा अपने विपक्षी को दबोचते हैं और उन्हें सदा जीत पसन्द है। (**माँ बीच में बोलती हैं**)

माँ : विजय मत्स्य प्रवृत्ति वाले को गर्व तथा उपलब्धि का एहसास दिलाती है। वे हार को अपनी बुजदिली समझते हैं। उनका स्वभाव आक्रामक होता है।

नम्रता : और लोमड़ी के प्रवृत्ति वाले...?

पिता : लोमड़ी की प्रवृत्ति वाले समझौते की पद्धति अपना लेते हैं और कछुआ वाली प्रवृत्ति वाले समझौते में विश्वास नहीं करते, अतः झड़प के समय शारीरिक और मानसिक या कहें मनोवैज्ञानिक रूप से पीछे हट जाते हैं।

माँ : और...नन्हें भालू की प्रवृत्ति वालों को रिश्ते अधिक प्रिय होते हैं, वे अक्सर इस तरह का वाक्य प्रयोग करते देखे जाते हैं–'तुम्हारी खुशी में मेरी खुशी है...।'

पिता : उल्लू की प्रवृत्ति वाले बुद्धिमान होते हैं। वे हर स्थिति में अगुवा बनकर काम करते हैं।

नम्रता : पिताजी, भाभी किस प्रवृत्ति की हैं...?

पिता : अब यह तुम पता लगाओ। और हाँ, हम शृंगेरी जा रहे हैं तुम भाभी के साथ प्रेम से रहना।

नम्रता : जी, बहुत अच्छा...।

पिता : (**पत्नी की ओर उन्मुख होकर**) सुबह जाने की तैयारी कर लें।

माँ : क्या हमें आना ही होगा?

पिता : जाओ बेटी, रात बहुत हो गयी है, अब सो जाओ...।

नम्रता : जी अच्छा...। (**प्रस्थान**)

पिता : किस सोच में डूब गयी हैं...?

माँ : बुद्धि भ्रमित हो रही है।

पिता : बुद्धि भ्रमित नहीं होनी चाहिए। यह उम्र भ्रमित होने की नहीं है। भक्ति-भावना के लिए ज्ञानयोग और कर्मयोग अपेक्षित है। कर्मयोग आत्मा को पवित्र करता है और साथ ही ज्ञानयोग के लिए मार्ग प्रशस्त करता है।...जिससे भक्तियोग साध्य होता है...। (**वे टहलते हैं**) बड़ी ज़िन्दगी देखी है, अब बच्चों का समय आ गया है...।

माँ : मैं चाहती थी कि घर में रह कर बहू को काम करने का मार्गदर्शन देते...।

पिता : समय और अवसर भाग्य से ही हाथ लगते हैं।...आज समय और अवसर दोनों ही एक साथ हमारे समक्ष खड़े हैं। हमें लाभ उठाना चाहिये। (**पत्नी को झकझोरते हुए**) ...उठो...उठो, सोच-विचार का समय नहीं।...क्या फायदा इतने लगाव का...? चलो तैयारियाँ करें और भोर में ही गमन करें...।

(**दोनों प्रस्थान करते हैं**)

[ख्यवनिका]

तीसरा दृश्य

[माता-पिता तीर्थयात्रा के लिए प्रस्थान कर चुके हैं। समय शाम के छः बजे हैं। वही कमरा है। कमरे का सारा फर्नीचर अस्त-व्यस्त पड़ा है। डिस्को संगीत की धुन से कमरे की दीवारें हिल रही हैं। दीक्षा ने जींस और ढीला-ढाला ब्लाउज पहना हुआ है उसने एक हाथ में लिमका पकड़ा है। वह थिरकते हुए बीच-बीच में एकाध घूँट भर लेती है। नम्रता का प्रवेश। यह सारा दृश्य देखती ही रहती है। उसके चेहरे पर तनाव की रेखाएँ खिंचती हुई दीख रही हैं। नम्रता कुछ देर देखती है फिर संगीत बन्द कर देती है। थिरकते हुए दीक्षा के पैर रुक जाते हैं। वह कुपित होती है।]

दीक्षा : बन्द क्यों किया...?

नम्रता : क्षमा करना भाभी, हमारे घर में इतनी ज़ोर-ज़ोर से संगीत नहीं लगाया जाता...पान की दूकान में लगाया जाता है...यह पान की दूकान नहीं...

दीक्षा : तुम मुझसे जितनी छोटी हो न, उतनी ही रहो तो अच्छा होगा। (क्रुद्ध) (**वह ऑन करने के लिए आगे बढ़ती है लेकिन नम्रता उसको रोकती है।**)

नम्रता : भाभी, मैं तो यह पूछने आयी थी कि टेबल पर मेरे लिए दूध नहीं है, रसोई में महाराज नहीं दिखलायी दे रहा है ...माता-पिता को गये कुछ घण्टे ही तो हुए हैं और सारी व्यवस्था...।

दीक्षा : लिमका पी, यह क्या बच्चों की तरह दूध पीने की रट लगा रखी है...। अच्छा तुम भी आओ दोनों मिलकर डांस करेंगे...बड़ा मजा आयेगा...।

नम्रता : नहीं भाभी, आप कीजिए...मुझे कल के टेस्ट के लिए पढ़ना है। (**वह चली जाती है। दीक्षा संगीत की धुन उसी तरह पूरे ज़ोर लगाकर थिरकने लगती है।**)

नरेश : (**नरेश का प्रवेश। वह ठिठ्क जाता है।**) ...यह क्या दीक्षा...? आरती का वक़्त हो गया है और यह कौन सी धुन लगी हुई है...?

दीक्षा : आरती का वक़्त हो गया है तो मैंने किसी को रोक रखा है क्या?

नरेश : आरती तुम्हें करनी है...

दीक्षा : मैं क्या पूजा करना जानती हूँ...?

नरेश : माँ ने तुम्हें सिखलाया तो था...?

दीक्षा : मुझे पूजा नहीं...

नरेश : हैरानी होती है। तुम किस तरह की हो...? मैं आज तक समझ नहीं पाया। कोई पूजा-पाठ से भी मुँह फेरता है...?

दीक्षा : (**कठोर स्वर में**) यह काम करवाये भी तो जा सकते हैं। ज़रूरी तो नहीं घर की...बहू करे...? आप भी कर सकते हैं...।

नरेश : कर्त्ता ही तो फलाफल का हकदार होता है...।

दीक्षा : होगा मेरी बला से।

नरेश : तुम हमेशा विरोध क्यों किया करती हो...?

दीक्षा : **(जबड़े भींचते हुए)** मैं विरोध करती हूँ...मैं तो इस घर को भित्तियों में कैद परम्पराओं, मान्यताओं और रूढ़ियों को आज़ाद करना चाहती हूँ...।

नरेश : यदि तुम इसको कैद मानती हो तो यह तुम्हारी सरासर भूल है दीक्षा! तुम जो कुछ कर रही हो उसका भी कोई नाम है।

दीक्षा : हाँ उसका नाम है उच्छृंखलता, बागीपन और...लेकिन देख लेना मैं तुम्हारे घर के समस्त रूप को बदल डालूँगी...यह मेरा लक्ष्य है।

नरेश : कैसे करोगी...? मुझे बताओ, मैं तुम्हारा सहयोग दूँगा...।

दीक्षा : मुझे किसी का सहयोग नहीं चाहिए।

नरेश : इन भित्तियों में सफाई भी तो कैद थी जो चित्त और स्वस्थ के लिए अनिवार्य होती है उसे भी भगा दोगी तो यह घर क्या बन जायेगा...?

दीक्षा : **(चिढ़ती हुई)** मुझे तुम सब दकियानूसी हो...

नरेश : तुम यह बताओ तुम अपना अभियान कहाँ से शुरू करना चाहती हो...?

दीक्षा : आज से पूजागृह में किसी को आने की आवश्यकता नहीं। पंडिज जी इन मूर्तियों के अनुरक्षण के लिए नियुक्त किये जाते हैं। **(घोषणात्मक स्वर)**

नरेश : तुम अन्य विवादों को उत्पन्न कर रही हो...दीक्षा। हमारा परमात्मा में अटूट विश्वास है। तुमसे भूल हो रही है। तुम अवश्य किसी भ्रम में हो...। हम क्या हैं, यह तो जान लिया होता...? समझ में नहीं आया था तो मुझसे पूछ लिया होता। **(विराम)** तुम्हारी समझ के बाहर है तो रूढ़िवादी है...परमात्मा के प्रति अटूट निष्ठा रूढ़िवादिता होती है...?

दीक्षा : ...व्रतादि क्या है...?

नरेश : व्रत करना महज रूढ़ि की बात है...?

दीक्षा : और क्या है...?

नरेश : वैज्ञानिक तथ्यों का मूल्य उसमें नहीं...?

दीक्षा : परन्तु सुन लो, मैं पूजा करने नहीं जाऊँगी। मेरी अपनी इच्छा-अनिच्छा भी कुछ है।

नरेश : दीक्षा...उफ्..., मैं तुम्हें कैसे बताऊँ...? (**विराम**) आज कम्प्यूटर युग में जब वैज्ञानिक ऊर्जा से हर रहस्य का उद्‌घाटन कर दिया है जो क्या तुम जैसी पढ़ी-लिखी को भी इन गूढ़ार्थों से अवगत कराना पढ़ेगा...? (**विराम**) मेरी शिक्षा-दीक्षा भी उसी शिक्षा प्रणाली द्वारा तब सम्पन्न हुई है जिससे तुम्हारी तरह मुझे तो इस क़दर भ्रम उत्पन्न कभी नहीं हुए।

दीक्षा : तुम न जाने किस धातु से निर्मित हो...

नरेश : जिससे तुम (**भेद भरी दृष्टि से देखता है**)।

दीक्षा : तुम सब पता नहीं कैसा जीवन जीते हो...?

नरेश : हमने जीवन को देखा परिचय प्राप्त किया और परिचित होकर दोस्ती कर ली। अब दोस्ती बनाये रखने के लिए संतुलन पर ध्यान देते हैं।

दीक्षा : इस तरह की बातें कोई आपसे सुने। मैं आपसे किसी बात पर गम्भीर विचार विनिमय कर सकती हूँ...? कोई बात शुरू करती हूँ तो आपको मस्ती सूझती है। जरा, मैं भी सुनूँ कि आपने जीवन संतुलित किस प्रकार किया है...?

नरेश : शहर से आये पति को पानी नहीं पिलाओगी...?

दीक्षा : (**द्वार की ओर मुखकर**) ...रामदीन....रामदीन पानी का गिलास साहब के लिए लाना...?

रामदीन : (**नेपथ्य से**) लाया छोटी मालकिन...।

दीक्षा : (**फिर थिरकती हुई**) आह! क्या आनन्द आ रहा है।

(रामदीन पानी का प्रवेश। ट्रे में पानी के स्थान पर दो लिमका की बोतलें लाता है।)

नरेश : रामदीन! यह क्या पानी माँगा था?

रामदीन : मालकिन की आज्ञा है साहब कि पानी कहें तो लिमका ही लाना है।

नरेश : अच्छा ठीक है। आप मेरे लिए पानी भी लाइए। (**वह चला जाता है**)

दीक्षा : मैं जरा कपड़े बदल कर आती हूँ...पसीने से तरबतर हो रही हूँ। (**बादलों के गरजने की आवाज़ आती है सबका ध्यान उसी ओर चला जाता है। लगता है तूफान आने वाला है**)

नरेश : बस आया ही समझो...चल तो पड़ा ही है...(**वह नरेश की बात का आशय समझ जाती है।**)

दीक्षा : तूफान मेरी नज़र में आवश्यक होते हैं।(**कहती हुई कपड़े बदलने चली जाती है।**)

रामदीन : (**पानी का गिलास ट्रे में लिए प्रवेश करता है**) इन बादलों से क्या डरते हो बाबू?...तूफान तो तुमरी ज़िन्दगी में आने वाला है ऊता डरो (**पानी की ट्रे आगे करता है। नरेश पानी पीता है। बादल पुनः ज़ोर से गरजते हैं। वह बाहर देखता है।**)

नरेश : काले काले मेघ छाये हैं। अभी तक कदंब और परेश आये नहीं...।

रामदीन : का बाबू, छोटी मालकिन को समझाते काही नहीं...?

नरेश : देख नम्रता कहाँ है...? उससे कहना कि आरती की बेला हो गयी है। (**रामदीन चला जाता है**)

(**कमरे में उठकर टहलते हुए स्वगत**) रामदीन ठीक कहता है। मुझे तूफान को सँभालना पड़ेगा...। एक दिन भी पूरा नहीं हुआ वह कमरे की क्या हालत डाली है...।

(**कदंब और परेश का प्रवेश। उन्होंने नरेश को नहीं देखा है**)

कदंब : पहले लक्ष्मी-नारायण को प्रणम करो...। (**दोनों नमस्कार करते हैं**) बड़े भइया, आप यहाँ अकेले इस प्रकार क्यों पड़े हैं...?

नरेश : ओह कदंब और परेश आओ...आओ...मैं अभी यही सोच रहा था कि तुम दोनों लौटे क्यों नहीं...?

(**नम्रता पूजा-गृह में आरती की तैयारी में लगी है। स्टेज पर उसके कार्य-कलाप चल रहे हैं।**)

कदंब : आप अकेले....?

परेश : आपका मुखमंडल श्रीहीन...?

कदंब : आप परेशान लग रहे हैं....?

परेश : भाभी कहाँ हैं?

कदंब : कुछ बताइये न, भइया...?

नरेश : **(टालते हुए)** चलो दोनों कुछ खा लो...

कदंब : पहले आप बताइए कि आप किस बात को लेकर परेशान हैं....?

नरेश : यह तुम दोनों का वहम है। मैं परेशान नहीं हूँ। आज तक कितनी बड़ी समस्याएँ हमारे समक्ष आती रहीं लेकिन हम विचलित नहीं हुए...।

कदंब : आपको सदा चुनौतियाँ ही रुचिकर रही हैं फिर न जाने क्यों आज आप चिन्तित लग रहे हैं।

परेश : क्या कहीं भाभी की ओर आपका इशारा तो नहीं है?

नरेश : नारी सम्बन्धी ज्ञान तो अब होगा।

परेश : आप भाभी की हुकूमत चलने दीजिए कौन जानता है... कुछ भला हो जाये?

कदंब : कुछ दिनों के लिए वे जो कहती हैं, हमें मान लेना चाहिए।

परेश : इसमें आपत्ति ही क्या है...?

कदंब : लता लगा दी है तो उसे फैलने के लिए स्थान भी देना चाहिए।

परेश : मेरी भी यही राय है।

कदंब : भाभी अर्थशास्त्र में एम.ए. पास हैं।

नरेश : फैक्ट्री का जो हाल हुआ था वैसा ही अब घर का होगा।

कदंब : घर का संचालन करने में असफल नहीं होंगी क्योंकि नारी की समझ घर-गृहस्थी के बारे में हमसे कहीं ज़्यादा होती है।

परेश : भाभी अपने हिसाब से घर का संचालन करेंगी तो माँ-पिताजी को सुकून मिलेगा। हम सबको दोहरी उपलब्धि होगी। **(नम्रता आरती की थाली सजाकर लक्ष्मी-नारायण के सामने रखती है।)**

कदंब : यानी...एक तीर और शिकार दो...।

परेश : वाह क्या खूब कहा...। बड़े भइया, आप अभी तो उसी तरह चिन्तित हैं? **(विराम)** आप स्वयं सोचिए, जब

तक कार सीखने वाले को नहीं देंगे तब तक वह कैसे सीखेगा...?

(जींस और ब्लाउज में दीक्षा का प्रवेश)

कदंब : आइये भाभी, क्या जँच रही हैं।

दीक्षा : विवाह के पहले मैं इसी तरह के कपड़े पहनती थी। **(बाहर बादल उसी तरह गरज रहे हैं)**

परेश : वार्तालाप का विषय बदला जाये। बताओ भाभी कहाँ घूमने जाया जाये...?

दीक्षा : आज होटल प्रिंस...।

नरेश : यहाँ से पूरे तीस मील है।

परेश : फिर क्या हुआ बड़े भइया...? मैं चलाऊँगा कार...

कदंब : हमारे में तो चालीस-बयालीस घण्टे कार चलाने की ताव है।

नरेश : **(बादल गरजते हैं)** नहीं आज मौसम अनुकूल नहीं है।

दीक्षा : कोई और जगह का सुझाव दो।

कदंब : होटल मयूर...

नरेश : आज कहीं नहीं। आज मौसम अनुकूल नहीं है। दूसरी बात नम्रता की कल परीक्षा है। वह नहीं जा सकेगी...। ...**(थोड़ी देर रुककर)** नितेश कैंप गया हुआ है।

दीक्षा : फिर कहाँ चलेंगे...?

नरेश : यहीं बैठकर आपसे बातचीत करेंगे। आपकी मीठी वाणी का श्रवण करेंगे।

दीक्षा : रात्रि का भोजन...?

नरेश : महाराज को हुक्म दे दीजिए...

दीक्षा : मैं पूछती हूँ कि हमारी वैवाहिक ज़िन्दगी कुछ नहीं...?

नरेश : सुनकर खेद हुआ कि वैवाहिक ज़िन्दगी होटलों में जाने का नाम है।

(दीक्षा को छेड़ता है। नम्रता का प्रवेश)

नम्रता : बड़े भइया, मैंने एक कविता लिखी है क्या आप पड़ेंगे...?

नरेश : हाँ...हाँ...ज़रूर नम्रता। ला इधर ला देखूँ क्या लिखा है? **(नम्रता एक काग़ज़ भाई को देती है। नरेश काग़ज़ ले ज़ोर-ज़ोर से पढ़ता है)**

नारी सारी छोड़

पहने पैंट
धर्म-कर्म सब तज चले
रेस्टोरेंट
घर-गृहस्थी जंजाल है
डिस्को में है रंग
जहाँ इश्क इश्क की
कशमकश में नहीं कोई
प्रतिबँध
नारी सारी छोड़
पहने पैंट

सब एक साथ कह उठते हैं...''वाह'' किन्तु दीक्षा क्रुद्ध हो जाती है।

नम्रता : भाभी, रात्रि-भोजन का समय हो गया लेकिन रसोई अभी तक बन्द पड़ी है।

दीक्षा : (**चिढ़ती हुई**) महाराज को मैंने छुट्टी दे दी है।

नरेश : मन प्रभावित, यह जानकर कि आपको नौकरों के साथ सहानुभूति है।

परेश : मैंने कहा था न कि भाभी स्वयं संचालन कर लेंगी...

दीक्षा : मज़ाक छोड़िए, बताइए अब मैं क्या करूँ...? (**बादल गरजते हैं**)

नरेश : छोटी मालकिन, दुनिया का दस्तूर तो यह है कि जो करेगा सो भरेगा...?

दीक्षा : उफ्...आपका मतलब है कि खाना जाकर मैं बनाऊँ...?

नरेश : मतलब तो ठीक ही समझ में आया है।

कदंब : हाँ याद आया, कल कुछ अफ़सर आनेवाले हैं। भाभी, दोपहर का खाना वे हमारे साथ ही खायेंगे...।

दीक्षा : (**व्यग्रता से**) महाराज को तीन दिन की छुट्टी दी है।

नरेश : किस खुशी में, नयी मालकिन बनने की।

कदंब : वाह! अब आपके हाथ के बने स्वादिष्ट व्यंजन खाने को मिलेंगे।

परेश : अब सचमुच भोजन का आनन्द आयेगा। महाराज का खाना अब अच्छा नहीं लगता।

दीक्षा : आपकी पत्नी खाना बनाये...आप यह सह लेंगे...?

नरेश : **(चिढ़ाते हुए)** ....हाँ, बुरा तो अवश्य लगेगा क्योंकि मैं और मेरी पत्नी आकाश से टपके हैं...। रोटी नहीं स्वर्ण मुद्राएँ भक्षण करते हैं...हम साधारण मनुष्य नहीं अजूबे हैं...।

दीक्षा : हाय! क्या करूँ...?

नरेश : जनाब, हाथ अपना काम करने के लिए होते हैं। **(अभिनय करते हुए)** देवी! भोजन का प्रबन्ध हो जाये तो हमें दूत द्वारा संदेश भिजवा कर सूचित कर दीजिएगा। हम सब आपके श्रम को कृतार्थ करने हेतु पधारेंगे।

दीक्षा : **(चिढ़ती हुई)** मुझे खाना बनाना नहीं आता...।

नरेश : संचार-माध्यम के उपरान्त भी आपको नहीं आता है तो स्थिति विचारणीय है।

परेश : भाभी, आप जो परोसेंगी, हमें स्वीकृत है। आइये मैं आपकी मदद करता हूँ। टी.वी. में दावत शीर्षक प्रोग्राम से मैंने बहुत कुछ सीखा।

(दोनों उठते हैं)

नरेश : जरा नमक डालने में सावधानी...

दीक्षा : अब बन्द कीजिए...

नरेश : आपका हुक्म सिर आँखों पर...छोटी मालकिन...।

(कदंब और परेश एक स्वर में)

नम्रता...चलो भई...रसोई बुला रही है...।

नरेश : नहीं नम्रता रसोई में नहीं जायेगी।

कदंब : लगता है...भाभी जी आपकी कठिन परीक्षा है।

नरेश : चल कदंब फैक्ट्री का चक्कर लगाकर आयें।

परेश : आप चिन्ता न करें भाभी जी मैं आपके साथ हूँ...।

(नरेश और कदंब बाहर की ओर जाते हैं। परेश अन्दर की ओर चला गया है। अब दीक्षा अकेली स्टेज पर है)

दीक्षा : उफ्...मेरी हर चाल नाकामयाब होती जा रही है। चलूँ कुछ प्रबन्ध करूँ...।

(प्रस्थान)

[यवनिका]

चौथा दृश्य

[वही कमरा है। चारों ओर गन्दगी का साम्राज्य है। पर्दों के हुक निकले हैं। सोफे पर तौलिया पड़ा है। वहीं लिमका की बोतलें लुढ़की हुई हैं। सोफे पर दीक्षा सज-धज कर औंधी लेटी गुलशन नंदा का उपन्यास 'काली रात' हाथ में पकड़े स्टार टी.वी. के प्रोग्राम देख रही है। सब अपने-अपने काम पर जा चुके हैं। नम्रता स्कूल जाने के लिए तैयार होकर वहाँ आती है।]

नम्रता : रामदीन...(**पुकारती है**)...यह कमरा साफ करो।

रामदीन : कितनी बार करें...छोटी बेबी...

नम्रता : फिर से कर दो। मैं स्कूल जा रही हूँ...।

(नम्रता के जाते ही रामदीन दौड़ता हुआ आता है)

रामदीन : छोटी मालकिन...छोटी मालकिन...बड़ी मालकिन और मालिक आ गये हैं...

(दीक्षा जब तक उठती है वे अन्दर आ जाते हैं)

दीक्षा : **[औपचारिकता के लिए आगे बढ़ती है माँ उसे गले लगाती है।]** चरणस्पर्श पिताजी-माता जी...

(माता-पिता उसे आशीर्वाद देते हैं)

माँ : कैसी हो बेटी...?

दीक्षा : अच्छी हूँ...।

रामदीन : मालिक पानी लीजिए....

माँ : रामदीन! इतने गंदे गिलासों में पानी लाया है...

पिता : रामदीन कोई बैठने की जगह नहीं है...(**दोनों लक्ष्मी-नारायण के सामने खड़े हो प्रणाम करते हैं**)

माँ : दीक्षा बेटी, आज लक्ष्मी-नारायण को फूलों से शृंगार नहीं किया...?

दीक्षा : पंडित जी आते ही होंगे...।

माँ : बेटी दीक्षा, रामदीन को कहो कार से हमारा बैग निकाल कार लाये। मैं तुम्हारे लिए कांचीवरम की साड़ियाँ लायी हूँ...।

दीक्षा : सच, मैं स्वयं लाती हूँ। (**वह बाहर की ओर चली जाती है।)**

माँ : मैंने क्या कहा था आपसे...घर नरक बन जायेगा...(**साड़ियों**

का बैग खोल कर साड़ियाँ निकालती है। एक-एक का दाम देखती है।)

दीक्षा : इतनी महँगी...लेकिन बड़ी खूबसूरत हैं।

माँ : इनमें से चार तुम चुन लो, शेष....(**बात आधी रह जाती है क्योंकि एक चूहा दौड़ता हुआ दिखलायी पड़ता है**) हैं...यह क्या बात? चूहे...हाय...चूहे...घर में चूहे...सारे गर्म कपड़े कुतर दिये होंगे...? (**भागदौड़ मच जाती है**)

पिता : यह सोफे पर क्या है...चिपचिपा है...यह क्या इतनी चींटियाँ...करोड़ों की तादाद में...

माँ : अरे यह तो लाल...

पिता : मेरे पैर को क्या लग गया है...?

माँ : यह तार-तार क्या है...?

रामदीन : यह 'बबलगम' है मालिक....

माँ : रामदीन जाओ, बेगनस्प्रे लाकर छिड़को इन चींटियों पर...।

दीक्षा : रामदीन, तुमको कहा था कि सोफे पर रसगुल्लों की चाशनी गिर गयी है साफ कर देना...।

पिता : रामदीन, महाराज से कहो कि हमें एक-एक गोभी का पराँठा और साथ में गरमागर्म बोर्नवीटा डालकर दूध दे दे।

रामदीन : मालिक, रसोईघर में चीनी, घी, आटा सब खत्म हैं।

माँ : (**दुखी**) बच्चों ने नाश्ता क्या खाया...?

रामदीन : केवल ब्रेड।

माँ : जाओ, कुछ लाओ...(**रामदीन चला जाता है**) यह सब क्या है दीक्षा...भण्डारगृह में अनाज तो पूरे साल का भरा है। ...दास-दासिया भी हैं फिर अनाज साफ करवा कर रसोईघर में भरने का आदेश क्यों नहीं दिया?

दीक्षा : मुझे क्या कहते हैं...अपने बेटों से पूछिए,...घर का बना खाना तो उन्हें रुचिकर ही प्रतीत नहीं होता...। आपके भय से वे कुछ कहते नहीं लेकिन आपकी गैरहाजिरी में कोई अन्त ही नहीं।

माँ : अनर्गल मत कहो बहू...! स्फुलिंगिनी बनकर को भस्म

करने से तुम्हें कुछ हासिल नहीं होगा...अपनी मर्यादा में रहना ही उचित होता है।

(रामदीन स्प्रे पंप लाकर छिड़कता है)

माँ : रामदीन को महाराज से कहो कि बाज़ार से आवश्यक खाद्य सामग्री ले आये तथा बड़े भण्डारगृह को खुलवाकर अनाज घर में भरो। गेहूँ के लिए दो औरतें बिठवा दो।

दीक्षा : आप मेरा अपमान करते हैं...**(ज़ोर से रोने लगती है)**

माँ : कैसी बहू हो...?

पिता : मैं फैक्ट्री का चक्कर लगाकर आया...।

माँ : कुछ खाकर तो जाइये...

पिता : अभी आता हूँ। **(चले जाते हैं)**

माँ : बाहर से थके-माँदे आये सास-ससुर की आवभगत न कर टिसुए बहा रही हो...।

दीक्षा : आपके आते ही कुहराम मच जाता है। आप नौकरों को डाँटिये...उन्होंने काम ढंग से क्यों नहीं किया...?

माँ : वाह क्या खूब कहा बेटी, अपने घर में अपने स्वामी की अवस्था को समझने का कोई प्रयत्न न करे जो इसमें नौकरों का क्या दोष...?

(बजर बजता है। माँ उठाती है।)

माँ : बेटी, बड़े गोदाम की चाबियाँ तो भिजवाना आफिस में...।

दीक्षा : चार दिनों से चाबियाँ न जाने कहाँ हैं...?

माँ : इतना बड़ा चाबियों का गुच्छा खो कैसे सकता है...?

दीक्षा : आपके पास दूसरा है दे दीजिए...

माँ : **(अपलक दीक्षा को देखती रहती हैं)** अन्दर से तो निकाल कर दूँगी ही...।

दीक्षा : माँजी, पति की नज़रों में पत्नी को सतत् अयोग्य प्रमाणित करने की चेष्टा नारी-हृदय की कौन-सी प्रवृत्ति कहलाती है...?

माँ : तो...बात यहाँ तक आ गयी है कि बहू अनापशनाप प्रश्न करने लगी है। तुम्हीं बतलाओ, पति के दृढ़ दुर्ग की अखण्डता एवं संप्रभुता को बनाये रखने की अपेक्षा खंडित करने वाली नारी-प्रवृत्ति को किस मंशा से अलंकृत किया जाये...?

(बजर बजता है। माँ उठाती हैं।)

माँ : यस...ओ...अभी भेजती हूँ। **(आओ चाबियाँ देती हूँ... किसी नौकर के हाथ भिजवा दो। दोनों जाती हैं)**

(पंडित जी का प्रवेश। पैंट-कमीज पहनी हुई है। हाथ में चमड़े का बैग पकड़ा हुआ है। बगल में टु इन वन दबाया हुआ है। आँखों पर चश्मा है। देखने में पंडित जी नहीं कोई फिल्म का हीरो लगता है। पीछे-पीछे उनकी सेक्रेटरी है। वह भी पूरी अत्याधुनिक है।)

माँ : **(माँ का प्रवेश)** ...आप कौन हैं...?

पंडित : पंडित...।

माँ : **(स्वमन)** यह नये ढंग देखे हैं कि पैंट-कमीज में पंडित पूजा करने आये...

पंडित : जी, हम यहाँ पिछले महीने से लक्ष्मी-नारायण की सेवा के लिए नियुक्त किये गये हैं...।

माँ : **(चमड़े का बैग देखते ही)** ...अरे...यह क्या...राम...राम...यह पूजा के कमरे में चमड़े का बैग...बाहर करो इसको...

गीता : यह बैग तो हम सब जगह लेकर जाते हैं...

माँ : तुम कौन हो...? दीक्षा, यह सब क्या बकवास है...क्या इतनी पूजा स्वयं नहीं की जा सकती...?

पंडित : यह मेरी सेक्रेटरी है। ही...ही...

गीता : टु इन वन निकालकर कैसेट लगा देती है...ओं जय जगदीश...

माँ : पंडित, हाथ धोकर पूजा-गृह में जाना...। तुम कहाँ के पंडित हो...? मुझे तो नहीं लगता तुम्हें मंत्र आते हों? एकादशी कब है...?

पंडित : गीता, कम्प्यूटर से पूछो...एकादशी कब की है...?

माँ : क्यों तुम्हें नहीं आता...? और तुम पंडित होकर पैंट-कमीज पहन कर पूजा करने आये हो...?

पंडित : माँजी, अब इक्कीसवीं शताब्दी की ओर हम जा रहे हैं। अब वे पंडित नहीं रहे। अब सब बदल गया है। **(हाथ नचाता हुआ)**

माँ : आप जाइये, आज से पूजागृह के कार्य से आपको मुक्ति

दी जाती है। आप आफिस में जाकर अपना हिसाब-किताब कर लीजिए।...महीना आपको कितना देना निश्चित हुआ था?

पंडित : तीन हज़ार तथा रोज़ एक गिलास दूध तथा फल...।

माँ : आप जाइये,

गीता : (सामान समेटते हुए) आप चाहती हैं तो हम पुराने फैशन से कपड़े पहनकर पूजा करने आ जायेंगे...?)

माँ : **(हाथ जोड़ते हुए)** क्षमा चाहते हैं। **(दोनों जाते हैं)**

पिता : **(प्रवेश)** गोदाम में तो पानी भरा हुआ है...।

माँ : **(अवाक्)** पानी...पानी...कैसे चला गया...? उफ़...दीक्षा... दीक्षा

दीक्षा : जी...

पिता : दीक्षा बेटी, पिछली बार गोदाम कब खोला था...?

दीक्षा : पिछले बुधवार को...।

पिता : बन्द नहीं किया था...?

दीक्षा : चाबियाँ...

पिता : जब तुम्हें मालूम था कि गोदाम बन्द नहीं है तो चाबियाँ क्यों भिजवायीं...?

माँ : गोदाम क्यों खोला था जब घर में खाना पकाते ही नहीं थे...?

दीक्षा : मैं चाहती थी कि देखूँ गोदाम में क्या-क्या रखा है। इसी बीच हाथ में पकड़ी चाबियाँ कहीं रख बैठी। बहुत खोजा किन्तु नहीं मिलीं।

माँ : दरवाज़ा तो ठीक बन्द करवाना था। दूसरे दिन चाबियाँ ढूँढ़ी थी...?

दीक्षा : समय नहीं मिला...स्टार टी.वी. फिक्स करने वाले आ गये और उसमें मैं व्यस्त हो गयी।...दरवाज़ा उढ़का दिया था। रात पिछले हफ्ते बरसात होती रही...

माँ : नरेश, कदंब, परेश, नितेश और नम्रता कहाँ थे...?

दीक्षा : मैंने उन्हें बताया ही नहीं...।

पिता : **(प्यार से)** रानी बेटी, देखो कितना नुकसान हो गया है...।

दीक्षा : मुझे क्या पता था कि पानी भर जायेगा।

माँ : तुम कम से कम चाबियाँ ढूँढने तो जाती। मालकिन हो...चक्कर ही लगाने चली जाती...। गीली अनाज की बोरियाँ निकलवाती...

पिता : गोदाम में आगे की ओर रखी बोरियाँ इस क़दर भीगी है कि अंकुर फूटे हुए हैं।

माँ : क्या...इतना नुकसान...!! सालाना खपत के अनुसार लाये थे। अभी तो महीने नहीं हुए। ...चलो जो हुआ सो हुआ ...अब अपना घर देखूँ...(**उसी समय एक चूहा पैरों पर गुजर जाता है। वे चीख पड़ती हैं**)

दीक्षा : मुझसे नहीं रहा जायेगा यहाँ...(**पैर पटकती हुई अन्दर चली जाती है**)

माँ : अब मैं स्वयं बहू को सँभालूँगी...अब दूसरी भी आने वाली है। मैं उसे प्रथम दिन से ही अपनी देखरेख में रखूँगी। उसका मार्ग दर्शन करूँगी...।

पिता : अब तुम स्वयं सँभालो सबको...।

माँ : कदंब का ब्याह सेठ दीनानाथ जी की इकलौती लड़की से तय कर हमने बड़ा अच्छा किया है। आप देख लीजिएगा लड़की किस तरह घर सजाती-सँवारती है।

पिता : चलो अब गोदाम को ठीक करवायें।

[दोनों का प्रस्थान]

तीसरा अंक

पहला दृश्य

[दीक्षा कमरे में आकुल टहल रही है। कुछ क्षण मौन टहलती रहती है। दोनों हाथ की हथेलिया बार-बार रगड़ती है।]

दीक्षा : (**स्वगत**) उफ्! कुछ समझ नहीं आता। इन सबमें यहाँ तक कि इस घर की प्राचीरों में भी अद्भुत विवेक शक्ति से एक में साध्य बनाये रखने की विलक्षणता मौजूद है। (**टहलने लगती है**) यहाँ की हर वस्तु अपना कोई सानी नहीं रखती ...किस धातु से निर्मित है...?...सम्भव है गैलवनाइजिंग करते-करते स्वयं भी गैलवनाइजिड लौह-पुरुष बन गये हों...। दसवीं में पढ़ने वाली नम्रता भी कितनी कुशाग्र बुद्धि की है और नितेश वह तो लगता है ही नहीं बी.कॉम. प्रथम वर्ष का छात्र हो...। मेरी हर बात पर कहता है—भाभीजी, जीवन कोरी भावुकता और तार्किकता का नाम नहीं है, यह निकट व्यावहारिक एवं यथार्थवादी...।'' मैं अर्थशास्त्र में स्नातकोत्तर हूँ...इनके समक्ष कितनी खोखली और बौनी लगने लगी हूँ...। (**टहलती है**) ...मेरे सब वार खाली गये। मैं...खाली हूँ...मेरे देश में तीक्ष्णता का अभाव है। ...कितना तंग किया है फिर भी बेटी कहते हैं...हाय...मेरे स्वयं के पैर उखड़ने लगे हैं। इनके लिए केवल गीली बारूद ही उपयोग करना उचित होगा।...मेरी समस्त साधें रीत गयीं। आज तपस्यादि का घबराना समझ में आता है...और उमेश का कथन भी सत्य है...। हाँ, उसके कथन में इतना और जोड़ा जा सकता है...। यहाँ नारी ही नहीं अपितु नर-नारी समान दायित्व के स्तम्भ बन जाते हैं।

(**टहलती है**) ...मेरी समस्त चेष्टाएँ अकारथ हो गयीं। मुझ से तंग आकर माता-पिता पुनः कहीं चले गये हैं। तपस्यादि को फोन भी किया था, वे आयी नहीं...लगता है सब मुझसे रुष्ट हैं। तपस्या, इस रूपगर्विता ने मिथ्या गर्व में समस्त वातावरण को दूषित कर दिया है। (**विराम**) मैं नरेश से खूब लड़ूँगी...खूब लड़ूँगी...(**नरेश का प्रवेश**)

नरेश : दीक्षा, क्या बड़बड़ा रही हो....?

दीक्षा : मैं हताश तुम्हारे कारण...केवल तुम्हारे कारण हुई हूँ...आज सबके होठों पर तिक्त मुस्कान है...नफरत का घिनौना दृश्य तुम्हारे कारण ही उपस्थित हुआ है।

नरेश : यह सब क्या कह रही हो?

दीक्षा : मेरे खरीदे हुए घर में तुम रहना नहीं चाहते थे...भूली नहीं...विपुल जलराशि वाला उदधि भी खारा होता है...

नरेश : कहना क्या चाहती हो...?

दीक्षा : अपार सिद्धान्तों वाले तुम सब भी समुद्र की तरह हो।

नरेश : समुद्र मंथन से ही चौदह रत्न उपलब्ध हुए थे...तुम इस बात को मत भूलो—यहाँ खारा कहलाने वाले कितने मृदु हैं मंथन करोगी तो स्वयं जान जाओगी। रही बात तुम्हारे नये घर की...मुझे यहाँ की एक-एक ईंट से प्यार है। लगाव है...। मैं किसी कीमत पर इस जगह को छोड़ नहीं सकता।

दीक्षा : (**पागलों की तरह हँसती है**) ...क्या खूब..., ईंट-पत्थरों से मोह और ब्याहता से...निर्मोही...

नरेश : तुम्हारा दृष्टिकोण तुम्हारे साथ-साथ हमें भी ले डूबा है।

दीक्षा : मैं भाग कर तुम्हारी शरण में नहीं आयी।...न ही गले पड़ा ढोल हूँ...चुनकर लायी गयी हूँ...।

नरेश : आज फैसला कर लो...

दीक्षा : किस बात का...?

नरेश : यही कि किस प्रकार दायित्व सँभालोगी।

दीक्षा : मेरा कुल...संस्कार...समाज...इच्छा...

नरेश : यह बहकी-बहकी बातें मत करो। स्थिर होवो।

दीक्षा : मुझे घबराहट हो रही है।

नरेश : यहाँ बैठो। (**उसे पकड़ कर सोफे पर बिठाता है**) मैं पानी लाता हूँ। (**पानी लाकर दीक्षा को पिलाता है। स्नेह से सिर पर हाथ फेरता है।**)

दीक्षा : आप मेरी बात क्यों नहीं मानते—?

नरेश : मैं भी तुम्हें यही प्रश्न करना चाहता हूँ कि मेरी ज्येष्ठता के अनुरूप तुम आचरण क्यों नहीं रखती हो...?

दीक्षा : मैं किसी की परवाह नहीं करती। मेरा हक यानी कि एक कम्पनी मेरे नाम कर दो...मैं किनारा कर लूँगी।

नरेश : भले घर की नारी का यह लक्षण होता है...? (**उसकी बात दोहराता है**) "मेरे लिए आपने किया क्या है...? मुझे एक फैक्ट्री दे दो...मैं किनारा कर लूँगी। अब तुम्हें वैवाहिक जीवन का प्रश्न ख्याल में नहीं आता? (क्रोध से बाहर चला जाता है।)

[स्टेज का प्रकाश मंद पड़ जाता है।]

दूसरा दृश्य

[वही कमरा है। दीक्षा उसी तरह चिन्तित टहल रही है। तपस्या का प्रवेश।]

तपस्या : रानी शोक भवन में बैठे-बैठे कौन-कौन से वरदान माँगना चाहती है—?

दीक्षा : (**आवाज़ सुन विचलित हो जाती है वह दौड़कर**)... तपस्यादी—(**तपस्यादी के गले लगकर रोती है**) मैं...यहाँ नहीं रह सकती—

तपस्या : क्या बात है—दिल छोटा नहीं करते।

दीक्षा : मुझे यहाँ से ले चलो—मैं अब और यहाँ नहीं रह सकती—मैं असमर्थता के भाव तले दब गयी हूँ...मेरा उद्धार करो...। (**नरेश का प्रवेश**)

नरेश : नमस्ते तपस्यादी—मैंने आपकी कार देखी तो आपसे मिलने चला आया।

तपस्या : (**मुस्कुराते हुए**) नमस्ते नरेश जी, कहिये कैसे हैं...?

नरेश : आपकी कृपा है...।

तपस्या : आपने मुझे फोन क्यों किया....?

नरेश : तपस्यादी, आपको मेरी सहायता करनी होगी। आप अपनी लाड़ली, नादान बहन को समझाइये कि एक व्यक्ति के आने से समस्त परिवार की लम्बे अर्से से चली आ रही गतिविधियाँ बदली नहीं जा सकतीं। आनेवाले को ही नवीन परिवेश के अनुरूप साँचे में ढलना होगा—और चाहिए भी—।

तपस्या : मेरी बहन तो मुझसे कई गुना ज़्यादा बुद्धिमति है।

नरेश : बुद्धिमति—? अच्छा तपस्यादी मुझे काम है। मैं आपको मिलने आया था। आज जो उचित समझें कीजिए। (**चला जाता है**)

तपस्या : दीक्षा, यह सब क्या नाटक है—? (**कड़े स्वर में**) मैं उस दिन इतना समझाकर गयी थी—। (**विराम**) तुम्हें तो गुमान होना चाहिए कि इतने उच्चादर्शों वाले परिवार में तुम्हें मान-सम्मान मिला है। वस्तु की प्राप्ति मात्र ही तो जीवन नहीं होता—उनको सँभालकर, संजोकर रखना भी हमारा काम होता है...।

दीक्षा : ये दकियानूसी विचारों वाले हैं....।

तपस्या : तुम बिलकुल गलत हो। आज जब हमारी मान्यताएँ, धर्म, दर्शन लोकप्रियता खो रहे हैं ऐसे समय में केवल इस दुर्ग में...इस दुर्ग की प्राचीरों ने अपनी परम्पराओं और मान्यताओं को सुरक्षित ही नहीं अपितु क्रियाशील रखा है। ऐसे परिवार हमारी संस्कृति के संरक्षक हैं। तुम्हें भी मौका मिला था कुछ सीखने का...और तुम...

दीक्षा : तुम सब एक ही थैली के चट्टे-बट्टे हो। चुप हो जाओ... जाओ इसी वक़्त यहाँ से...। अगर तुम्हें भी इनके स्वर में स्वर मिलाकर मेरी भर्त्सना करनी है तो जी खोलकर करो, मुझे कोई असर नहीं होगा।

तपस्या : मुझे तुम्हारे इस व्यवहार को देखकर तनिक भी आश्चर्य नहीं हो रहा है। यह तुमने देर सवेर करना ही था। ...आश्चर्य होता है इस बात पर कि इतना कुछ होने पर भी नरेश और तेरे सास-ससुर ने तुझे अपने सीने से लगाया हुआ है।

दीक्षा : **(पास आकर भेद भरे स्वर में)** इसी बात पर तो मुझे आश्चर्य हो रहा है...?

तपस्या : आखिर क्यों...?

दीक्षा : पता नहीं क्यों...?

तपस्या : सचमुच तेरे मस्तिष्क में गोबर भरा है। इसमें रहस्य की क्या बात है? तेरे पास कौन-सी पुरखों की जायदाद है जो उन्होंने अपनी नाम लिखवानी है...? इतना भी नहीं समझती...? अरे यह तो उनके संस्कार हैं...।

दीक्षा : **(बिफरती हुई)** क्या संस्कार हैं...?

तपस्या : यही कि यदि औलाद गलती करे तो भी तो उसे समझाबुझाकर क्षमा कर दिया जाता है। स्कोलडिंग में नहीं अपितु कौंसलिंग में विश्वास करते हैं।

दीक्षा : **(कुपित)** बहन मेरी और साथ उन लोगों का....?

तपस्या : उन लोगों का तात्पर्य...? तमीज से शब्दों का प्रयोग करो। तुम जिनके परिवार की ज्येष्ठ पुत्रवधू हो यानी कि सिन्धिया खानदान की आगामी पीढ़ी की बुनियाद जिस पर दुर्ग का एक और स्कंध टिकेगा। जब तुम उनकी जो तुम्हारे अपने हैं उनकी नहीं बनीं तो...मेरी कैसे होवेगी...? और मैं तुम्हारी क्यों होने लगी। जबकि मैं किसी और के घर ब्याही गयी हूँ...किसी और नाम से जानी जाती हूँ...

दीक्षा : **(चिढ़कर)** अपना घर सँभालो। मेरे घर में हस्तक्षेप करने का हक तम्हें किसने दिया?

तपस्या : प्यारी दीक्षा सुन, इस तरह नाराज़ होने से किसी समस्या का हल होने वाला नहीं है। मुझे देख, मैंने घर की व्यवस्था को सुधारा रात-दिन काम किया। अपनी कर्मठता से सबको जीत लिया। ब्याह का अर्थ दायित्व होता है...।

दीक्षा : भारत में ब्याह का अर्थ है सारे परिवार की दासी बनना।

तपस्या : यह तुम्हारा दृष्टिकोण है। **(चुप्पी)** मुझे लगता है तुम्हें दुख कोई और है...चर्चा किसी और विषय को लेकर की जा रही है। सच क्यों नहीं कहतीं...?

दीक्षा : उफ्?...तंग आ गयी हूँ तुम्हारा भाषण सुनकर। मेरी चिन्ता और मत बढ़ाओ...

तपस्या : अभी तुम दुखी थीं और अब चिन्तित...?

दीक्षा : मैं चिन्तित हूँ कदंब के विवाह को लेकर। (**विराम**) लड़की मालदार ऊँचे घर की इकलौटी बेटी है।

तपस्या : यह तो बड़ी अच्छी बात है।

दीक्षा : अच्छी बात क्या है खाक...वह दहेज के नाम पर असंख्य कीमती सामान लायेगी...फिर मेरी क्या औकात रह जायेगी ...घर खरीदा था वह भी रास नहीं आया जनाब को...

तपस्या : ओह..., अब पता चला कि मेरी प्यारी बहन को क्या दुख सता रहा है। कोप भवन में किस विशेष बात पर तड़प रही है...? दंश तो तुमने मारा होगा परन्तु वार खाली गया होगा ...क्यों...?

दीक्षा : तुम मेरे विरुद्ध क्यों हो...?

तपस्या : मैं तुम्हारे विरुद्ध नहीं हूँ बल्कि तुम अपनी अक्ल की दुश्मन हो। याद रख, मनुष्य पैसों से नहीं गुणों से महान होता है।

दीक्षा : तुम बहन के नाम पर कलंक हो...

तपस्या : तुम बहू के नाम पर काला धब्बा–।

दीक्षा : मेरा सर मत खाओ। जाओ अपने घर...।

तपस्या : तेरा सर कौन खायेगा, उसमें तो गोबर भरा है। उसे कौन...खायेगा...? मैं जा रही हूँ लेकिन याद रख, परिवार का साथ हृदय से नहीं दोगी तो इसी भाँति क्षत-विक्षत अकेली पड़ी रहोगी...। (**प्रस्थान**) (दीक्षा बेचैनी से घूमती है।)

दीक्षा : (**स्वगत**) नरेश भी यही कहता है जो तपस्यादी कह गयी है। मुझे अब क्या करना चाहिए...मैं थक गयी हूँ–। (**नरेश का प्रवेश**)

नरेश : तपस्यादी को भी भगा दिया। अपनी बहन भी सहय नहीं है–चलो न सही–

दीक्षा : सुनो! यहाँ की हर वस्तु कितनी ठोस–कितना घनत्व लिए हुए है।–यहाँ के पत्थर-ईंट–मैं हार गयी–पराजिता–पराजिता–हूँ–लघुता का आभास आज हो रहा है।

नरेश : यह क्या बुदबुदा रही हो? किससे पराजित हो गयी हो?

दीक्षा : तुम सबसे–।

नरेश : हमसे? परन्तु क्यों...?

दीक्षा : हाँ...

नरेश : हमने तो कभी किसी से कोई बाजी नहीं लगायी।

दीक्षा : मैं आप सबमें से एक नहीं हूँ...। (**संज्ञाहीन हो जाती है**)

नरेश : यह क्या कह रही हो...? दीक्षा...दीक्षा...उठो...उठो...प्रसन्न रहो...।

दीक्षा : (**उठकर बैठती है**) मैंने आज तक सबको पीड़ा ही पहुँचायी है। चाँद पर थूकने का प्रयास निरन्तर करती रही, किन्तु हर प्रयास में थूक अपने ही मुँह पर पड़ती रही।

नरेश : प्रिय शान्त हो जाओ, अब और ज़्यादा अपने मन को मलिन न करो।

दीक्षा : मुझे क्षमा करो। अपने अहम् में और सुनहले काल्पनिक महलों के ख्वाबों में खोयी रही। यथार्थ के धरातल पर पैर टिकाये ही नहीं...शिष्टता कब कूच कर गयी इसका तनिक ख्याल नहीं रहा...।

नरेश : तुम्हारे में क्या है, यह मैं बताता हूँ।

दीक्षा : (**प्रश्नसूचक निगाहों से उसकी ओर देखती है**) क्या है...?

नरेश : तुम्हारे में अस्तित्त्व की मुखरता है।

दीक्षा : इसमें क्या दोष है...?

नरेश : अस्तित्त्व के प्रति चैतन्य होने में कोई दोष नहीं होता। वह उत्तम है मगर इस अस्तित्त्व के प्रश्न ने तुम्हें आत्मसीमित बना दिया है...।

दीक्षा : यह मेरा अपना किया-धरा है।...उफ्...।

नरेश : मन मलिन मत करो। यह लो, पानी पियो।

दीक्षा : (**रो पड़ती है।**) अब आपको मुझसे कोई शिकायत न होगी...मैं भरसक प्रयत्न न करूँगी ...।

नरेश : (**प्रसन्न होते हुए**) यही तो तुम्हारी विशिष्टता है। (**प्यार से हाथ चूम लेता है।**) (दीक्षा सुबकती है।)

[यवनिका]

चौथा अंक

पहला दृश्य

[छः महीने के उपरान्त पर्दा उठता है। सजावट में विशेष अन्तर यह है कि ताजे फूलों के गुलदस्ते चारों कोनों में सजे हुए हैं। सोफे पर मखमल का आवरण है। लक्ष्मीनारायण की मूर्तियों का फूलों से शृंगार किया हुआ है। ऋचा का प्रवेश। पतली-दुबली छरहरे बदन की है। चेहरे पर गम्भीरता होठों पर मधुर मुस्कान है। अपनी मीठी सुरीली आवाज़ में रामदीन से कह रही है। सामने दीवार घड़ी पर सुबह के दस बज रहे हैं।]

ऋचा : रामदीन जी, आपने कपड़े धोबी से प्रेस करवा दिये हैं...?

रामदीन : जी मालकिन।

ऋचा : पिताजी को जूस का गिलास दे आइये।

रामदीन : जी दे आया हूँ। आपसे एक अनुरोध है...।

ऋचा : कहिये रामदीन जी...।

रामदीन : आप मुझे 'जी' मत कहा कीजिए...मुझे शर्म आती है...।

ऋचा : अच्छा, रामदीन जी। अब आप जूस के गिलास दफ्तर में भी ले जाइये। **(इंटरकाम का बटन दबाती है।)** बड़े भइया, आपका जूस दफ्तर में भिजवा दिया है।...जी... अच्छा...।

(माँ का प्रवेश)

माँ : बेटी ऋचा! दीक्षा बेटी ने नाश्ता कर लिया था...?

ऋचा : जी! अब आप भी जूस पी लीजिए। **(मेज पर पड़े गिलासों में से एक उठा माँ की ओर बढ़ती है। माँ लेकर एक घूँट भरने लगती है फिर रुक जाती हैं।)** नौकरों ने नाश्ता किया...?

ऋचा : जी, सबने कर लिया है।

माँ : तुमने...? **(हाथ का गिलास उसकी ओर बढ़ाती है)**

ऋचा : **(मेज पर गिलास उठाते हुए)** आप लीजिए? यह मेरे पास है। माँजी, आज का आपका प्रोग्राम इस प्रकार है–दोपहर बारह बजे कुछ लोग भोजन पर आ रहे हैं। शाम को योगीराज जी के पुत्र के सालगिरह पर जाना है। उपहार का प्रबन्ध करवा दिया है। ठीक चार बजे निकलना है। अब मैं चलती हूँ। **(गिलास ट्रे में रखकर ले जाती है।)**

माँ : ऋचा बेटी! लड़की वालों के घर से जो फाटो आयी थी उसका क्या निर्णय लिया है...?

ऋचा : उत्तेजना की आवश्यकता नहीं है माँजी...।

माँ : उचित कहा बेटी **(ऋचा का प्रस्थान, पिता का प्रवेश)**

पिता : बेटी, **(ऋचा के कदम लौट आते हैं)**

ऋचा : जी पिताजी...

पिता : बेटी, बाहर खड़ी बुढ़िया तुम्हें बुला रही है।

ऋचा : जी अच्छा। पिताजी, आपसे मुझे एक आवश्यक कार्य की सूचना देनी थी। तीन छुट्टियाँ आ रहीं हैं। बैंकों की छुट्टी है किन्तु औद्योगिक क्षेत्रों की नहीं है। आप आवश्यकतानुसार धन का प्रबन्ध कर लीजिएगा...। **(बाहर खड़ी बुढ़िया से मिलने चली जाती है)**

पिता : ऋचा बेटी की जितनी प्रशंसा की जाये, कम है। इसके पिता को अब कितनी तकलीफ होती होगी...?

माँ : साक्षात् लक्ष्मी का स्वरूप है...। इन छः महीनों में घर की काया पलट गयी है। ऋचा को याद रहता है..., किसे कब क्या देना है..., कौन कब आ रहा है...? किसे कब किससे भेंट करनी है...? घर खाने पर किसको किसने निमंत्रण दिया है...? किस विषय पर गौर करना है...? किसे छोड़ देना है...? घर के नौकर-चाकर उसके पास जाकर ही अपनी आवश्यकता बताना चाहते हैं।

पिता : घर के लघुजनों की भी आवश्यकता का ध्यान रखती है। तुम्हारे सम्पूर्ण दायित्व को उठा सकने में सक्षम बलिष्ठ कन्धे आ गये हैं। प्रभु लक्ष्मी-नारायण की अपार कृपा इस परिवार पर है। हे प्रभो! हमारा आपको शत-शत

प्रणाम हो। **(दोनों हाथ जोड़कर मस्तक के पास ले जाते हैं।)**

माँ : घर में सुख-शान्ति आ गयी है।

पिता : दीक्षा बेटी कहाँ है...?

माँ : तपस्या के साथ बाज़ार गयी है। आती ही होगी।

पिता : तपस्या बड़ी भली है। व्यवहार में विचारों तक अपने पावन नाम की सार्थकता लिए हुए है।

माँ : अब हमारी दीक्षा भी पूरी तरह बदल गयी है।

पिता : मुझे तुम्हारे दिये हुए संस्कारों पर गर्व है। बेटे ऐसे कर्मठ और आज्ञाकारी कि जी चाहता है उन्हें गोद में बिठा साथ घूमता रहूँ।

माँ : नरेश पर अटूट विश्वास भी है। ...याद है जब एक बार दीक्षा की आवाज़ें आ रहीं थीं कि मेरी प्रशंसा क्यों नहीं होती...? तो नरेश ने कितना सरल उत्तर दिया था...'अपनी वकालत क्यों करती हो...? इस छत के नीचे केवल जज नहीं पूरी जूरी बैठी है। जो करोगी...उसके अनुरूप सम्मान या दण्ड मिलता जायेगा...।' कितने बच्चे भी सरल शब्दों में पेचीदा बात कह देते हैं।

(परेश का प्रवेश। पैंट-कोट-टाई से पूरी सज-धज बनी है। छः फुट का लम्बा नौजवान है। कैमिकल इंजीनियरिंग हॉल में ही पूरी की है।)

परेश : पिताजी-माताजी, आपकी आज्ञा के बिना ही मैंने कदम उठा लिया है।

पिता : आओ बेटा परेश, क्या हुआ है...?

परेश : क्षमा चाहता हूँ...मुझे कदम उठाना पड़ा...।

पिता : क्या बात है पुत्र...?

माँ : सब कुशल तो है न?

पिता : जी मैंने एक मरणासन्न पिता की असहाय कन्या से विवाह कर लिया है।

माँ : ओह...**(हर्षित होते हुए मानो कोई बात ही न हो)**

परेश : ब्याह करके उसे मण्डप में छोड़ आया हूँ?
आप सब प्रसन्न हैं...?

माँ : मैं तो प्रसन्न हूँ, अपने पिताजी से पूछ लो...।

पिता : मैं भी प्रसन्न हूँ। मैं इस बात पर भी प्रसन्न हूँ कि तुमको मालूम था कि हम पक्ष में ही रहेंगे।

माँ : हमें दुख भी किस बात का है? बिना परिश्रम किये मन-पसन्द वस्तु आ जाये तो उसका आनन्द लेना ही विवेक है।

पिता : यह सब हुआ कैसे?

परेश : जब मैं घर से निकला अभी पाँच मील की दूरी ही तय की होगी कि देखा एक कार गड्ढे में गिरी हुई है। उसमें से चीखने-चिल्लाने की आवाज़ों ने मेरा ध्यान खींचा। मैं कार रोक उतरा और उस कार के पास गया। मेधा सीटों के बीच फँसी हुई थी। उसे जरा भी चोट नहीं आयी थी किन्तु उसके पिता बुरी तरह खून से लथपथ थे। इन्हें निकालकर सरकारी अस्पताल ले गया। सारी पुलिस कार्यवाही के उपरान्त उन्हें डाक्टर ने सँभाला। मरणासन्ना पिता ने मुझसे दया की भीख माँगी और अपनी झोली मेरे सामने फेला दी। मैंने उनकी फैली झोली में अपने वचन डाल दिये। उन्होंने डाक्टर को कहकर वहीं अपने बिस्तर के पास कोर्ट मैरिज करवा दी।

पिता : अब उनकी हालत कैसी है...?

माँ : शाबाश पुत्र! हमें तुम पर गर्व है। मेधा है कहाँ?

परेश : वह बाहर खड़ी है।

पिता : अब बहू के रूप में उसका सत्कार करो।

माँ : यह उचित होगा...ऋचा बेटी...

ऋचा : जी...

माँ : आरती की थाली सजाकर लाओ बेटी..., परेश विवाह करके आया है।

ऋचा : (**हर्षातिरेक**) सच, अभी लायी...

माँ : परेश, तुम भी बाहर जाओ बहू के साथ खड़े रहो।

परेश : जी अच्छा। (**ऋचा आरती के लिए थाली सजाकर लाती है। माँ थाली से आरती उतारती हैं। दोनों अन्दर आते हैं। माता-पिता के चरण स्पर्श करते हैं। ऋचा अक्षत ले वर-वधू पर बरसाती हैं।**)

माँ : (**मेधा को गले से लगा कर प्यार करती हुई**) आज से तुम हमारी तीसरी बहू...

पिता : (**उसे आशीर्वाद देते हैं।**) अखण्ड सौभग्यवती रहो...

माँ : (**उसे सोफे पर बिठाते हुए**) रहने वाले कहाँ के हो...?

मेधा : (**शर्माती हुई**) जी कलकत्ते के...

माँ : घर में खबर भेज दी है...?

मेधा : घर में और कोई नहीं है...। दो भाई और माँ सात साल पहले हवाई जहाज की दुर्घटना में चल बसे...और आज पापा भी...(**फफकती है**)

माँ : प्रभु लक्ष्मी-नारायण सब ठीक करेंगे। हम तुम्हारा दर्द समझ सकते हैं। बेटी ऋचा! मेधा को अन्दर ले जाओ। (**ऋचा और मेधा का प्रस्थान**)

पिता : परेश, शादी कहाँ की...?

ऋचा : रजिस्टर्ड मैरिज करवाने वाले मैजिस्ट्रेट और दो गवाहों को डाक्टर ने अस्पताल में ही बुला लिया था। मेधा के पिता चाहते थे कि शादी उनकी आँखों के सामने हो। उन्होंने इलाज करवाने से मना कर दिया था। डाक्टर ने बताया कि उनका ऑपरेशन केस है। तो उन्होंने कहा कि डाक्टर मैं अपनी बेटी को इस तरह छोड़कर मरना नहीं चाहता। जितनी जल्दी हो सके इसी जगह पर रजिस्टर्ड शादी करवा दीजिए। डाक्टर ने बड़ी मुस्तैदी से कार्य किया। अभी उनके सिर पर पट्टी बाँधी गयी थी कि मैजिस्ट्रेट आ गया था और पाँच मिनट में उनकी आँखों के सामने विवाह हो गया था।

पिता : करारनामा दिखाओ, बेटे।

परेश : जेब से एक लिफाफा निकाल कर देता है। यह उसकी विल भी है। सरकारी अस्पताल में पूरा इन्तजाम है पिताजी, मुझे दौड़-धूप करनी नहीं पड़ी। विल के काग़ज़ात पाँच मिनट से पहले आ गये थे जैसे उन्होंने सूचित कर बन्दोबस्त किया हो।

माँ : कोई बचने की उम्मीद है...।

परेश : कल सुबह पता चलेगा। जैसे ही उनको होश आयेगा, हमें ये खबर मिल जायेगी।

पिता : मेधा के मानसिक शान्ति की आवश्यकता है।

परेश : आप दोनों को कोई मानसिक क्लेश तो नहीं...?

माँ : (**प्रसन्न होते हुए**) औलाद यदि सही राह पर चलने वाली हो तो उसकी खुशी में ही माँ-बाप की खुशी होती है।

पिता : अपनी दी हुई शिक्षा की पूर्ण फलवती होते देख आज हम धन्य हुए...। जाओ परेश, तुम भी जाकर विश्राम करो। ...और हाँ अस्पताल से...।

परेश : उसका मैंने पूरा बन्दोबस्त कर दिया है। अपना एक आदमी उनके पास है। डाक्टर को घर का फोन नम्बर दे आया हूँ। हर आधे-आधे घण्टे के अन्तराल में हमें सूचना मिलती रहेगी। हमें वहाँ जाने की ज़रूरत नहीं है क्योंकि इंसेंटिव केयर में रखा गया है।

माँ : पुत्र देखना, मेधा ने भोजन किया है या नहीं...? तनिक उसके पास रहो...।

पिता : परेश! इलाहाबाद की फैक्टरी अब तुम सँभालो। मेधा वहाँ का घर और तुम वहाँ की फैक्टरी...

परेश : पिताजी, मैं चाहता हूँ कि एक साल तक मेधा माँ की देखरेख में रहे। हमारे घर के तौर-तरीके जान जाये।

माँ : ठीक है परेश, जैसा तुम चाहोगे वैसा ही होगा। तुम्हारी इच्छा अनुरूप कार्य होगा।

परेश : मुझे आपके सिद्धान्त प्रिय हैं। समय-समय पर मैंने गहन चिन्तन किया है और हर बार यह पाया कि आपके दिये संस्कारों के चलते मेरे अन्दर एक आत्म-विश्वास, सन्तोष एवं व्युलक ही नहीं अपितु समय-समय पर एक दिव्याभा के उत्पन्न होने का एहसास होता है, जिसे मैं महसूस कर सकता हूँ। मैं चाहता हूँ कि वंशागत प्रणाली वंशानुक्रम चलती रहे...।

पिता : तुम्हारे कथन शान्तिदायक हैं। अपनी मान्यताओं को शृंखलाबद्ध बनाने में हर पीढ़ी का पूर्ण सहयोग अनिवार्य होता है...तुम जैसे होनहार यदि देश में हों तो देश के

हर क्षेत्र का विकास निःसन्देह होगा। आज हमें...(**फोन की घण्टी बजती है, परेश चोगा उठाता है**)

परेश : यस...हाँ...ठीक है...हम अभी आये...। (**माता-पिता उसकी ओर देखते हुए फोन पर होने वाली बात सुन रहे हैं**) पिताजी, फोन अस्पताल से था। मेधा के पिता को होश आ गया है। वे मेधा को पास देखना चाहते हैं। आप भी चलिए...।

पिता : चलो बेटे, मेधा को साथ ले चलो...।

माँ : मैं मेधा को बुला लाती हूँ। (**माँ अन्दर जाती हैं**)

परेश : होश आ गया है। लेकिन खतरा अभी टला नहीं...। (माँ के साथ मेधा का प्रवेश, उनके पीछे-पीछे ऋचा भी है। परेश के साथ पिता तथा मेधा बाहर की ओर जाते हैं। माँ और ऋचा उन्हें जाता देखती रहती हैं।)

[यवनिका]

[स्टेज का प्रकाश मंद होता हुआ बुझ जाता है फिर प्रकाश होता है। सामने घड़ी पर तीन बज रहे हैं।]

दूसरा दृश्य

[वही कमरा। समय तीन बज रहे हैं। कमरे के बीचोबीच मेज पर भारी साड़ियाँ, जेवर और प्रसाधन सामग्रियाँ रखे हैं। माँ, दीक्षा और ऋचा वहाँ हैं।]

माँ : इस जन्मदिन पर तुम दोनों ही चले जाओ...

दीक्षा : नहीं माँजी, हम जायेंगे तो साथ ही...। स्कूल से नम्रता सीधा वहाँ आ जायेगी और नितेश ऊपर तैयार हो रहा है।

माँ : तो दीक्षा, ये चूड़ियाँ तुम्हारी साड़ी के साथ मैचिंग हैं, तुम पहनो...।

दीक्षा : ये झुमके मेधा के लिए निकाले थे...।

माँ : सालगिरह पर वह अभी कैसे जायेगी...अब परेश और तुम्हारे पिताजी भी नहीं जा पायेंगे...। पता नहीं अस्पताल में कितना समय लगे।

दीक्षा : मुझे अभी तक यह पता नहीं लगा कि जन्मदिन योगीराज का है या उसके पुत्र का...?

ऋचा : उनके पुत्र वैवस्वत का जन्मदिन है।

दीक्षा : वैवस्वत...यह भी कोई नाम होता है...?

ऋचा : वैवस्वत...नहीं ऋचा दीदी, यह कोई कैसे रख सकता है—यह तो यम के लिए प्रयुक्त होता है। (**उसकी बात काटती हुई माँ समझाने लगती हैं।**)

माँ : उसका नाम है दीक्षा बेटी! वैवस्वत, यह शब्द विवस्वान से बना है। विवस्वान का अर्थ होता है सूर्य।

नरेश : (**नरेश और कदंब का प्रवेश**) अस्पताल से पिताजी, मेधा और परेश को लौटने में देर हो जायेगी। पिताजी ने कहा है कि ठीक समय पर पहुँच जाइये। हम दोनों तो आपके साथ नहीं आ पायेंगे। आप दोनों नितेश को लेकर जायें।

माँ : इतनी जल्दी क्या बोले जा रहे हो नरेश...? तुम दोनों क्यों नहीं आ सकते...?

कदंब : माँ, हमें बहुत ज़रूरी काम है। आपको सूचित करने आये थे। अब हम चलते हैं, चलिए बड़े भइया...(**दोनों शीघ्रता से चले जाते हैं**)

माँ : तुम दोनों जाओ, मैं जाना नहीं चाहती। (**माँ अन्दर चली जाती हैं।**)

दीक्षा : चलो छोटी, समय हो रहा है, तैयार हो जायें (**अपने-अपने प्रसाधन अपनी-अपनी साड़ियों को उठातीं हैं।**)

नितेश : (**नितेश का प्रवेश**) माँ...माँ...आप सब तैयार हो गये हैं या नहीं...?

माँ : (**प्रवेश करती हुई**) क्यों चिल्ला रहा है नितेश...?

नितेश : चार बजने लगे हैं माँ...रास्ता आजकल साफ नहीं मिलता ट्रैफिक इतना बढ़ गया है।

माँ : (**प्रसंग बदलते हुए**) तुम्हें मालूम है न कि? परेश ब्याह कर बहू घर ले आया है...।

नितेश : हाँ माँ, मैं मेधा भाभी से बातें कर रहा था। मैंने पाया कि वे ऋचा भाभी की तरह समझदार और दयालु हैं।

माँ : तुमने उचित कहा...(**सोचती हुई**) ऋचा में प्रेय और श्रेय दोनों तथ्यों के तत्त्व विद्यमान हैं।

नितेश : प्रेय और श्रेय क्या...?

माँ : संसार में प्रेय और श्रेय दो पथ हैं। प्रेय बाँधने वाला और श्रेय बंधनमुक्त करने वाला है। दोनों परस्पर संश्लिष्ट होते हैं। विवेकशील उससे पर सम्यक् विचार पर उसे हेंविलग करता है। (**दीक्षा और ऋचा तैयार होकर आ जाती हैं।**)

ऋचा : आज माँ, लगता है आप दार्शनिक तत्त्वों के उल्लेख के मूड में हैं

नितेश : चलिए देर हो रही है (**सबका प्रस्थान। केवल माँ कमरे में है**)

माँ : (**कमरे में टहलती हुई**) संकट आने पर जीवन के मूल्य का ज्ञान होता है। हम जरा-जरा सी बात पर निराश हो जाते हैं लेकिन क्या हमें कुद्ध, कर्कश और रूखे स्वभाव का होना चाहिए। बचपन में ही बड़ों के प्रति आदर का बीजारोपण किया जाना चाहिए तभी बड़े होकर उन मूल्यों को समझ पाते हैं। (**वे सोफे पर बैठ किसी गहन सोच में डूब जाती हैं।**) स्टेज का प्रकाश मंद हो जाता है।

[यवनिका]

तीसरा दृश्य

[वही कमरा। प्रातःकाल का समय है। अगर चंदन का धूम आच्छादित है। सारा परिवार बैठा है। मेधा के पिताजी की हालत सुधर रही है। वे खतरे से बाहर हैं।) सारा परिवार लक्ष्मी-नारायण के समक्ष बैठा आरती कर रहा है। ओम जय जगदीश हरे...आरती के पूर्ण होते ही आरती की थाली माँ सबके आगे ले जाती है।]

(सेठ अग्रवाल का सपत्नीक प्रवेश)

माँ : इस जन्मदिन पर तुम दानों ही चले जाओ...

पिता : आइये—आइये—आप आज कैसे रास्ता भूल गये...?
सब उनका अभिवादन करते हुए चरण-स्पर्श करते हैं।

अग्रवाल : सारे शहर पर छाये हो...सोचा...स्वयं दर्शन कर आयें।

पिता : बेटी ऋचा, कुछ ठण्डा भेजो पहले...।

मिसेज अग्रवाल : बैठते हुए सुनाने को तो बहुत कुछ है तभी तो सुबह-सुबह आये हैं।

माँ : सुनाइए...सुनाइए...आज हम सुनने के लिए तैयार हैं...

अग्रवाल : आज हम अपना दुखड़ा नहीं...शहर में होने वाली चर्चा सुनाने आये हैं। (**रामदीन ट्रे लेकर आ जाता है। उसमें जूस के गिलास तथा अन्य खाने की चीज़ें हैं**)

पिता : लीजिए पहले कुछ पीजिए...(**सब जूस पीते हैं**)

मिसेज अग्रवाल : (**रहस्योद्घाटन के स्वर में**) आपके घर को शहर में दुर्ग कहा जाता है।

पिता : (**उत्सुक होते हुए**) सुनाओ...सुनाओ भई! हम तो शहर से इतनी दूर रहते हैं कि शहर की खबरों का पता ही नहीं चलता।

अग्रवाल : शहर से दूर रहकर भी सिन्धिया परिवार शहरी जीवन पर हावी है। हर जुबान पर तुम्हारा नाम है...।

मिसेज अग्रवाल : हमें ईर्ष्या होती है। हमारे बच्चे भी तुम्हारे बच्चों के साथ एक ही स्कूल में पढ़े हैं। आपने अपने बच्चों को किस ढंग से शिक्षा दी है, संसार की किसी वस्तु के प्रति इनमें लोभ रंच मात्र नहीं है।

माँ : सब प्रभु-कृपा है...।

अग्रवाल : हमारा घर तो...(**उदास हो जाते हैं**) गृह-कलह से टूट गया है। हमारे दिल का चैन बच्चों के विवाह के साथ ही छिन गया है...।

मिसेज अग्रवाल : (**आँखों में वितृष्णा है**) प्रतिमाह उपहार लाकर न दूँ तो बहुएँ क्या बेटे भी मुँह फुला लेते हैं।

अग्रवाल : आपके घर की जो सुनता है दाँतों तले उँगली दबाता है...'दीक्षा जैसी लड़की में इतना परिवर्तन...!!!'

माँ : आप कुछ सुनाना चाहते थे हमें...?

अग्रवाल : यही...

पिता : क्या यही...?

अग्रवाल : यही कि शहर से कुछ दूर एक दुर्ग है। उसमें ऊँचे-ऊँचे स्तम्भ हैं। दुर्ग-निर्माता के बखूबी प्राचीन एवं अर्वाचीन कला और तकनीक के आधार पर इन स्तम्भों का रूप देखते ही बनता है, इन्हें दुर्ग-निर्माता ने यत्नपूर्वक गहरी नींव खोदकर खड़ा कर दिया है।

मिसेज अग्रवाल : सैकड़ों आँधी-तूफान आये किन्तु हर बार उन्हें मुँह की खानी पड़ी है।

अग्रवाल : कल से यह चार स्तम्भों वाला दुर्ग शहर में चर्चा का विषय है। परेश की दिलेरी और आप दोनों की विशद दृष्टि की सब भूरि-भूरि प्रशंसा कर रहे हैं।

पिता : तो क्या बात सारे शहर में फैल गयी है कि परेश ने...?

मिसेज अग्रवाल : इसीलिए तो हम आये हैं...बहू को आशीर्वाद देने। (**वह उठकर बाहर आ जाती हैं। कुछ पलोपरान्त प्रवेश करती हैं उनके हाथ में उपहार के दो-तीन पैकेट हैं।**)

अग्रवाल : आजकल तीन स्तम्भों के साथ हरी-भरी लताएँ उग आयी हैं। अब उन स्तम्भों का रूप मनोहारी हो गया है। हम उस मनोमुग्धकारी छटा को देखने आये हैं। बुलाइए... (**माँ प्रसन्नता से अन्दर जाती हैं। थोड़ी देर में माँ के साथ चारों बेटे आते हैं उनके पीछे दीक्षा, ऋचा, मेधा और नम्रता भी हैं। मिसेज अग्रवाल तीनों बेटों और बहुओं को बिठाकर उपहार उनके गोद में रखती हैं।**)

मिसेज अग्रवाल : हमें तुम सब पर गर्व है...सिन्धिया कुल के दीपक नहीं... सारे देश के दीपक...है...(**पत्नी बात पूर्ण होने से पहले ही अग्रवाल कहते हैं**)

अग्रवाल : इस दुर्ग के सुदृढ़ स्तम्भ नहीं अपितु हमारी संस्कृति रूपी दुर्ग के स्तम्भ हो...सुदृढ़ स्तम्भ हैं आप...।

[यवनिका]

चौथा दृश्य

[पूरे चार महीने बाद पर्दा उठता है। कमरे में कोई अन्तर नहीं है। स्वच्छ और गुलाब के फूलों से सजाया हुआ है। लक्ष्मी-नारायण के सामने अगर-चंदन का धूप है। ऋचा के पिता अपनी बेटी को अपने घर ले आने आये हैं। प्रभावशाली व्यक्ति वाले हैं। कोट-पेंट-टाई से युक्त हैं।]

पिता : आप जब चाहें ले जाइये...लेकिन जल्दी भेज दीजियेगा– उसके बिना हम पंगु बन जायेंगे...।

देवीदयाल : मैं अपनी बेटी और दामाद दोनों को लेने आया हूँ...

पिता : आपकी जैसी इच्छा हो कीजिए...। मैं आपकी भावनाओं की कद्र करता हूँ...आप जैसा उचित समझें।

देवीदयाल : आपके समान वह हाँ नहीं करेगी...

माँ : कहीं आप यह तो नहीं सोच रहे हैं कि हमने उसे कैद कर रखा है...?

पिता : आपका हम पूर्ण सहयोग देंगे। आप एकांत में उससे बात कर लीजिए।

हम उसके जाने का प्रबन्ध करवाते हैं। शकुन मेधा से कहकर उसके कपड़े पैक करवा दो...। (**माँ चली जाती हैं**) ...मैं उसे भेजता हूँ आप देख लीजिए...।

देवीदयाल : (**स्वगत**) पता नहीं मेरी लड़की को क्या हो गया है...? मुझे एक पल नहीं छोड़ती थी और अब...कितनी बदल गयी है...? ऐसे घरों में आकर जबरन बदलना पड़ता है।...यह भी कोई ज़िन्दगी है...फूलों की तरह मैंने अपनी बेटी को पाला था...(**ऋचा का प्रवेश**)

ऋचा : पिताजी, आप अभी तक अपनी उधेड़बुन में पड़े हैं...। आप इतने उद्विग्न क्यों हैं...?

माँ : इस जन्मदिन पर तुम दोनों ही चले जाओ...

देवीदयाल : (दीर्घ श्वास लेते हुए) बेटी, मैं चाहता हूँ कि तुम और कदंब दोनों मेरी फैक्ट्री सँभालो।...यहाँ कितना काम करना पड़ता है तुम्हें...।

ऋचा : मैं आपसे सहमत नहीं हूँ पिताजी..., आपकी दो दिनों से अपनी इच्छा, विचारधारा से अवगत करा रही हूँ...फिर भी। आप सन्तान के मोहवश ऐसा सोच रहे हैं। यह उचित नहीं है पिताजी।

देवीदयाल : यहाँ क्या रखा है...? धन-सम्पत्ति मेरे पास भी बहुत है...।

(**मेधा का प्रवेश**)

नमस्ते बेटी, युग-युग जीओ फूलो-फलो...(**कुछ देर विराम**) तुम्हारे पिता भी चाहते हैं कि तुम और परेश यदि कलकत्ते आकर उनकी मिल सँभाल लो तो उन्हें प्रसन्नता होगी।

मेधा : मेरे पिताजी को इस प्रकार कह कर परेश और उनके

माता-पिता का अपमान करने का कोई हक नहीं...अप्रिय शब्द मुझे दुख पहुँचाते हैं।

देवीदयाल : इसमें अप्रिय शब्द वाली कोई बात नहीं है। तुम्हारे सुख की चिन्ता है उन्हें...।

मेधा : सुख वाली बात है तो परिवार तोड़ने वाली बात है क्यों...? वे सिन्धिया परिवार के उपकार को कैसे भूल सकते हैं? (**वह उठकर खड़ी हो जाती है**) आप मेरा यह संदेश उन्हें भेज दीजिएगा...हमारी सभ्यता-संस्कृति की मान्यताएँ ऐसी तो नहीं हैं। हम स्वयं अपनी मान्यताओं को झुठलायेंगे तो आने वाले कल से क्या आशाएँ रखेंगे...? आपके कल पर मेरा आज खड़ा है और मेरे आज पर मेरी सन्तान का कल खड़ा होगा। बताइये, मुझे आपकी बात तनिक सुख के लिए माननी न चाहिए...?

ऋचा : इतना ही नहीं मेधा! ''जीवेम शरद्शतम्'' के मंत्र उच्चारण करनेवाले हमारे जीवनसाथी ऐसा कार्य कदापि नहीं करेंगे जिससे उनकी आत्मा का हनन हो...। (**पिता की ओर उन्मुख हो**) आप हमें क्यों उकसा रहे हैं मायके में रहने के लिए...?

देवीदयाल : मेरा इतना धन...?

ऋचा : पिताजी, संसार में दो चीज़ें अनिवार्य। तभी संसार चल सकेगा और मृत्युलोक के प्राणी जी सकेंगे। वे दो चीज़ें हैं कार्य-प्रणाली और दूसरा धन-सम्पत्ति। इस संसार से कूच करते समय धन किसी के साथ नहीं जायेगा। इसी संसार की धरोहर इसी पर रह जायेगा। धन तभी चाहिए जब हम संसार को चलाने के लिए प्रणाली अपनायें। जिसे हम मान्यताएँ कहते हैं ये क्या हैं? और कुछ नहीं प्रणाली ही है। अपनी बनाई हुई मान्यताओं को जब हम स्वयं तोड़ेंगे तो समाज-संसार चलेगा कैसे...? (**थोड़ी देर चुप्पी तनाव बढ़ रहा है।**)

पिताजी, आप कहा करते थे कि हर चीज की अपनी एक जगह होती है। आज आप ही बताइए, ब्याहता नारी की जगह कहाँ है...?

देवीदयाल : बस करो बेटी, बस करो, मुझे और शर्मिन्दा मत करो। (**राम**) मैं मोह में अन्धा हो गया था। मैं चाहता था कि तुम दोनों यहाँ आकर अपने-अपने मायके की धन-सम्पत्ति सँभालो।

ऋचा : सम्पत्ति सँभालने के लिए...?

ऋचा : यह उचित सा प्रतीत होता भाव अनुचित है।

(चुप्पी छा जाती है तनाव बढ़ने लगता है)

देवीदयाल : शहर में हो रही चर्चाएँ बेबुनियाद नहीं हैं। मैं दीक्षा के चचेरे भाई से एक बार सफर के दौरान मिला था। उसने मुझे इस दुर्ग का जिक्र करते हुए बताया था कि यहाँ अलौकिक शक्ति सम्पन्न विचित्र स्तम्भ है। सांस्कृतिक अभिरुचि का विकास करने वाली बात सुनी तो बड़ा हास्यास्पद लगा था। आज इक्कीसवीं शताब्दी की ओर उन्मुख जन-जीवन वैविध्यपूर्ण है तब ऐसा परिवार किस प्रकार पनप रहा होगा...? आज आज यहाँ आकर पता चला कि यह परिवार ज़्यादा ठोस धरातल पर टिका है। (**कुछ देर मौन टहलते हैं।**) आज मैं हर तरह के संभ्रम से परे हूँ। आज मुझे सब कुछ साफ दिखलायी देता है। मैं कोरी भावुकता में बह रहा था। (**चुपचाप कुछ सोचते हुए टहलते हैं।**)
जाओ बेटी, अपने सास-ससुर को लिवा लाओ। मैं उनकी चरण-रज लेना चाहता हूँ।

(मेधा का प्रस्थान)

ऋचा : आप अभी भी चिन्तित क्यों हैं...?

देवीदयाल : मुझसे इतनी बड़ी भूल हो गयी है। मैंने उन पर शक किया।

ऋचा : कैसा शक पिताजी?

देवीदयाल : मैंने सोचा मेरी बेटी भयभीत है इसलिए मेरे विचारों से सहमत नहीं है। (**देवीदयाल जी दीवार के पास जाकर उसको छूकर देखते हैं। मेधा के साथ माता-पिता का प्रवेश। वे उन्हें दूर खड़े देखते रहते हैं)**

ऋचा : क्या बात है पिताजी, आप क्या देख रहे हैं...?

देवीदयाल : (**दीवार को ठोकते हुए**) मै यह देख रहा था हूँ कि यह किस धातु से बनी हुई हैं।

पिता : आपने हमें बुलाया...?

देवीदयाल : मुझे क्षमा करें...(**दौड़ते हुए उनकी ओर बढ़ते हैं**)

पिता : क्षमा किस बात की...?

देवीदयाल : मैं मोह में अन्धा था...

पिता : हम सब मनुष्य हैं।...संवेदनशील हैं। आपको अपना मन मलिन नहीं करना चाहिए...।

देवीदयाल : लोग सच कहते हैं।

माँ : क्या कहते हैं...?

देवीदयाल : यही...सिन्धिया खानदान का घर एक दुर्ग है जिसकी दीवारों में लगा एक-एक पत्थर हमारे आदर्शों का प्रतिरूप है। इस दुर्ग की भित्तियाँ और छत चार स्तम्भों के बलिष्ठ स्कन्धों पर टिकी हुई है। दुर्जेय दुर्ग है जिसकी एक भित्ति को भी समूल नष्ट करना असम्भव ही नहीं दुःसाध्य है। यदि फिर भी कोई अदम्य शक्ति-सामर्थ्य से इसे खंडित कर देगा तब भी ऊपरी सतह मात्र खंडित होगी...बुनियाद नहीं...।

पिता : प्रसन्न होते हुए। आप बैठिए देवीदयाल जी...। (**देवीदयाल जी बैठते हैं**)

देवीदयाल : (**सोफे बैठने के बाद उनके घुटनों को हाथ लगाते हुए**) आप मुझे क्षमा करें।

पिता : अरे...रे...यह आप क्या कर रहे हैं (**उन्हें रोकते हुए**)

देवीदयाल : कातर दृष्टि से देखते हैं (**आप महान हैं...।**) पिता उन्हें गले लगा लेते हैं। सारा वातावरण तनाव-मुक्त हो जाता है। (**मेधा और ऋचा की ओर उन्मुख हो कहते हैं**) मुझसे बहुत बड़ी भूल हुई...

[समाप्त]

शहीद भगतसिंह

भूमिका

भारतीय शहीदों के लम्बे इतिहास में 23 वर्षीय भगतसिंह फाँसी के तख्ते पर झूलने वाला न तो पहला शहीद था और न अन्तिम। देशभक्तों की लम्बी जमात में खुदीराम बोस, मदनलाल धींगड़ा, कर्तारसिंह सराभा, अशफ़ाकउल्ला खान और रामप्रसाद बिस्मिल आदि अविस्मरणीय नाम हैं जिनको फाँसी लगी। इन क्रान्तिकारियों ने देशभक्ति के गीत गाते हुए फाँसी के फन्दे को चूम लिया। इस के बाद भगतसिंह, सुखदेव और राजगुरु को फाँसी हुई। भगतसिंह के बाद महावीरसिंह को ज़बरदस्ती भोजन में ज़हर देकर मार दिया गया। चेन्नै के 22 वर्षीय कोस्ट बैटरीमन की मृत्यु ऐसी ही एक घटना है। उसने एक रात स्वप्न देखा कि वह सूली को सहला रहा है और यह उसके जीवन में एक हकीकत साबित हुई। ऐसे कई शहीद हुए हैं जो अज्ञात बने रहे।

इतिहास क्रम में ऐसे कई वाइसराय हुए जिनके शासनकाल में राजनीतिक बंदियों को मृत्युदण्ड दिये गये किन्तु भगतसिंह को लेकर जितना आक्रोश सम्पूर्ण देश में फैला उतना अन्य किसी के साथ नहीं हुआ। पूरे देश में बिजली-सी दौड़ गयी। सभी ने उसके प्राणों की रक्षा की भीख ईश्वर से माँगी।

समाचार पत्रों में छपे समाचारों से ऐसा लगता था मानो राजनीति में भूकंप आ गया हो। पूरा देश—क्या हिन्दू, क्या मुसलमान, क्या सिख और क्या ईसाई सभी उद्धेलित थे।

फाँसी लगने के तीन दिन बाद दैनिक समाचार पत्र 'दा ट्रिब्यून' ने अपने संपादकीय में लिखा—'हमारी स्मृति में ऐसा कोई फ़ौजदारी का मुकदमा नहीं है जिसने देश में इतनी अधिक उत्तेजना उत्पन्न की हो। और न ही किसी भूतपूर्व मुकदमों में मृत्युदंड को कम करने की इतनी माँग की गयी हो।'

मन्मथनाथ गुप्त ने 'भगतसिंह और उसका समय' में लिखा है—'कोई पसन्द करे या न करे, भगतसिंह समाजवाद की लड़ाई का प्रतीक बन गया है—किसी भी व्यक्ति या दल से अधिक बड़ा प्रतीक।'

'शहीद भगतसिंह : कुछ अधखुले पृष्ठ' में 'प्रतीक' अध्याय में के. के. खुल्लर लिखते हैं—'वास्तव में भगतसिंह प्रतीक से अधिक था। उसके पास स्वप्न-दृष्टा की कल्पना-शक्ति, स्पिनोजा का उन्माद, महामानव का प्रभामण्डल था। वह न तो मृत मानसिक सिद्धान्त था और न ही खोखली राजनीतिक शपथ। भारतीय मानस के लिए भगतसिंह वीरता और साहस का एक प्रतीक था। उसके साहस को आँकना असम्भव है।'

भगतसिंह एक नये बेहतर और गर्वीले भारत का प्रतीक था। उसकी मर्मस्पर्शी कहानी और उससे भी अधिक झकझोर देने वाली उसकी मृत्यु की कहानी ने उसे बीसवीं शताब्दी का असाधारण व्यक्तित्त्व बना दिया।

एक रचनात्मक राजनीतिक चिन्तक के रूप में भगतसिंह का योगदान सराहनीय है। उसने अकाली आन्दोलन 1925 चलाया, नौजवान भारत सभा का गठन 1926 में किया। लाहौर विद्यार्थी यूनियन 1928 की स्थापना की।

सांडर्स की हत्या, असेंबली में बम फेंकना और अपने कार्यो तथा विचार को प्रकट करना, राजनीतिक कैदियों के स्तर को उठाने की माँग करना, प्राण रक्षा के लिए सफाई या गवाही न देना, बम बनाने के कारखाने खोलना, हिन्दुस्तान रिपब्लिकन एसोसिएशन में शामिल हो सशस्त्र क्रान्ति से देश में प्रजातन्त्र की स्थापना करने का उसने भरसक प्रयास किया।

इसके साथ-साथ वह एक गम्भीर चिन्तक था, जिसने अपने देश को स्वतन्त्रता का नया घोषणा-पत्र, सामाजिक न्याय, आर्थिक समानता पर आधारित मैग्नाकार्टा जैसी एक ऐसी व्यवस्था प्रदान की जो वर्गहीन तथा शोषण रहित थी और जिसमें देश के भी भीतर तथा अन्य देशों से भी शान्ति सम्बन्धी मुद्दे पर बल दिया गया था। अपने जीवन में उसने यह सिद्ध किया कि विश्व के अस्त्रागार में उन पुरुषों और स्त्रियों की इच्छा और नैतिक साहस से बड़ा और कोई अस्त्र नहीं है; जो स्वतन्त्रता के उस फल को चखने के लिए दृढ़ निश्चयी है, जो मनुष्य का जन्मसिद्ध अधिकार है।

भगतसिंह का जन्म 27 सितम्बर, 1907 को पंजाब के जिला लायलपुर के बंगा गाँव में हुआ। भगतसिंह के जन्म के समय पिता सरदार किशनसिंह स्वतन्त्रता की लड़ाई में भाग लेने के कारण लाहौर सेंट्रल जेल में बन्द थे। दादा अर्जुनसिंह पक्के देशभक्त थे। देशसेवा के साथ-साथ विख्यात हकीम थे जो रोगियों का मुफ्त इलाज किया करते थे। दादी जयकौर वीरांगना थीं। अजफ्रनसिंह के तीन पुत्र थे—

पुत्र भी पिता की तरह दिलेर थे। भगत के जन्म के समय पिता सरदार किशनसिंह और चाचा स्वर्णसिंह जमानत पर छूट गये। माँ विद्यावती ने नवजात

शिशु को भागांवाला (भाग्यशाली पुत्र) माना अतः उसका नाम भगतसिंह रखा गया।

किशनसिंह के छः पुत्र तथा तीन पुत्रियाँ थीं। जगतसिंह, भगतसिंह, कुलवीरसिंह, कुलतारसिंह राजेंद्रसिंह, रणवीरसिंह, बीबी अमर कौर, प्रकाश कौर/सुमित्रा तथा बीबी शकुन्तला। बड़े बेटे की ग्यारह वर्ष की उम्र में मृत्यु हो गयी थी।

भगतसिंह के पिता पर सरकार ने 42 बार राजनीतिक मुकदमे चलाये। उन्होंने ये ढाई वर्ष कठोर कारावास काटा। चाचा अजीतसिंह से सरकार डरी रहती थी। अतः सरकार ने उन्हें रंगून भेज दिया। भगत के समय वह वहीं थे। कुछ महीनों बाद रिहा होकर ईरान, टर्की, आस्ट्रिया होते हुए जर्मनी पहुँचे। प्रथम विश्व युद्ध में जर्मनी के हार जाने पर वह ब्राजील चले गये। सन् 1946 में अन्तरिम सरकार बनने पर पंडित जवाहरलाल नेहरू के प्रयत्न से वे भारत आये।

छोटे चाचा स्वर्णसिंह को लाहौर सेंट्रल जेल में रखा गया जहाँ उनकी मृत्यु हो गयी। बीबी हरनाम कौर भगतसिंह की छोटी चाची थी। चाचा की मृत्यु के समय भगतसिंह की उम्र दो साल थी। सरदार किशनसिंह भगतसिंह को हरनाम कौर की गोद में डाल देते थे।

इस तरह भगतसिंह को देशभक्ति का पाठ विरासत में मिला। इतिहास और राजनीति में उसकी रुचि थी। देशभक्ति के गीत लिखने-गाने के साथ-साथ नाटकों में भाग लेते थे। नाटकों को खेलने का उनका मुख्य उद्देश्य राष्ट्रीय भावना जगाना तथा अंग्रेजों के विरुद्ध आवाज़ उठाना।

पात्र

भगतसिंह	—	क्रान्तिकारी
किशनसिंह	—	भगतसिंह के पिता
राजाराम	—	पुस्तकालयाध्यक्ष
सुखदेव	—	क्रान्तिकारी भगतसिंह का मित्र
भगवतीचरण बोहरा	—	भगतसिंह का सहयोगी
राजगुरु	—	भगतसिंह का सहयोगी
चन्द्रशेखर आज़ाद	—	क्रान्तिकारी भगतसिंह का सहयोगी
बटुकेश्वर दत्त	—	क्रान्तिकारी भगतसिंह का सहयोगी
अमरकौर	—	भगतसिंह की बहन
हरनाम कौर	—	भगतसिंह की चाची
विद्यावती	—	भगतसिंह की माँ।

दुर्गा भाभी

प्रमिला दीदी

जज, डॉक्टर, नर्स, चपरासी, कुछ व्यक्ति तथा स्वयं सेवक।

पहला अंक

पहला दृश्य

सामान्य निर्देश :

मंच सज्जा

[दृश्य परिवर्तन के लिए मंच पर परदा उठाने-गिराने की अपेक्षा केवल बत्ती जलाई-बुझाई जाये।

मंच दो भागों में विभाजित है। एक तरफ की बत्ती जब जलती है तो भगतसिंह के घर का दृश्य उभरता है। मंच के दूसरी ओर की बत्ती जलती है तो द्वारिकादास पुस्तकालय का हॉल दिखायी देता है। पुस्तकालय में एक ओर काउण्टर है और दूसरी ओर पाठकों के पढ़ने का स्थान। इस समय मंच पर पूर्ण अन्धकार है।]

देश की स्थिति

आज 13 अप्रैल, 1919 की संध्या है। जलियाँवाला बाग का नृशंस हत्याकांड हो चुका है। अमृतसर ही नहीं सारे पंजाब में आतंक छाया है। बच्चे-बच्चे पर इसका इतना प्रभाव पड़ा है कि वे सहमे-सहमे मौन हो गये हैं।

[प्रकाश होता है मंच पर क्रान्तिकारी भगतसिंह का घर दिखलाई देता है। पृष्ठभूमि से प्रलाप की अस्पष्ट स्वर-लहरी सुनाई पड़ती है। लगभग बारह वर्ष की आयु का एक सरदार बालक भगतसिंह कक्ष में टहल रहा है। रात का वक़्त है।]

भगतसिंह : (**स्वगत**) मैं एक-एक से बदला लूँगा। अवश्य बदला लूँगा छोड़ूँगा नहीं।

(कभी वह हवा में तलवार चलाने का अभिनय करता है, तो कभी पिस्तौल से किसी को उड़ा देने की मुद्रा। उसके चेहरे पर आक्रोश के कई भाव प्रकट होते हैं। वह कभी दाँत पीसता है तो कभी मुट्ठी भींचता है। घृणा-आक्रोश के भाव साफ प्रकट होते हैं। मुट्ठी में ली हुई छोटी

शीशी को श्रद्धा से वह निहारता है। कभी उसे माथे से लगाता है, तो कभी गहन विषाद से उसको निहारता है। उसके कानों में चीखों की आवाज़ें आ रही हैं और वह व्याकुल हो कक्ष में चक्कर लगाता है।

(उसे ऐसा लगता है मानो भारतमाता उससे कुछ कह रही है। पृष्ठभूमि से स्वर जो केवल भगतसिंह को सुनाई पड़ते हैं।)

भारतमाता : **(आवाज़ में दर्द है)** भगत! मेरे लाल! तुम्हें मेरी कसम, आज के इस नरसंहार की कसम, इस लहू को बेकार मत जाने देना, तुम्हें मृत आत्माओं की कसम!

(भगतसिंह दोनों हाथों से सिर थाम कर खटिया के एक कोने में बैठ जाता है। फिर उठता है, टहलता है, कुछ देर बाद शीशी उठाकर उसे निहारता है। शीशी में भरी मिट्टी के एक-एक कण से चीखों की आवाज़ें आती हैं। यह चीखें उसे उद्वेलित करती हैं। वह उन्हें सुनता है।)

भगतसिंह : मैं एक-एक से बदला लूँगा। एक भी अंग्रेज को नहीं छोड़ूँगा। कसम है मुझे। **(क्रोध से)**

भारतमाता : कसम है तुम्हें **(उसी स्वर के साथ स्वर मिलाते हुए।)**

भगतसिंह : कसम है। कसम है, भारतमाता मुझे तुम्हारी कसम है।

(रात इसी तरह गुजर जाती है। सुबह हो गयी। भगतसिंह की बहन अमरकौर का प्रवेश)

अमरकौर : भैया! ले देख तेरे लिए पहली धार का दूध लायी हूँ। **(थाली की ओर देखती हुई।)** यह क्या आज फिर उपवास **(भगतसिंह गुमसुम बैठा है। संवेदनशील होती हुई।)** मैं जानती हूँ **(रुककर)** जब कभी दंगे-फसाद होते हैं तुम खाना-पीना बन्द कर देते हो। **(चुप्पी)** किन्तु मुझे समझ नहीं आता कि तुम खाना-पीना छोड़ क्यों देते हो?

(समझाते हुए स्वर में) तुम्हारे एक व्यक्ति के खाना-पीना छोड़ देने से गुलामी थोड़े ही खत्म हो जायेगी (व्याकुल) तुम गुमसुम क्यों हो? कुछ बोलो तो सही। **(घबराते हुए स्वर में)** हे भगवान! इसे क्या हो गया है?

भारतमाता : भगत! मेरे लाल! तुम्हें सौगन्ध है।

(भगतसिंह के कानों में भारतमाता के स्वर गूँजते हैं। चाची का प्रवेश। हाथ में दो आम पकड़े हुए हैं।)

हरनामकौर : बेटे भगत! ओ भगत। ऐं! क्या हुआ मेरे लाल को?

अमरकौर : चाची! इसे क्या हो गया है? **(रुँआसी)**

हरनामकौर : पहले तो ऐसा कभी नहीं हुआ। **(प्यार से पुचकारती हुई सिर पर हाथ फेरती है।)**

अमरकौर : चाची! जब मैं इसके कमरे में आयी तो कुछ बड़बड़ा रहा था। मेरे अन्दर आते ही चुप हो गया। इसे क्या हुआ है?

हरनामकौर : **(एक लम्बी साँस खींचते हुए)** अमर! तू चिन्ता मत कर बेटी, जिसने मातृभूमि-प्रेम विरासत में पाया हो, जिसकी आराध्या ही मातृभूमि हो, उसका व्यवहार ऐसा ही होगा। **(शून्य में डूब जाती है)**

अमरकौर : चाची, चाची! तुम क्या कह रही हो? भगत गुमसुम क्यों हो? भगत! भगत!! भइया भगत **(दुखी होती हुई)** किससे कहूँ? पिताजी, हाँ पिताजी किन्तु पिताजी तो भारतमाता सोसायटी की मीटिंग में गये हैं चाची! चाची! चाची तुम्हें क्या हुआ है?

हरनामकौर : **(एकाएक मानो कोई सुध आ गयी हो)** तेरे चाचा भी इसी तरह व्यथित होते थे **(चुप्पी)** घण्टों इसी तरह गुमसुम रहा करते थे और अक्सर ऐसी स्थिति में कहा करते थे...**(फिर चुप्पी)**

अमरकौर : क्या कहा करते थे?

हरनामकौर : **(धीरे-धीरे एक-एक शब्द पर बल देते हुए)** कहा करते थे स्वतन्त्रता का पौधा शहीदों के लहू से सिंचित होने पर ही फलता-फूलता है।

भगतसिंह : **(सहर्ष)** चाची! मेरी प्यारी चाची! तुमने मेरे मन की बात कह दी। मेरे चाचाजी बिलकुल ठीक कहते थे। **(चुप्पी, मायूसी भर जाती है।)** कल का जलियाँवाला बाग का नरसंहार मेरे दिलोदिमाग पर छाया हुआ है। **(आँखें भय से फैल जाती हैं।)** लहूलुहान एक-एक के चेहरे मेरी आँखों के सामने खड़े हैं।

हरनामकौर : **(भयभीत)** तो क्या तू स्कूल से वहाँ चला गया था?

भगतसिंह : (**मायूस**) खबर सुनते ही मैं सीधा अमृतसर की ट्रेन में बैठ गया।

हरनामकौर : फिर?

भगतसिंह : मैं सीधा जलियाँवाला बाग में लुकछिप कर चला गया। वहाँ कोई फिरंगी नहीं था। लोग रो-रोकर अपने घरवालों को ढूँढ़ रहे थे। मैंने लहू से सनी मिट्टी का टीका लगाया और सौगन्ध खाई...

अमरकौर : चाची! देखो! इसकी मुट्ठी में देखो। (**भगतसिंह अपनी मुट्ठी चाची की ओर बढ़ा देता है।**)

हरनामकौर : क्या है? शीशी! शीशी में मिट्टी?

भगतसिंह : (**तड़पते हुए**) चाची-यह ऐसी-वैसी मिट्टी नहीं है...मत कहो इसे मिट्टी यह रौलेट एक्ट के विरोध में कुर्बान शहीदों की आत्माएँ हैं। यह कण-कण एक-एक आत्मा है और आत्माएँ पुकार-पुकार कर मुझे संकल्प लेने को कह रही हैं। मैं इनकी चीखें सुन पा रहा हूँ। (**चीखों की आवाज़ें**)

हरनामकौर : मेरे लाल! अभी तू बहुत छोटा है।

भगतसिंह : मैं अब बड़ा हो गया हूँ। आज पूरे 11 साल 6 महीने और 18 दिनों का हूँ...मैं एक-एक पल गिन रहा हूँ मत कहो... मुझे छोटा।

हरनामकौर : भगत! मेरे लाल!

भगतसिंह : सरकार ने मेरे चाचा को रंगून भेज दिया, मेरे छोटे चाचा को फिरंगियों ने मार डाला (**जोश में क्रोध से भर जाता है और हवा में वार करता है।**) मैं इन सबको मार डालूँगा ...हट जाओ मेरे रास्ते से।

हरनामकौर : मेरे बच्चे!

भगतसिंह : मैं इस देश से अंग्रेजों को भगा दूँगा और एक-एक अंग्रेज को उखाड़ कर फेंक दूँगा।

अमरकौर : (**समझाते हुए**) तेरी उम्र अभी शक्ति बढ़ाने की है। तू खायेगा नहीं तो कमज़ोर हो जायेगा और फिर अंग्रेजों के जुल्मों का प्रतिकार कैसे करेगा? कैसे उन्हें भगायेगा?

हरनामकौर : फ़ौलादी जिस्म ही देश को आज़ाद कर सकते हैं, बेटे।

भगतसिंह : जिस देश में क्रान्तिकारी लहू का प्रवाह हो उस घर का कण-कण फौलादी तत्त्व ग्रहण कर लेता है। मैं ऐसी आँधी लाऊँगा कि...

अमरकौर : (**टोकते हुए**) कैसे लाओगे आँधी? (**सरदार किशनसिंह का प्रवेश। वह बेटे का वाक्य सुन लेते हैं**)

किशनसिंह : नहीं बेटे नहीं पिस्तौल और बम इंकलाब नहीं लाते, बल्कि तलवार विचारों की सान पर चढ़कर तेज होती है।

भगतसिंह : यह मैं जानता हूँ पिताजी।

अमरकौर : पिताजी! आपने कितनी अच्छी बात कही है।

भगतसिंह : (**जोश में**) मैं आपके एक-एक शब्द का ख्याल रखूँगा। (**हरनामकौर सिर पर दुपट्टा कर लेती है।**

किशनसिंह : बेटी! अमर, मैंने तुम्हें एक फाइल दी थी, वह मुझे दे दो।

अमरकौर : जी अच्छा। (**अन्दर की ओर जाती है। उसके पीछे-पीछे किशनसिंह भी चले जाते हैं**)

भगतसिंह : (**जोश में**) चाची! मुझे चाचा की सौगन्ध, मुझे इस रक्तरंजित मिट्टी की सौगन्ध, मुझे तुम्हारे आँसुओं की सौगन्ध...मैं चाचा की एक-एक साँस जो जेल में बीती है उसका हिसाब रखूँगा।

हरनामकौर : तू इतनी बड़ी-बड़ी बातें कैसे सीख गया बेटा? हम सब तेरे मन को समझते हैं किन्तु अब कुछ खा तो ले कल से भूखा है।

भगतसिंह : मुझे भूख नहीं लगी है।

हरनामकौर : नहीं है (**हैरान होते हुए**) पर क्यों नहीं है?

भगतसिंह : चाची! तुम खुद ही सोचो, जिस देश के नागरिक गाजर-मूली की तरह काटे जा रहे हों, जिनको गोश्त की तरह भून दिया जाये ऐसे देश के युवकों को क्या भूख लग सकती है? (**तेजी से बाहर की ओर चला जाता है**)

हरनामकौर : भगत, भगत ओ भगत। (**पुकारती रह जाती है।**) मेरा आशीर्वाद है बेटे! आज देश की पुकार है। समय बदल रहा है। आज कायरता नहीं यज्ञ में कूदने का समय है। देश सेवा के द्वारा इस क्षणभंगुर जीवन को सार्थक बनाने का समय है। तुम कामयाब होगे।

अमरकौर : (**अमर का प्रवेश**) भगत चला गया?

हरनामकौर : बेटी अमर! आज मैं सन्तुष्ट हूँ। राष्ट्र के उद्धार...के लिए जितनी बाहरी ताकत की ज़रूरत होती है उतनी ही नैतिक ताकत भी ज़रूरी है। (**रुकती है**) नैतिक शक्ति ही त्याग और बलिदान की भावना को उजागर करती है। आज वह शक्ति मुझे भगत में दिखायी दी है।

अमरकौर : यह तो प्रसन्नता का विषय है। केवल यह समझना कि आज़ादी चाहिए पर्याप्त नहीं है। वन्दे मातरम् गीत गाना मात्र लक्ष्य नहीं है। उसमें निहित मातृभूमि की संकल्पना को समझना अत्यंत ज़रूरी है। तभी तो यह गीत सभाओं में, जुलूसों में, प्रभात फेरियों में गाया जाता है। मैं चाहती हूँ कि ऐसे-ऐसे गीत लिखूँ जो बच्चे-बच्चे को अपने कर्तव्य के प्रति जागृत करें।

हरनामकौर : इसके लिए प्रतीक्षा की आवश्यकता नहीं है। आ गीत लिखें जिससे हर भारतवासी निर्भीक होकर स्वतन्त्रता-संग्राम में आत्मोत्सर्ग करने के लिए प्रस्तुत हो।

[प्रकाश बुझता है।]

दूसरा दृश्य

[भगतसिंह का घर। मंच पर कोई नहीं है। पर्दे के पीछे यानी घर के किसी कमरे से दो-तीन व्यक्तियों की आवाज़ें आ रही हैं।]

(हाँ भगतसिंह का प्रवेश वह ठिठक जाता है। धीरे-धीरे उस आवाज़ की ओर बढ़ता है। अब आवाज़ें साफ सुनाई दे रही हैं)

किशनसिंह : लेफ्टिनेंट गवर्नर सर डेंजिल इब्बेटसन की टिप्पणी पढ़ी?

एक व्यक्ति : हाँ।

दूसरा : क्या लिखता है?

किशनसिंह : लिखता है। हर जगह लोग 'नयी हवा' के प्रति जागरूक हैं। पंजाब और बंगाल में इस 'नयी हवा' ने जन्म ले लिया है। यह केवल शिक्षित वर्ग तक ही सीमित है। रावलपिंडी, सियालकोट और लायलपुर में ब्रिटिश विरोधी प्रचार खुले

रूप में और प्रयत्नपूर्वक किया जा रहा है। प्रान्त की राजधानी लाहौर में प्रचार विषाक्त है। बंगाल का दैनिक 'युगान्तर' विष वमन कर रहा है। (**रुककर**) 'नयी हवा' ने एक से दूसरे मकान, एक से दूसरी झोंपड़ी की ओर यात्रा की है, मानो दीवारों के भी कान हों और हवा को जुबान हो ...पंजाब की कृषक महिलाओं ने पूर्ण साथ दिया है।

दूसरा व्यक्ति : 'नयी हवा' विदेशों में बसे पंजाबियों तक भी पहुँच चुकी है।

लोहनसिंह : भाकना, लाला हरदयाल, भाई केसरसिंह और अमरीका में बसे भारतीयों ने एकता स्थापित करने का आन्दोलन शुरू कर दिया है। ओरेगन में 'यूनियन आफॅ दा हिन्दुस्तानी वर्कर्स आफ दा पैसिफिक कोस्ट की स्थापना की है।

(भगतसिंह कुछ देर सुनता रहा फिर अन्यमनस्क-सा कक्ष में टहलता रहा धीरे-धीरे उसकी आँखों में चमक आ जाती है। फिर ध्यान से सुनता है।)

आवाज़ : मदनलाल को फाँसी की सज़ा हो गयी है। उसके बचाव के लिए कोई न था। जब जज ने फैसला सुना दिया तब मदनलाल ने ऊँची आवाज़ में कहा...(**बात बीच में ही काटते हुए**)

पहला व्यक्ति : क्या कहा?

दूसरा व्यक्ति : देश के लिए अकिंचन जीवन होम करने से मुझे गर्व हो रहा है। लेकिन, याद रखो, आनेवाले दिनों में हमारा ही समय होगा। मेरी अन्तिम कामना है मैं फिर इसी माँ की कोख से जन्म लेता रहूँ और उसी पवित्र उद्देश्य के लिए प्राण देता रहूँ। (**एक चुप्पी**) 'गदर' के नवंबर के अंक में विदेशों में बसे भारतीयों के कष्टों का वर्णन है। कामागाटा मारु वाली घटना। बाहर युद्ध की सी स्थिति है। अच्छा अब चलता हूँ। पूरी खबर सबको देनी है।

(प्रकाश मंद होता है, बुझ जाता है।)

तीसरा दृश्य

हरनामकौर : (**राष्ट्रीय गीत गाने की मुद्रा के भाव मुख पर दिखायी देते है। राष्ट्रीय गीत के कुछ बोल गुनगुनाती है। फिर रुककर कहती है।**) हाय! अपने ही घर में हम हो गये अपराधी! जलियाँवाले बाग की दर्दनाक कहानी (**पृष्ठभूमि में संगीत की लहर उठती है और उसी के साथ**)

वतन पर जिएँगे, वतन पर मरेंगे,
वतन की तहेदिल से खिदमत करेंगे।
वतन अपना आज़ाद करके रहेंगे
वतन के लिए लाख सदमे सहेंगे।
मर मिटना वतन पर दिल की लगन है,
वतन हिन्द प्यारा हमारा वतन है।

अमरकौर : (**आँखों में चमक, चेहरे पर दृढता के भाव**) चाची! जानती हो आज भगत को मैंने कर्तारसिंह की जीवनी लिखते देखा है।

हरनामकौर : (**गाना बन्द कर देती है।**) अमर! तूने सुना क्रान्तिकारी नारी मदाम भीकाजी कामा का भाषण?

अमरकौर : आह! उनका व्यक्तित्त्व भी हर भारतवासी के लिए प्रेरणास्रोत है।

हरनामकौर : अमर! जब भगतसिंह पैदा हुआ था उस साल उन्होंने सरदार सिंह राणा के साथ स्टुटगार्ट, जर्मनी में इंटरनेशनल सोशलिस्ट कांफ्रेंस में भाग लिया था। और पहली बार तिरंगा झण्डा फहराते हुए उन्होंने कहा था–

'यह झण्डा भारत की स्वतन्त्रता का झण्डा है। सावधान, इसका जन्म हो चुका है। यह पहले से ही शहीद भारतीय युवाओं के रक्त से पवित्र हो चुका है।

सज्जनो! मैं आपका आह्वान करती हूँ कि उठो और भारतीय स्वतन्त्रता के इस झंडे को सलामी दो।'

अमरकौर : फिर? (**मानो कोई अनहोनी बात सुन रही हो**)

हरनामकौर : (**हर्षित**) प्रतिनिधि उठ खड़े हुए और उन्होंने झंडे को सलामी दी।

अमरकौर : चाची! मैं तो तुम्हें सबसे साहसी महिला समझती हूँ। बड़े-बड़े भाषण देना सबको आता है किन्तु कितने हैं जो तुम्हारी स्थिति को झेल रहे हैं?

हरनामकौर : (**प्रसंग बदलते हुए**) अमर, जब भगतसिंह छोटा था...यही कोई तीन-चार साल का, तो सारा दिन आँगन में मिट्टी खोदकर खिलौनेवाली बन्दूक बोता था। उसे विश्वास था कि बन्दूक की फ़सल उपजेगी।

अमरकौर : अच्छा! चाची मेरी बात सुन रही हो न?

हरनामकौर : और रोज़ उसे सींचता फिर खोद कर देखता। (**ख्यालों में डूब जाती है**) सब जगह यह बात फैल गयी थी। एक दिन जब बाबू जी इसे नन्दकिशोर मेहता के खेत में ले गये तो वहाँ भी इसने मिट्टी खोदकर बन्दूक बोना शुरू कर दिया था। मेहता बताया करता था।

(**नकल उतारते हुए**)

मेहता : तुम्हारा नाम क्या है, बेटा ?

भगत : भगतसिंह

मेहता : तुम क्या कर रहे हो?

भगत : मैं बन्दूक बो रहा हूँ। खूब सारी बन्दूकें चाहिए मुझे।

मेहता : क्या करोगे इतनी बन्दूकों का?

भगत : मैं अपने देश को आज़ाद करूँगा।

मेहता : कैसे?

भगत : धाँय-धाँय (**एकाएक बाहर से आवाज़ें आने लगती हैं**)

अमरकौर : चाची! उठो बाहर शोर हो रहा है।

हरनामकौर : लाहौर पर आँधी, लाल आँधी, अशुभ...

अमरकौर : चलो चाची! हम भी एक गुप्त संगठन बनाएँ और देश को आज़ाद करें।

हरनामकौर : यह काम तो मैं कब से कर रही हूँ, अमर। पति, भाई, पिता के कन्धे से कन्धा मिलाकर कर तो रही हूँ।

अमरकौर : देखो-देखो किस तरह आँधी पूरे नगर पर छा गयी है।

हरनामकौर : डर मत, यह पूरे देश पर छा जायेगी।

अमरकौर : कैसी भयानक आँधी है।

हरनामकौर : यह दरवेशों का नृत्य है, चक्कर खाते दरवेशों का, जो प्रकृति का सिलसिला दिखा रहे हैं।

अमरकौर : (**स्वर परिवर्तन**) चाची! तू सच कहती है। डरना नहीं चाहिए। डर भी तो अपने मन का होता है।
(**ग्रीवा ऊँची करती है**) मैं भी अपने दादा, पिता और चाचा की तरह हिम्मती हूँ।

हरनामकौर : अमर! तुम अभी बच्ची हो। तुम नहीं जानतीं कि नारी कितनी शक्तिशाली होती है। उसके आँसू वह तरल पदार्थ है जिसके बह जाने पर ठोस दृढ़ता रह जाती है।

अमरकौर : मादाम कामा कहा करती थीं मैं भी...(**तड़प**) मैं अपने देशहित सीधी गोली चलाना सीखूँगी। हमारे देश के वीरों को अपराधियों की तरह जेलों में ठूँस दिया जाता है। हमारे देश को अपराधियों की भाँति जेलों में ठूँस दिया जाता है...चाची, तुमने गोली चलाना क्यों नहीं सीखा?

हरनामकौर : मैं...मैंने प्राथमिक उपचार करना सीखा है। हर जख्मी की गोली निकालना और उसका उपचार करना। (**रुक जाती है**) कौन? (**आहट होती है। भगत का प्रवेश। अपनी धुन में कुछ रट रहा है।**)

भगतसिंह : वीर कभी नहीं मरते। वे स्वयं काल हैं।

अमरकौर : अरे भैया! यह क्या रट रहे हो?

भगतसिंह : चाची प्रणाम।

हरनामकौर : लगता है डटकर पढ़ रहे हो?

भगतसिंह : चाची, मैं स्कूल में महाराणा प्रताप नाटक में भाग ले रहा हूँ।

अमरकौर : सिपाही का रोल है क्या?(हँसती है।)

भगतसिंह : (**मूँछों पर ताव देते हुए बतलाता है**) महाराणा प्रताप हूँ, महाराणा प्रताप।

हरनामकौर : पिछले छः महीने में कितने नाटक खेल चुके हो?

भगतसिंह : नाइट क्लब की तरफ से तीन और स्कूल की तरफ से चार।

अमरकौर : इस बार मैं भी आऊँगी नाटक देखने।

भगतसिंह : अच्छी बात है।

हरनामकौर : यह फोटो किसका है?

भगतसिंह : चाची! यह मेरा गुरु है, मेरा सब कुछ, मेरा जीवन-साथी (**गाने लगता है सरामा के प्रिय गीत को सेवा देश की होती कठिन**) गाता हुआ चला जाता है।

[प्रकाश बुझता है।]

दूसरा अंक

पहला दृश्य

[बत्ती मंच के दूसरे किनारे पर जलती है। द्वारिकादास पुस्तकालय का हॉल खुला है। राजाराम शास्त्री काउण्टर पर खड़े पाठकों को पुस्तकों का आदान-प्रदान कर रहे हैं।]

भगतसिंह : **(लम्बा तगड़ा जवान है। सिर पर पगड़ी बँधी है। दाढ़ी-मूँछ उग आयी है।)** कुछ पता चला?

राजाराम : **(सतर्क होते हुए)** दो काम के हैं तहकीकात जारी है।

भगतसिंह : सुखदेव आया?

राजाराम : वह कहाँ गया हुआ है?

भगतसिंह : **(बात टालते हुए)** क्या पुस्तकालय में क्रान्तिकारी उपन्यास नहीं है गोर्की का 'मदर'?

राजाराम : नहीं।

भगतसिंह : विक्टर हागो का 'नाइन्टी थ्री', 'ला मिज़रेबक्स', 'टेल ऑफ टू सिटीज़', 'इटरनल'? और किताबें?

राजाराम : सब तो तुमने पढ़ ली हैं। अभी पाठकों ने ले रखी हैं।

भगतसिंह : कोई नयी किताब?

राजाराम : पुस्तकालय में बेशुमार पुस्तकें हैं किन्तु तुम साहित्य, दर्शन, विज्ञान या तकनीकी पुस्तकें छाँटका केवल उन्हीं पुस्तकों को पढ़ते हो जिनमें क्रान्तिकारी युवकों के लुके-छिपे काम का वर्णन होता है।

भगतसिंह : **(राजाराम की आँखों में झाँकते हुए)** हाँ, तुम बिलकुल ठीक कहते हो। जो क्रान्तिकारी जान हथेली पर रख सत्ताधारियों और अत्याचारी शासकों का डट कर आमना-सामना करते हों, उनकी हर चाल, हर व्यवहार तथा गतिविधियों

से प्रशासन की चाल समझना आसान होता है। मुझे चाहिए...।

राजाराम : लो सुखदेव आ गया (**सुखदेव करीब आ जाता है**) आओ, आओ सुखदेव।

सुखदेव : (**पुस्तक देते हुए**) यह लो आयरलैंड के क्रान्तिकारी नेता डेन ब्रीनकी पुस्तक 'आयरिश स्वतन्त्रता के लिए मेरा संघर्ष।'

राजाराम : यह लो...(**भगत की ओर बढ़ाता है।**)

भगतसिंह : यह तो मैं इतनी बार पढ़ चुका हूँ कि एक-एक वाक्य से मेरा पूर्ण परिचय हो गया है।

सुखदेव : (**हँसी-ठिठोली के भाव से**) इसने इटली की क्रान्ति और मैजिनी तथा गेरीबाल्डी की जीवनियाँ और विचार कितनी बार इश्यू करवाई है?

राजाराम : ऐं! कुल 23 बार।

सुखदेव : बस एक बार और दे दो तो पूरे दो दर्जन हो जायेंगे।(**हँसते हैं।**)

भगतसिंह : ये पुस्तकें मैं उन नवयुवकों को पढ़ने के लिए देता हूँ जो देश के लिए कुछ कर गुजरना चाहते हैं। वे जब ऐसी पुस्तकें पढ़ेंगे तो क्रान्ति की आवश्यकता को समझेंगे।

सुखदेव : राजाराम! मेरी पुस्तक 'न्याय की पुकार'?

राजाराम : सुखु! बड़ी कमाल की पुस्तक है। मैं दो बार पढ़ चुका हूँ। यह लो (**पुस्तक देता है।**)

भगतसिंह : (**दबी ज़बान में**) वीर सावरकर की पुस्तक मिली है मुझे (**राजाराम और सुखदेव की आँखों में चमक आ जाती है।**)

राजाराम : 'भारत का प्रथम स्वातंत्र्य युद्ध'?

भगतसिंह : 'भारत का प्रथम स्वातंत्र्य युद्ध' मेरे पास है।

राजाराम : (**कान के समीप**) वीर सावरकर की यह पुस्तक तो सरकार ने जब्त कर ली थी।

भगतसिंह : (**गर्व से**) मुझे मिल गयी है। उसमें हर स्थिति स्पष्ट है, अब देखो।

सुखदेव : (**हर्ष**) अरे! सच तुमने दिल खुश कर दिया।

भगतसिंह : **(सुखदेव को खींचता हुए)** राजाराम रात को आयेंगे। **(प्रस्थान।)**

[बत्ती बुझती है।]

दूसरा दृश्य

[रात का समय है। वही पुस्तकालय का आहाता। पुस्तकालय के दरवाज़े पर तीन बार दस्तक होती है। दरवाज़ा खुलता है।]

राजाराम : आओ, आओ **(भगत और सुखदेव का प्रवेश)**

भगतसिंह : सो गये थे क्या ?

राजाराम : इन्तज़ार कर रहा था। पता नहीं कब आँख लग गयी।

भगतसिंह : **(भगत कपड़े बदलते हुए बातें करता है। इस बीच राजाराम खटिया पर लेट जाता है। सुखदेव सुराही से पानी उड़ेल कर पीता है)**

सुखु! राजाराम को सोने दो।

सुखदेव : **(भोली सूरत बना कर)** राजाराम को सोने दो, हाँ।

भगतसिंह : ठीक है...हम अपनी बात कर रहे थे कि हम गुलाम मुल्क के नवयुवक हैं। हमारे सामने सबसे बड़ा सवाल मातृभूमि की बेड़ियाँ काटना है। इस जन्म में अपनी कुर्बानी देनी ही है।

सुखदेव : गाँधी जी जो अहिंसा का नारा लगाते हैं वह क्या है?

भगतसिंह : **(सुखदेव और भगत दोनों खटिया के दोनों ओर बैठ जाते हैं और धीरे-धीरे खटिया पर लेटने का अभिनय करते हैं।)**

मैं तो यह कहूँगा कि हर हालात में हिंसा का परित्याग काल्पनिक है, व्यावहारिक नहीं।

(दोनों बातें किये जा रहे हैं और खटिया पर इस तरह लेट जाते हैं जिससे राजाराम दब-सा जाता है। वह चिढ़ता हुआ उठकर खड़ा होता है और नीचे ज़मीन पर लेटता है। वे दोनों पसर जाते हैं।)

सुखु! देख राजाराम सचमुच दिल का राजा है राजा। कितना भला शरीफ़ इन्सान है। इससे हमारा दुख देखा नहीं जाता...**(बात काटते हुए।)**

सुखदेव : मैंने कितनी बार राजाराम की चारित्रिक विशेषताओं का बखान किया है। बेचारा खाट छोड़कर ज़मीन पर लेट गया और हमारे लिए अपनी खाट...

भगतसिंह : (**बात काटते हुए**) मैं कहता हूँ राजाराम पक्का साथी है। पक्का! एक शब्द भी नहीं कहता और सब दे देता है।

राजाराम : (**चेहरा तमतमा रहा है।**) चुप रहो। पाजी कहीं के! एक तो मेरी खाट छीन ली। मुझे ज़मीन पर लेटने पर मज़बूर कर दिया, अब ऊपर से मेरा मज़ाक उड़ाते हो?

भगतसिंह : बड़े पाजी हैं ओ सुखु! राजाराम ठीक कहता है। हम बड़े पाजी हैं।

सुखदेव : क्या-क्या कहता है?

भगतसिंह : (**बनावटी गम्भीरता से**) समाजवाद भी यही कहता है।

राजाराम : (**चिढ़ते हुए**) तू भी मार्क्सवादी है, मार्क्सवादी।

भगतसिंह : (**छेड़ते हुए**) अच्छा! लेकिन मैं तो समाजवादी हूँ।

राजाराम : सारा दिन समाजवाद के सिद्धान्त पढ़ते हो लेकिन करनी तुम्हारी मार्क्सवादी है।

भगतसिंह : अच्छा!

राजाराम : मेरा खाना, मेरे कपड़े, मेरी खटिया तुम सब छीन लेते हो और स्वांग रचते हो समाजवाद का?

भगतसिंह : सुखु! राजा कहता तो ठीक है। समाजवाद भी यही कहता है सबको सुख और दुख बराबर होना चाहिए। (**भगत शरारत की नज़र से सुखदेव को देखता है। और फिर बिजली की फुर्ती से दोनों उठकर खटिया खड़ी कर राजाराम के साथ ज़मीन पर लेट जाते है। फिर तीनों ज़ोर-ज़ोर से हँसते हैं।**)

राजाराम : भगत, भारत का प्रथम स्वातंत्र्य युद्ध पुस्तक कहाँ है?

भगतसिंह : वह मुझे जान से भी प्यारी है।

सुखदेव : (**हँसता है**) कभी तू हमें जान से प्यारा मानता है और कभी उस पुस्तक को?

राजाराम : मुझे भी नहीं?

भगतसिंह : बिलकुल नहीं।

राजाराम : मैं तेरा जितना काम करता हूँ उतना तो तू अपने लिए

भी नहीं करता होगा। (**भोलेपन से**) मैं तेरे लिए पुस्तकें पढ़-पढ़कर अच्छी पुस्तकें चुनकर रखता हूँ। पुस्तकालय में आनेवाला नवयुवक कहाँ तक क्रान्तिकारी है, उसका पता लगाता हूँ, उसका परिचय तुम्हें देता हूँ। और तू जब चाहे खटिया से उठा देता है क्या तू मेरे लिए एक पुस्तक का इंतजाम भी नहीं सकता?

भगतसिंह : (**छेड़ते हुए**) हाय हाय रोता है (**चुप्पी**) अच्छा! अगर तू इस पुस्तक को पाने का इतना हठ करता है तो दो शर्तों पर दूँगा।

राजाराम : क्या? ब्लेकमेल? (**लापरवाही से**)

भगतसिंह : पहली शर्त है 36 घण्टे में पुस्तक पढ़ कर वापस करनी होगी, दूसरी शर्त इसे प्रकाशित करने के लिए गुप्त रूप से मेरठ मदद करनी होगी।

राजाराम : (**हर्षित**) मुझे मन्जूर है।

भगतसिंह : (**अपना थैला खोलता है आकर एक कपड़े में लिपटी पुस्तक उसे देता है। पुस्तक में एक छोटा-सा लिफाफा है जिसमें शहीदों के चित्र हैं।**) लिफाफा मुझे दे दो।

सुखदेव : (**जो अभी तक चुपचाप भगत का साथ दे रहा था।**) इतने फोटो वीर शहीदों के! भगत क्या करोगे?

भगतसिंह : मैं इन वीरों की कुर्बानी की कथा चित्रों सहित 'चाँद' के फाँसी अंक में प्रकाशित कराऊँगा।

राजाराम : (**चित्रों को ध्यान से देखता है।**) तुम सचमुच यह बहुत अच्छा काम कर रहे हो।

सुखदेव : सराहनीय काम तो तब होगा जब कोई कामयाबी हासिल होगी। (**वातावरण में गम्भीरता आने लगती है।**)

भगतसिंह : मुझे इस बात का अफसोस है कि काकोरी कांड के सिलसिले में पकड़े गये क्रान्तिकारियों को जेल से छुड़ाने की योजना असफल क्यों हो गयी?

सुखदेव : जब दुबारा इसी तरह की योजना जनवरी-फरवरी में बनी तो वह भी नाकामयाब रही। क्यों...क्यों हम कहाँ-कहाँ कमज़ोर हैं। हमें इसका मुआयना करना होगा। हमें क्रान्तिकारी इतिहास और अच्छी तरह पढ़ना होगा।

भगतसिंह : इतिहास के पन्ने साफ कहते हैं कि जब निष्ठावान कार्यकर्त्ता हों और फिर भी योजना नाकामयाब हो जाये तो अवश्य कोई भेदिया आपके संगठन में है जो विपक्ष को पूरी खबर पहुँचा देता है।

सुखदेव : कितने भी गुप्तचर क्यों न हों, हमारे दृढ़ विचार के सामने वे नतमस्तक हो जायेंगे। अपनी करनी पर उन्हें ग्लानि होगी।

राजाराम : जब सारी योजना निष्फल हो जायेगी उस समय उन्हें विवेक आ भी गया तो निष्फल ही होगा।

भगतसिंह : तुम दोनों ने भी तो उन पुस्तकों को पढ़ा है। 'लेटर्स दी कचैट' तथा बेस्टाठल फ्रांस के क्रान्तिकारी आन्दोलन को कुचलने में असमर्थ रहे। (**रुककर**) फ्रांसियों और साइबेरिया की खानें रूसी क्रान्ति को नहीं रोक सकीं। क्या अध्यादेश और विधेयक भारतीय स्वातंत्र्य ज्वालाओं को बुझा सकेंगे?

सुखदेव : हमारा काम धन के अभाव के चलते कमज़ोर पड़ जाता है नहीं तो हम कमाल कर दिखायें।

भगतसिंह : उग्र और गुप्त क्रान्तिकारी साहित्य के द्वारा नवयुवकों में क्रान्तिकारी विचारों का प्रचार काफी कर चुके हो। अब खुलकर सामने आओ।

सुखदेव : यह बात जितनी कर्ण मधुर है उतनी ही जोखिम भरी है। (**चिन्तित मुद्रा में उठकर टहलता है।**) अंग्रेज बहुत ज़ालिम हैं। (**थोड़ी देर चुप्पी मानो कोई दुख गटक रहा हो।**) मेरे चचेरे भाई को तीन दिन जानवरों के पिंजरे में बन्द रखा और पिंजरा कहाँ था मालूम है बड़े बाज़ार के चौराहे पर सारा दिन धूप में...उफ् (**एकाएक आक्रोश से**) मेरा दिल आज भी उसी तरह जल रहा है।

भगतसिंह : (**जोश में**) मैं इसी लक्ष्य को सामने रखकर 'नौजवान भारत सभा' की स्थापना करूँगा। यह सभा क्रान्तिकारियों का खुला मंच होगा।

(**उठकर खड़ा हो जाता है।**)

सुखदेव : भगत! आज हमारे देश का बच्चा-बच्चा इंकलाब-जिंदाबाद चिल्ला रहा है। अब हमें अपने कार्यों को शुरू कर देना

चाहिए। नहीं तो यह इंकलाब जिंदाबाद गाँधी के स्वराज्य की भाँति एक बेमानी चीज़ हो जायेगी, जिसे थोड़े समय के बाद जनता घृणा और नफरत की दृष्टि से देखेगी। **(थोड़ी देर चुप्पी)** हमने जिन भावनाओं को सेंटिमेंट्स... को जनता में उभारा है; अब समय आ गया है उन्हें सही दिशा देने का।

राजाराम : कैसे?

सुखदेव : उन्हें समझाएँ कि क्रान्ति क्या है। उसका आम जनता के साथ क्या सम्बन्ध है। आज देश को उसकी क्यों आवश्यकता है और उसे कैसे सफलतापूर्वक किया जाये।

राजाराम : बात तो सुखदेव की बिलकुल ठीक है किन्तु...

भगतसिंह : किन्तु परन्तु छोड़ो। यह सोचो कि नौजवान सभा में प्रवेश का आधार क्या होना चाहिए?

सुखदेव : हाँ, यह विचारणीय मुद्दा है। **(थोड़ी देर सोचने की मुद्रा में)** इसमें सच्चे देशभक्त को प्रवेश मिलेगा।
(भगतसिंह झटके से उठकर खड़ा हो जाता है।)

भगतसिंह : कहाँ जा रहे हो?

राजाराम : **(कपड़े पहनते हुए)** मुझे इसी वक़्त काम शुरू करना है। सुखु ने मेरी आँखें खोल दीं। मैं भी यही चाहता हूँ। लोगों के दिलों में कई सवाल पैदा हो रहे हैं। यदि इन प्रश्नों का सही वक़्त पर उत्तर न दिया गया तो सब व्यर्थ हो जायेगा। **(पगड़ी बाँधते हुए)** कांग्रेस के लोगों पर मुझे ज़रा भी विश्वास नहीं है। वह कभी भी अंग्रेजों के साथ मिलकर कुछ भी कर सकते हैं। सुखु! तुम यहाँ का प्रबन्ध कर देना। पर्चे छपवा कर सूचित कर दो।

राजाराम : भगत मेरी मानो तो अब सो जाओ अरे हाँ मैं भूल गया...बताना...तेरे घर से चिट्ठी आयी थी।

भगतसिंह : क्या लिखा है?

राजाराम : यही कि शादी के लिए हाँ कर दो।

भगतसिंह : **(उदास होते हुए)** राजाराम! लाओ कलम-दवात और काग़ज़ लिख ही देता हूँ। **(राजाराम उसे कलम-दवात और काग़ज़...लिख देता है।)**

सुखदेव : (**विचारों में डूबा है।**) मुझे भी अपने घर पत्र लिख देना चाहिए (**दो क्षण घूमता रहता है।**)

(**स्वगत**) ताया जी को कितने पत्र लिख चुका हूँ किन्तु कोई उत्तर ही नहीं देते। मुझसे नाराज़ हैं क्योंकि मैंने उनकी इच्छा के विरुद्ध दाढ़ी-मूँछ रख ली है। देशसेवा कर रहा हूँ। नेकनामी नहीं बदनामी ही ज़्यादा मिल रही है। मैं यह कभी नहीं चाहता कि लोग क्या कहेंगे यह सोचकर काम करूँ। जो मुझे सही लगता है वही काम मुझे करना चाहिए। (**रुकावट, भगतसिंह की आवाज़ उसका चिन्तन भंग करती है**)

भगतसिंह : लो, पत्र मैंने लिख दिया है।

राजाराम : लाओ, मैं पढ़ूँ तुमने क्या लिखा है? ऊपर हाथ बढ़ाकर पत्र ले लेता है और ऊँची आवाज़ में पढ़ता है–

पूजनीय पिताजी,

यह वक़्त शादी करने का नहीं है। देश मुझे पुकार रहा है। मैंने देश की सेवा तन-मन-धन से करने की सौगन्ध खाई है। और फिर यह हमारे लिए कोई नयी बात नहीं है। हमारा पूरा परिवार देश-भक्ति की भावना से भरा है। दादा अर्जुनसिंह पहले सिख थे जो आर्य समाज की पहली क्रान्ति में शामिल हुए थे। वे अपने रोगियों का मुफ्त इलाज करते थे। उनका व्यक्तित्त्व पंजाब का गौरव है। आप स्वयं सच्चे देशभक्त हैं।

आपका प्रभाव पूरे देश में है। मेरे चाचा स्वर्णसिंह जेल की यातना काटते हुए गुज़र गये। चाचा अजितसिंह काले पानी की सजा काट रहे हैं। चाची और अमर अनाथालय तथा ज़ख्मियों की सेवा कर रही हैं। माँ गुप्त रूप से आपके समस्त काम करता है। मैं सिर्फ आपके नक्श-ए-कदम पर चल रहा हूँ। इसलिए मैंने यह साहस किया है। कृपया मुझे विवाह-बन्धन में न बाँधें, बल्कि मुझे आशीर्वाद दें कि मैं अपने आदर्शों पर टिका रहूँ।

आपका बेटा

भगतसिंह

भगतसिंह : राजाराम...समय किसी का इंतज़ार नहीं करता।
(**भगतसिंह तेजी से चला जाता है।**)

सुखदेव : राजाराम! भगत को इस वक़्त सोना नहीं है; और हमें पर्चे छपवाने हैं, उठो काम करें।

भगतसिंह : (**तेजी से आता है**) मैं कहना भूल गया कि पर्चे में साफ लिख देना बृहस्पतिवार इसी पुस्तकालय के आहाते में सभा का आयोजन होगा। रात्रि दस बजे।

सुखदेव : तुम चिन्ता मत करो। जाओ, दिन निकल आयेगा। हम नियम, शर्तें सब लिख देंगे।

[बत्ती बुझती है।]

तीसरा दृश्य

[मंच पर पुस्तकालय का हालॅ हैं ज़मीन पर दरियाँ बिछाई जा रही हैं। पंद्रह-बीस नवयुवक सफेद कुर्ते-पायजामें में सभा के आयोजन की तैयारी कर रहे हैं मंच पर चहल-पहल है। सामने लगी घड़ी रात के 10 बजा रही है।]

भगतसिंह : (**भगत का प्रवेश। दबी जबान में**) राजाराम, सब ठीक है?

राजाराम : हूँ सब ठीक है। सुखदेव यह पर्चा तुम्हारे लिए दे गया है।

भगतसिंह : (**पर्चा ले लेता है। पढ़ता है।**) वह है कहाँ?

राजाराम : बाहर की स्थिति ठीक नहीं। कड़ा पहरा है। तुम जल्दी काम शुरू करो।

भगतसिंह : मेरे साथियो! आज वक़्त आ गया है। हम सबको महाराणा प्रताप, शिवाजी और हरि सिंह नलवा की तरह बहादुर और देशभक्त बनना होगा तभी भारतमाता को दासता की जंजीरों से मुक्त कराया जा सकता है। जैसा कि हम सब जानते हैं आज़ादी बलिदान माँगती है और बलिदान के लिए त्याग की ज़रूरत होती है। इस उद्देश्य से एक सभा की स्थापना की जा रही है। (**सभा में उपस्थित सब लोग प्रसन्न हो उठते हैं।**)

एक युवक : नाम कहाँ लिखवाना है?

भगतसिंह : आप सबको प्रतिज्ञा-पत्र पर हस्ताक्षर करने होंगे। **(भगतसिंह चाकू निकालता है और अँगूठे को काटकर रक्त से प्रतिज्ञा-पत्र पर हस्ताक्षर करता है।)**

भगवतीचरण : मुझे दो प्रतिज्ञा-पत्र (**राजाराम प्रतिज्ञा-पत्र उसे देता है और वह भी अपने रक्त से अपना हस्ताक्षर करता है। कुछ युवक खिसक जाते हैं। हस्ताक्षर के उपरान्त आगे की कार्यवाही शुरू होती है।)**

भगतसिंह : 'नौजवान भारत सभा' का मुख्य उद्देश्य पूर्ण स्वाधीनता और किसान-मज़दूर राज्य कायम करना है।

सुखदेव : सभा की सार्वजनिक सभाओं की रक्षा के लिए स्वयंसेवक दल की स्थापना की जाये।

एक युवक : स्वयंसेवक की पहचान क्या होती है?

भगतसिंह : वे अपने गले में एक लाल रुमाल बाँधा करेंगे।

दूसरा युवक : लाल रंग का रुमाल ही क्यों? कोई और चिह्न क्यों न रखा जाये?

भगतसिंह : नहीं, लाल रुमाल ही पहचान चिह्न होगा। **(जूतों की आवाज़ सुनाई पड़ती है। सन्नाटा हो जाता है। दबी ज़बान में)** लगता है पुलिस इधर आ रही है। अच्छा, सब ध्यान से सुनो। हर दिन इसी वक़्त यहाँ एकत्र होंगे। इंकलाब-जिंदाबाद हमारा नारा होगा। आज से इसके सदस्य बनाने शुरू कर दो। नवयुवकों को यह बताओ कि यह धर्म निरपेक्ष संस्था है। हर सदस्य को पहले प्रतिज्ञा करनी पड़ेगी कि वह देश के हितों को अपनी जाति तथा धर्म के हितों से ऊपर समझेगा। (**राजाराम सबको पर्चे बाँटता है।**)

सुखदेव : पर्चे में सारे उद्देश्य साफ लिखे हैं।

एक युवक : अब इसका अध्यक्ष कौन होगा?

दूसरा युवक : रामकृष्ण बी.ए. को बनाया जाये।

भगवतीचरण : मैं समर्थन करता हूँ।

समवेत् स्वर : हमें मन्जूर है।

राजाराम : अब मंत्री का चुनाव किया जाये।

सुखदेव : भगतसिंह!!

राजाराम : मैं समर्थन करता हूँ।

समवेत् स्वर : स्वीकार है।

भगतसिंह : आज से नवयुवकों में जागृति, भारतीय संस्कृति का प्रचार, स्वदेशी को प्रोत्साहन, सामाजिक विषयों पर चर्चा आदि कार्य शुरू होते हैं। रोज़ आकर राजाराम को रिपोर्ट देनी होगी और उसी से विशेष सूचना आदि एकत्र करनी होगी। अब सभा विसर्जित होती है। इंकलाब जिंदाबाद!

[प्रकाश मंद होता है; फिर बुझ जाता है।]

चौथ दृश्य

[बत्ती जलती है। भगतसिंह का घर उभरता है। सामने भगतसिंह की माँ, विद्यावती, चाची और अमर बैठी हैं। किशनसिंह हाथ में भगतसिंह का लिखा खत लिए हुए बैठे हैं।]

विद्यावती : (**किशनसिंह से**) उसे आपने लिखा तो था कि तुम्हारी शादी तय कर दी है। तुम कोई रोड़ा मत अटकाना।

किशनसिंह : लिखा था। उसी का उत्तर आया है।

विद्यावती : पढ़ो क्या लिखा है?

किशनसिंह : (**भगतसिंह का पत्र पढ़ते हैं।**)

पूज्य पिताजी,

आपका ख़त पढ़कर मुझे हैरानी हुई है। अगर आप जैसा पक्का देशभक्त और बहादुर आदमी इन छोटी-छोटी बातों से प्रभावित हो सकता है, तो आम आदमी का क्या होगा? आप दादी की फिक्र कर रहे हैं, लेकिन हम 33 करोड़ लोगों की माँ-भारतमाता की चिन्ता कर रहे हैं। मैं अपनी ज़िन्दगी मातृभूमि के श्रेष्ठ उद्देश्यों को अर्पित करता हूँ। आज से मेरे लिए घर और सांसारिक इच्छाओं की पूर्ति के लिए कोई आकर्षण नहीं है।

आपका बेटा

भगतसिंह

(**एक मायूसी का आलम छा जाता है। बाहर से आवाज़ आती है।**)

किशनसिंह : सरदार किशनसिंह (**आवाज़ सुनकर किशनसिंह तथा अन्य सदस्यों का ध्यान उधर जाता है।**)

किशनसिंह : (**उठकर बाहर जाते हैं**) क्रान्तिकारी जो जेलों में सड़ रहे हैं उनका क्या किया है? (**मंच पर तीनों नारियाँ हैं और ध्यान से आगंतुकों की बातचीत सुनती हैं। आगंतुक दर्शकों को दिखलायी नहीं देते केवल उनकी बातचीत की आवाज़ें साफ सुनाई दे रही हैं।**)

एक व्यक्ति : सरदार जी, उनके बाल-बच्चों और परिवारवालों के लिए खर्चा-पानी तो देना होगा।

किशनसिंह : हाँ भई! देश के लिए कुर्बान होना इतना आसान तो नहीं है (**चुप्पी**) ऐसा करो, रात के लिए एक-दो मन आटा तो दे ही आओ।

दूसरा व्यक्ति : 2080 असहाय बच्चों के लिए कपड़ों का बन्दोबस्त अभी तक नहीं हुआ है।

किशनसिंह : कल अदालत में सुनवाई है। मैं उसकी तैयारी कर रहा हूँ।

तीसरा व्यक्ति : औरतों के रहने का बन्दोबस्त अभी तक नहीं हुआ है।

किशनसिंह : तुम सबको बुला लाओ। घर-घर जाकर अनाज और रुपया-पैसा, कपड़ा आदि इकट्ठा करते हैं।

चौथा व्यक्ति : बहुत बुरी खबर आयी है। हवालात में दस जवानों की मौत हो गयी है।

किशनसिंह : उफ़ (**गला भर्रा गया है।**) बेटी अमरकौर! तुम चाची को लेकर घर-घर जाकर कपड़े, अनाज इकट्ठे करके ले आओ ...इसी वक़्त।

अमरकौर : अच्छा पिताजी।

किशनसिंह : (**विद्यावती से**) भगत ने नेशनल कॉलेज छोड़ दिया है, और दूर चला गया है। शादी की बात ने उसे कितना झकझोर दिया है।

अच्छा, मेरा इंतज़ार मत करना। हमें बहुत सारे काम अभी करने हैं। औरतों के रहने का बन्दोबस्त सारी बस्ती में करवा देना...

विद्यावती : ठीक है।

[प्रकाश बुझता है।]

पाँचवा दृश्य

[पुस्तकालय का हाल। घड़ी रात के दस बजा रही है। चिन्तित मुद्रा में सुखदेव, राजाराम और भगत टहल रहे हैं।]

सुखदेव : (**भगत से**) मैं कहता हूँ तुमने ऐसा क्या देखा जो इतने दुखी हो?

राजाराम : कुछ कहोगे भी या यूँ ही गुमसुम होगे?

भगतसिंह : (**चीखता-सा**) मैं कहता हूँ यह देश किसका है?

राजाराम : हमारा।

भगतसिंह : खाक हमारा।

सुखदेव : तुम कहना क्या चाहते हो?

भगतसिंह : मैं सारा पंजाब अपनी आँखों से देखकर आ रहा हूँ।

सुखदेव : मुझे मालूम है तुम्हें क्या कसक रहा है?

भगतसिंह : वर्तमान पूँजीवादी समाज व्यवस्था को तो पलटना ही होगा, ध्वंस के बिना निर्माण नहीं। हम यहाँ पैसे-पैसे के लिए तरस रहे हैं और गुरुद्वारे कटुता से समझाते तथा शिकायती लहजे में जितना धन गुरुद्वारों के महंत अपने व्यक्तिगत कामों में खर्च करते हैं क्या वह उचित है?

राजाराम : हमारा क्या अधिकार है उस धन पर?

भगतसिंह : वे इस धन का सदुपयोग करें...जनहित के लिए खर्चें। इस धरती पर रहनेवाले हिन्दुस्तानी का अन्तिम ध्येय मातृभूमि की एकता एवं स्वतन्त्रता है।

सुखदेव : इस कार्य के लिए एक दल का संगठन करो, भगत।

भगतसिंह : मैं अकाली दल का संगठन करता हूँ। दल के दल गाँव-गाँव, नगर-नगर भेजो और चढ़ावे का दुरुपयोग रोका जाये।

[प्रकाश बुझता है।]

तीसरा अंक

पहला दृश्य

[पुस्तकालय का वही हॉल है। अब नवयुवकों की संख्या बढ़ गयी है। हॉल खचाखच भरा है।]

सुखदेव : साथियो! अपनी सफलता इस बात पर निर्भर है कि हमारे कार्यकर्त्ता अपने क्रान्तिकारी आदर्शों को अच्छी तरह समझेंगे। भावुकता से क्रान्ति कार्य चलाये नहीं जा सकते।

राजाराम : भावुक व्यक्तियों को तो संगठन में लेना ही नहीं चाहिए। संगठन में वे ही कामयाब हो सकते हैं जो सर पर कफन बाँध कर चलते हैं; जो क्रान्ति को पेशा नहीं बना सकते वे सहानुभूति के पात्र के सिवा कुछ नहीं हैं।

स्वयं सेवक : भगत, भगत...(**सबका ध्यान उसकी ओर जाता है।**) सूचना यह है कि दिल्ली में हिन्दुस्तानी रिपब्लिकन एसोसिएशन की बैठक हुई थी जिसमें 60 क्रान्तिकरियों तथा 5 महिलाओं ने भाग लिया। इसी बैठक में दल का नया कार्यक्रम स्वीकृत किया गया। इसमें यह निर्णय लिया गया कि भारत का लक्ष्य समाजवाद होगा और आज़ाद भारत की सरकार समाजवादी सिद्धान्तों पर गठित की जायेगी। (**रुकता है**)

भगतसिंह : और?

स्वयं सेवक : और चन्द्रशेखर आज़ाद कमाण्डर-इन-चीफ चुने गये हैं इसी बैठक में हिन्दुस्तान रिपब्लिकन आर्मी नामक एक नये सैन्य संगठन का गठन किया गया है। इसके अलावा साइमन कमीशन का बहिष्कार करना, कलकत्ता,

सहारनपुर, आगरा और लाहौर में बम बनाने का तथा सरकारी खजानों को लूटने का निर्णय लिया गया है। सबसे महत्त्वपूर्ण बात यह है कि सभी प्रान्तों को सम्पर्क में रखने के लिए अन्तःप्रान्तीय समिति भी बनायी गयी है। 10 दिसम्बर को यह बैठक लाहौर में होगी।

(सब उछल पड़ते हैं। भगत गाता है।)

सरफरोशी की तमन्ना अब हमारे दिल में है।
देखना है ज़ोर कितना बाजुए कातिल में है।

(सब स्वर में स्वर मिलाकर गाते हैं।)

[प्रकाश बुझता है।]

दूयरा दृश्य

[मंच का आधा भाग भगतसिंह का घर है और आधा भाग पुस्तकालय। बत्ती एक बार भगतसिंह के घर जलती है।]

हरनामकौर : सुना तुमने माँ! सुना...दशहरे के मेले में बम फटा है बम!! बारह आदमी मर गये और 56 घायल हुए हैं

विद्यावती : **(अचकचाते हुए)** पुलिस को किस पर शक है? भगत कहाँ है?

हरनामकौर : नहीं **(आवाज़ में दृढ़ता है)** भगत यह काम नहीं करेगा। उसका उद्‌देश्य यह नहीं हैं। पर यह उसको फँसाने की चाल हो सकती है।

विद्यावती : पुलिस उसे नहीं छोड़ेगी। **(प्रकाश बुझता है।)**

(पुस्तकालय में प्रकाश होता है। सुखदेव और राजाराम बहन चिन्ता में)

राजाराम : भगत को पकड़ कर पुलिस लाहौर जेल में एक महीने के लिए बन्द कर दिया है। पिता सरदार किशनसिंह ने 6 हज़ार की जमानत पर रिहा करवा दिया है।

[प्रकाश बुझता है।]

तीसरा दृश्य

[मंच के पर्दे पर साइमन कमीशन के विरोध में काले कपड़े, काले झंडे लिए हैं लाला लाजपतराय शेरे-पंजाब समूह का प्रतिनिधित्व कर रहे हैं।]

सुखदेव : देख भगत, साइमन कमीशन के विरोध में काले कपड़े, काले झंडे लिए सारा शहर कैसा लग रहा है? अंग्रेजों पर आतंक छा जायेगा। अब क्रान्ति की बुनियाद पड़ेगी। **(दुर्गा भाभी का प्रवेश। वह यह वाक्य सुन लेती हैं।)**

दुर्गा भाभी : तुम ठीक कहते हो सुखदेव, किन्तु आतंकवाद क्रान्ति को नहीं ला सकता **(वाक्य पूरा करते हुए।)**

भगतसिंह : आतंकवाद के बिना क्रान्ति भी नहीं लाई जा सकती।

दुर्गा भाभी : भई! तुम आतंकवाद की बड़ी प्रशंसा करते हो परन्तु यह भी तो सोचो कि क्रान्ति की जननी 'जनता' हुआ करती है। क्रान्ति केवल बहादुर मज़दूर-किसान ही कर सकते हैं, मुट्ठी भर नवयुवक नहीं।
(भगत की ओर देखती है।)

सुखदेव : जैसे आज का दृश्य है। अब हमें चुप नहीं बैठना चाहिए। **(जन समुदाय में खलबली मच जाती है। ज़ोर-ज़ोर से 'साइमन वापस जाओ' नारों की आवाज़ें आने लगती हैं। इंकलाब-जिंदाबाद, वंदे मातरम्, साइमन वापस जाओ, के नारों का शोर बढ़ता ही जा रहा है। नारों में इतनी शक्ति है कि गगनभेदी स्वर सुनाई देता हैं। पुलिस के साथ मुठभेड़, लाठी चार्ज एक ऊँची कराह आहिस्ते-अहिस्ते प्रकाश बुझ जाता है।)**

चौथा दृश्य

[प्रकाश होता है। पुस्तकालय का हॉल। वहाँ अब बड़े-बड़े वीर भगवतीचरण बोहरा, दुर्गा भाभी, प्रमिला दीदी, चन्द्रशेखर आज़ाद, राजगुरु, सुखदेव और भगत बैठे हैं।]

दुर्गा भाभी : अत्यन्त दुख की बात तो यह है कि लाला लाजपतराय बुरी तरह जख्मी ही नहीं हुए अपितु उनकी मौत भी हो गयी है।

भगतसिंह : शेर-ए-पंजाब लाला लाजपतराय की इस प्रकार मृत्यु हमारे लिए घोर अपमान है। इसका बदला केवल 'खून के बदले खून' के सिद्धान्त से ही लिया जा सकता है।

दुर्गा भाभी : हमें स्कॉट को मारना है।

आज़ाद : हम ब्रिटिश साम्राज्य से स्वतन्त्रता का युद्ध लड़ रहे हैं। परन्तु इसके विपरीत हम भारतीयों के पास केवल बलिदान की भावना तथा लोकमत है। यही हमारे शस्त्र हैं और यही हमारी शक्ति है।

भगतसिंह : इसको मैं करूँगा। उसे मेरे हाथों मरना चाहिए। (**भगत को के स्वर सुनाई देते हैं। कसम है कसम है तुम्हें**)

दुर्गा भाभी : भगत, तुम्हें इस काम के लिए नियुक्त किया जाता है। सुखदेव, राजगुरु, चन्द्रशेखर आज़ाद तथा जयगोपाल को तुम्हारा सहायक बनाया जाता है। निर्णय लिया जाता है कि 17 दिसम्बर के दिन स्कॉट की हत्या की जायेगी। इसके बाद जगह-जगह लाल स्याही से लिखे इश्तहार चिपका दिये जायेंगे...इश्तहार लिखने का काम भगवतीचरण बोहरा को सौंपा जाता है।

(प्रकाश बुझता है।)

(प्रकाश होता है। शहर का दृश्य जहाँ जगह-जगह लाल स्याही से लिखे इश्तहार लगे हैं। इश्तहार में लिखा मजमून एक नागरिक पढ़ कर सुनाता है।

हिन्दुस्तान समाजवादी गणतन्त्र सेना

नोटिस

नौकरशाही सावधान

जे.पी. सांडर्स की हत्या से लाला लाजपतराय की हत्या का बदला ले लिया है। आज दुनिया ने देख लिया कि भारत की जनता प्राणहीन नहीं है। भारतीयों का खून जमा नहीं है। वे आज भी फौलादी हैं राष्ट्रीय अपमान के धब्बे को उन्होंने धो दिया है।

एक आवाज़ : चुपचाप निकलो। आसपास कोई नहीं है।

राजगुरु : (**भगत और राजगुरु सुनते हैं**) भगत! तुम कहाँ जा रहे हो?

भगतसिंह : दुर्गा भाभी के घर।

राजगुरु : मैं उनसे लाहौर से निकलने की बात करूँगा।

सुखदेव : (**दरवाज़े पर दस्तक...दबी आवाज़ में**) भाभी।

दुर्गा भाभी : कौन? (**अन्धकार है। दर्शक भी उनके चेहरे को नहीं देख सकते**) आओ, अन्दर आओ।

सुखदेव : दुर्गा भाभी! भगवतीचरण कहाँ है?

दुर्गा भाभी : कलकत्ता अधिवेशन में गये हैं।

सुखदेव : बहुत ज़रूरी काम हैं। शहर के बाहर जाना होगा। किसी को बचाकर लाहौर से बाहर निकालना है। उसकी मेम बनकर जाना होगा। खतरा है। सोच लो, गोली चल सकती है।

दुर्गा भाभी : कौन है?

सुखदेव : कोई भी हो?

दुर्गा भाभी : फिक्र न करो। चली जाऊँगी।

(ओवरकोट पहने एक आकृति का प्रवेश)

सुखदेव : भाभी, इस व्यक्ति को आपने पहले देखा है?

दुर्गा भाभी : ध्यान से देखती है भगत!!! (**सब हँसते हैं**) यही है अजनबी।

सुखदेव : सुबह पाँच बजे की ट्रेन से कलकत्ता जाना है।

दुर्गा भाभी : अच्छा ठीक है।

[प्रकाश बुझता है।]

पाँचवा दृश्य

[कलकत्ता। साधारण कमरा है। भगतसिंह कोई किताब पढ़ रहा है।]

दुर्गा भाभी : क्या पत्र पढ़ रहे हो? हैट के साथ फोटो खिंचवा ली?

भगतसिंह : फ्रांसीसी अराजकता बेला की आत्मकथा पढ़ रहा हूँ।

दुर्गा भाभी : कितनी बार पढ़ चुके हो?

भगतसिंह : भारत के क्रान्तिकारियों को चाहिए कि विश्व की क्रान्तियों से सबक लें और अपने छोटे दायरे से बाहर निकल कर सही वास्तविक स्थिति को समझें। किसानों-मज़दूरों के संगठन में जुट जायें तब जो क्रान्ति होगी वह वास्तविक क्रान्ति होगी।

दुर्गा भाभी : भगत! यहाँ के क्रान्तिकारियों से मिले तुम? उन्होंने तुम्हें क्या सलाह दी?

भगतसिंह : असेंबली में बम फेंकने की योजना है। यहाँ के वातावरण से मुझे बहुत कुछ मिल रहा है।

दुर्गा भाभी : यह तो बहुत अच्छी बात है।

भगतसिंह : मैं भारत की स्थिति को देखने की इच्छा से बंदरगाह की ओर निकल गया। परन्तु वहाँ मज़दूरों की स्थिति से मुझे गहरा दुख हुआ।

दुर्गा भाभी : हैट के साथ एक फोटो तो ले लेनी थी।

भगतसिंह : आज ले लूँगा। मेरे मरने के बाद यही फोटो छपे।

दुर्गा भाभी : (**बात बदलते हुए**) समुद्र कैसा लगा?

भगतसिंह : जहाँ समुद्र आकर्षक है वहीं (**लम्बी साँस लेते हुए**) भारत की स्थिति भी साफ दिखायी देती है।

दुर्गा भाभी : यहाँ के क्रान्तिकारी कैसे हैं?

भगतसिंह : यहाँ के क्रान्तिकारी भावनाओं में बहने वाले ज़्यादा हैं। दूरदर्शी कम।

दुर्गा भाभी : यहाँ से सीधा तुम आगरा चले जाओ और हींग मंडी और नमक मंडी में किराये के कमरे में बम बनाना शुरू करो।

भगतसिंह : मेरा अब एक ही लक्ष्य है बम बनाना और असेंबली में फेंकना।

[प्रकाश बुझता है।]

चौथ अंक

पहला दृश्य

[प्रकाश होता है। एक कमरा। भगत, राजगुरु, सुखदेव और बटुकेश्वरदत्त मिलकर बम बना रहे हैं और साथ-साथ एक-दूसरे के साथ मज़ाक कर रहे हैं।]

भगतसिंह : **(राजगुरु की ओर)** ये हज़रत तो घोड़े बेचकर सोते हैं। देख लेना एक दिन जब आँख खुलेगी तो काल कोठरी में होंगे, जनाब।

राजगुरु : और तुम सिनेमा हॉल में पकड़े जाओगे। पकड़े जाने पर कहोगे—पकड़ तो लिया है अब फ़िल्म पूरी देख लेने दो।

सुखदेव : बटुकेश्वरदत्त चाँदनी रात में पार्क में चाँद देखते हुए पकड़ा जायेगा।

(हँसते हुए) फिर कहेगा—कोई बात नहीं मगर यह चाँद कितना सुन्दर है।

(हँसी ठट्ठा चलता है। जीवन में सजीवता है।)

आज़ाद : असेंबली में बम कैसे फेंका जायेगा?

भगतसिंह : अन्दर जाने के लिए गेटपास का प्रबन्ध किया जाये।

आज़ाद : बम फेंकने का आधार क्या होगा?

भगतसिंह : बम फेंकने का ठोस आधार है—दो बिल पारित किये जा रहे हैं—पहला है—पब्लिक सेफ्टी बिल 'जन सुरक्षा बिल' यानी युवक आन्दोलन हटाया जाये।

दूसरा—ट्रेड डिस्प्यूट बिल यानी औद्योकविवाद बिल यानी मज़दूरों को हड़ताल के अधिकार से वंचित करना।

(चौकन्ना और जागरुकता से)

केंद्रीय सदस्य कुछ दूसरे प्रगतिशील सदस्यों के साथ मिलकर इन बिलों को पारित होने नहीं देंगे। उस हालात

में अंग्रेजी सरकार उन्हें अपनी प्रतिष्ठा का प्रश्न बना लेगी और वाइसराय उन्हें अपने विशेषाधिकार से पारित करने की घोषणा असेंबली में ही बम फेंका जाये तथा उसके साथ अपने उद्देश्य को स्पष्ट करने वाले पर्चे भी।

आज़ाद : बम फेंक कर भागा जाये या गिरफ्तार हुआ जाये?

भगतसिंह : भागना ठीक नहीं। अब गुप्त आन्दोलन जन आन्दोलन हो।

सुखदेव : पर्चा मैंने तैयार कर दिया है सुनो! क्या लिखा है—
(सबका ध्यान उसकी ओर जाता है)
8 अप्रैल, 1929
हिन्दुस्तानी समाजवादी प्रजातन्त्र
बहरों को सुनाने के लिए ऊँची आवाज़ की ज़रूरत होती है।
व्यक्तियों की हत्या कर डालना आसान है लेकिन तुम विचारों की हत्या नहीं कर सकते। बड़े-बड़े साम्राज्य नष्ट हो गये जबकि विचार जीवित रहे।

आज़ाद : भगत और बटुकेश्वरदत्त! ये पर्चे तुम्हें वहाँ फेंकने हैं। तुम्हारा मिशन कामयाब रहे।

[प्रकाश मंद होता हुआ बुझ जाता है।]

दूसरा दृश्य

[अदालत का दृश्य। असेंबली बम कांड के सिलसिले में मुकदमे की सुनवाई। पत्रकार और नजदीकी रिश्तेदार बैठे हैं। बटुकेश्वर और भगतसिंह दोनों को अदालत में लाया जाता है और भगतसिंह ऊँची आवाज़ में गाता है।]

भगतसिंह : 'मेरा रंग दे बसन्ती चोला माँ मेरा रंग दे (**रिश्तेदार उसके साथ गाने लगते हैं। थोड़ी देर बाद नारे लगते हैं नौकरशाही मुर्दाबाद**)

जज : शान्ति शान्ति! अपराधियों को पेश किया जाये।
(भगतसिंह को कठघरे में खड़ा किया जाता है।)

जज : तुम्हारा व्यवसाय क्या है?

भगतसिंह : फिरंगियों की जड़ें उखाड़ना।

जज : तुम्हारा आवास स्थान कहाँ है?

भगतसिंह : भारतमाता की गोद में।

जज : तुम आठ अप्रैल को असेंबली में थे?

भगतसिंह : **(हँसता है)** क्या बम की आवाज़ आपको सुनाई नहीं पड़ी?

(सब हँसते है)

जज : यह हँसी अदालत का अपमान है।

भगतसिंह : हँसी पर भी रोक हँसी को रोकना या व्यक्तियों की हत्या करना आसान है लेकिन तुम विचारों की हत्या नहीं कर सकते।

(भगतसिंह और बटुकेश्वरदत्त ने स्वयं बयान तैयार किया था जो दिल्ली जेल में सेशन जज मि. मिडल्टन की अदालत में 6 जून, 1929 के दिन उन्होंने स्वयं अदालत में पढ़ा था।)

भगतसिंह : हमारे विरुद्ध गम्भीर आरोप लगाये जा रहे हैं। हम इस समय अपने आचरण का स्पष्टीकरण करना चाहते हैं। **(जेब से पर्चा निकाल कर पढ़ता है।)**

जेल में हमसे पुलिस अधिकारियों ने भेंट की। उन्होंने हमें बताया कि विचाराधीन घटना के पश्चात् दोनों सदनों के संयुक्त अधिवेशन को संबोधित करते हुए लार्ड इरविन ने यह कहा कि क्रान्तिकारियों ने बम फेंक कर किसी व्यक्ति पर नहीं, वरन् स्वयं एक संविधान पर आक्रमण किया है। उस समय तुरन्त हमें यह आभास हुआ कि उस घटना के वास्तविक महत्त्व का सही मूल्यांकन नहीं किया गया है।

मानव मात्र के प्रति प्रेम ही है जिसके चलते हम घर-बार छोड़ देशहित में लगे हैं। हमारी दृष्टि में मानव जीवन इतना पवित्र है कि इस पवित्रता का वर्णन शब्दों में नहीं किया जा सकता।

सदन द्वारा पारित प्रस्ताव की उपेक्षा भी जारी है।**(रुकता है।)** हमने गवर्नर जनरल की कार्यकारी परिषद के भूतपूर्व विधि सदस्य स्वर्गीय श्री सी.आरदास के उन शब्दों से

प्रेरणा ली, जो उन्होंने अपने पुत्र के नाम एक पत्र में लिखे थे—इंग्लैंड को उसके दुःस्वप्न से जगाने के लिए बम आवश्यक है। हमने जनता का प्रतिरोध प्रकट करने के लिए असेंबली के फर्श पर बम फेंका।

हमारा एकमात्र लक्ष्य था अपनी बात सब तक पहुँचाना। हमने उस काल्पनिक अहिंसा की समाप्ति की घोषणा की है, जिसकी निरर्थकता के बारे में नयी पीढ़ी के मन में कोई सन्देह नहीं बचा है। जब आक्रमण बलपूर्वक रीति से किया जाये तो यह हमारी दृष्टि जाये तो यह हमारी दृष्टि में हिंसा है। जब शक्ति का प्रयोग किया किसी विशिष्ट उद्देश्य की पूर्ति के लिए किया जाये ये!

यह नैतिक दृष्टि से न्यायसंगत हो जाता है। बलप्रयोग का पूर्ण बहिष्कार कोरी काल्पनिक भ्राँति है। इस देश में एक नया आन्दोलन उठ खड़ा हुआ है जिसकी पूर्व सूचना हम दे चुके हैं। यह आन्दोलन गुरु गोविंदसिंह, शिवाजी, कमाल पाशा, रिज़ा, खाँन, वाशिंगटन, गैरीबाल्डी, लाफयते और लेनिन के कार्यों से प्रेरणा ग्रहण करता है। छिपे हुए समाजवादी दीवान चमनलाल ने हमें जघन्य आक्रमणकारी और देश के लिए अपमानजनक बताया है, साथ ही लाहौर के समाचार पत्र 'ट्रिब्यून' तथा कुछ अन्य लोगों की यह धारणा भी असत्य है कि हम उन्मुक्त हैं। हम नम्रतापूर्वक यह दावा करते हैं कि हमने इतिहास का, अपने देश की स्थिति का तथा मानवीय आकांक्षाओं का गहन अध्ययन किया है। हम पाखण्ड से घृणा करते हैं। हमारा उद्देश्य उस संस्था के प्रति अपना व्यावहारिक प्रतिरोध प्रकट करना है, जिसने आरंभ से केवल अपनी कठोरता का ही नहीं, वरन् हानि पहुँचाने वाली दूरगामी शक्ति का भी नग्न प्रदर्शन किया है। हमने जितना अधिक चिन्तन किया है, हम उतने ही अधिक इस परिणाम पर पहुँचे हैं कि विधान मंडल के अस्तित्त्व का प्रयोजन संसार के सामने भारतीय दीनता और असहायता का प्रदर्शन करना है तथा यह एक गैर-जिम्मेदार स्वेच्छाचारी शासन

की दमनकारी सत्ता का प्रतीक बन गयी है। जनता के प्रतिनिधियों की माँग को बार-बार रद्दी की टोकरी में फेंक दिया जाता है। हम अभी विचाराधीन घटना के पीछे निहित आयोजनों की मर्यादा के बारे में कुछ कहना चाहते हैं।

हमारे मन में उन लोगों के प्रति कोई व्यक्तिगत द्वेष अथवा क्रोध नहीं था, जिनको मामूली चोटें आयी हैं। हम मानव जाति की सेवा हेतु प्राण देने के लिए तत्पर हैं। हम साम्राज्यवादी सेनाओं के उन भड़ैत सैनिकों की तरह नहीं हैं, जो हत्या करने में रस लेते हैं, हमने बम फेंका—यह कहने के लिए कि हमारे प्रयोजनों को हमारे कार्य के परिणाम से आँका जाना चाहिए न कि पूर्व मान्यताओं के आधार पर।

कुछेक को मामूली चोटें आयीं। हमने बम ही ऐसे तैयार किये थे जिससे धमाका ज़्यादा नुकसान कम हो। हम भाग भी सकते थे किन्तु हमने स्वेच्छा से हथकड़ी पहन ली। साम्राज्यवादी शोषकों को बता दिया कि दो इकाइयों को कुचल देने से राष्ट्र नहीं कुचला जा सकता। यदि हमारी इस चेतावनी की उपेक्षा नहीं की गयी...जीवन की हानि रोकी जा सकेगी। क्रान्ति मानव जीवन का जन्मसिद्ध अधिकार है जिसे किसी भी स्थिति में छीना नहीं जा सकता। इंकलाब जिंदाबाद।

जज : अगली कार्यवाही 10 जून, 1929 तक स्थगित की जाती है।

(प्रकाश बुझता है।)

(अगली कार्यवाही प्रकाश होता हैं)

जज : असेंबली में बम फेंकने के सिलसिले में आज सुनवाई समाप्त की जाती है। ये 12 जून को फैसला सुनाया जायेगा।

(प्रकाश बुझता है)

(प्रकाश होता है। सामने कैलेण्डर पर 12 जून है।)

जज : मुज़रिम भगतसिंह और उसके साथी बटुकेश्वरदत्त दोनों

को भारतीय दंड संहिता की धारा 307 तथा विस्फोटक पदार्थ कानून की धारा 3 के तहत उम्रकैद की सजा दी जाती है। (**पृष्ठभूमि से भगत के गाने की आवाज़ आती है। गाने के स्वर हैं–मेरा रंग दे बसन्ती चोला**)

[प्रकाश बुझता है।]

तीसरा दृश्य

[लाहौर जेल में भगतसिंह की भूख हड़ताल की खबर सुनकर अन्य जेलों में बन्द क्रान्तिकारी कैदी भी भूख हड़ताल करते हैं। शहर में जगह-जगह भूख हड़ताल हो रही हैं इसका प्रभाव वातावरण पर पड़ रहा है।]

नर्स : (**जेल के ऑफिस में डाक्टर और नर्स का प्रवेश**) डाक्टर! जेल में कैद क्रान्तिकारी (**हाथ में पकड़े पैड से नाम पढ़ती है।**) सुखदेव, जतीन्द्रनाथ घोष, अजय घोष, शिव वर्मा, गया प्रसाद, जयदेव कुमार, राजगुरु और के.के. सिन्हा सबकी हालत खराब हैं। भगतसिंह की हालत सबसे ज़्यादा गिर रही है। उसका तीन दिन में 14 पौंड वजन कम हो गया है।

डाक्टर : (**चिन्तित मुद्रा में सारी बात ध्यान से सुनता है।**)
नर्स! भगतसिंह के वार्ड में चलो (**दोनों पास के वार्ड में जाते हैं**) भगतसिंह कुछ लिख रहा है। उसका चेहरा दाढ़ी से मायूस लग रहा है। किन्तु आँखों में चमक है। बाहर दूर से इंकलाब जिंदाबाद के नारे सुनाई दे रहे हैं।

डाक्टर : भगत सिंह से तुम क्या कर रहे हो?
(**भगतसिंह अनसुना कर नारों की आवाज़ों पर अपना ध्यान केंद्रित करता है**। नर्स उसको थोड़ा हिलाती है।)

डाक्टर : तुम क्या लिख रहे हो?

भगतसिंह : (**मुस्कुराता हुआ**) डाक्टर साहब! मैं भारत सरकार के होम मेम्बर को कैदियों की ओर से पत्र लिख रहा हूँ इसमें माँगे हैं माँगे...(**चेहरा तमतमा जाता है।**)
हम राजनीतिक कैदी हैं कोई चोर उचक्के नहीं। हमें अच्छा भोजन मिलना चाहिए। हमें परिश्रम करने के नाम

पर अपमानजनक काम करने को मजबूर किया जाता है। तीसरी माँग है—हमें बिना सवाल-जवाब के पढ़ने के लिए पुस्तकें, लिखने के लिए काग़ज़ मिलने चाहिए। अखबार हर रोज़ मिलना चाहिए। माँग है—यूरोपिय राजनीतिक कैदियों की तरह हमारी भी सुविधाएँ हों...नहाने की और अच्छे कपड़ों की।

डाक्टर : लाओ यह काम भेजने का मैं कर देता हूँ। (**काग़ज़ ले लेता है। नर्स के साथ बाहर की ओर चला जाता है। भगतसिंह टहलता है।**)

चपरासी : सूचना—आज से लाहौर षडयन्त्र केस की अदालत जेल में ही लगेगी। (**जेल की अदालत का स्थान**)

(**भगत और बटुकेश्वरदत्त को जज श्रीकृष्ण के सामने लाया गया। भगतसिंह ने ज़ोर-ज़ोर से नारे लगाने शुरू किये इंकलाब–जिंदाबा। वंदे मातरम्। जज सर नीचा किये बैठा है। कर्मचारी अपनी-अपनी जगह पर चुपचाप सर नीचा किये बैठे हैं। वकील ख़ामोश है। सरकारी अदालत गुमसुम है। भगतसिंह ज़ोर-ज़ोर से गाता जा रहा है।**)

भगतसिंह : सरफरोशी की तमन्ना अब हमारे दिल में है,
देखना है ज़ोर कितना बाजू-ए-कातिल में है।
वक़्त आने दे बता देंगे तुझे ऐ आसमाँ,
हम अभी से क्या बतायें क्या हमारे दिल में है।
ऐ शहीदों मुल्को मिल्यत मैं तेरे ऊपर निसार,
अब मेरी किस्मत की चर्चा गैर की महफिल में है।
सरफरोशी की तमन्ना अब हमारे दिल में है।
इंकलाब-जिंदाबाद (**अदालत अपना फैसला सुनाती है।**)

जज : आज 7 अक्तूबर, 1930 को अदालत 15 अभियुक्तों को सजा सुनाती है। अदालत भगतसिंह को भारतीय दंड संहिता की धारा 129, 302 तथा विस्फोटक पदार्थ नियम की धारा 9 तथा 6 एफ तथा भारतीय दंड संहिता की धारा 120 के अन्तर्गत अपराधी मानती है तथा उसे फाँसी की सजा दी जाती है।

इसके साथ सुखदेव तथा राजगुरु को भी फाँसी की

सजा दी जाती है। शिव वर्मा, किशोरीलाल, गयाप्रसाद, जयदेव कपूर, विजयकुमार सिन्हा तथा कमलनाथ तिवारी इन सातों को आजन्म काले पानी की सजा। कुंदनलाल को सात वर्ष की तथा प्रेमदत्त को पाँच वर्ष की कैद। अजयघोष, जितेन्द्र सिन्हा, देशराज पर आरोप सिद्ध नहीं हुआ, अतः इन्हें बरी किया जाता है।

[प्रकाश बुझता है।]

चौथा दृश्य

[प्रकाश होता है। काल कोठरी में भगतसिंह पड़ा है। दूर से इंकलाब-जिंदाबाद की आवाज़ें आ रही हैं।]

भगतसिंह : (**प्रसन्नता से उछलता हुआ**) सुना तुमने सुखदेव...राजगुरु ...सुना...यही हमारा लक्ष्य था। जन जागरण...। जन आन्दोलन सारा भारत जाग उठा है। निःसंदेह जीत हमारी होगी।

(**थोड़ी देर घूमता रहता है। स्वगत्**)

आज़ाद हमें मुक्त कराना चाहता है। सुना है उसने वाइसराय को ले जानेवाली ट्रेन उड़ा दी है। वाइसराय बच निकला। इसी योजना में भगवतीचरण बोहरा की मौत हो गयी। दुर्गा भाभी, प्रमिला दीदी, नहीं वे भारतीय नारियाँ हैं। वीरांगना हैं किन्तु जब हमने सोचकर निर्णय लिया था कि भागेंगे नहीं तो फिर मुझे छुड़ाने का प्रयत्न क्यों? आज मैं खुश हूँ (**ज़ोर से चिल्लाता है।**) सुना तुमने सुख, गुरु?

राजगुरु : हाँ सुना, सब सुना, जब जज ने कहा कि अन्तिम बार पूछते हैं कि कोई गवाह पेश करना चाहते हो तो मैंने साफ इनकार कर दिया। जानते हो बाहर भगतसिंह दिवस मनाया जा रहा है।

भगत! तुम तो दुर्गा भाभी के साथ कलकत्ता चले गये थे किन्तु सांडर्स की हत्या को लेकर सब खुश थे।

भगतसिंह : ज़्यादा खुशी होती स्कॉट को उड़ा देते तो।

सुखदेव : मारने तो उसे ही गये थे लेकिन यह शैतान उसकी जगह आ गया था। फिर इतनी तैयारी के बाद खाली हाथ कैसे लौटते? (**हँसता है**) सरकार तो अभी भी घबराई हुई है। (**तीनों की हँसी गूँजती है**) हमें मरने से कोई डर नहीं।

भगतसिंह : मैंने बेशुमार क्रान्तिकारी पुस्तकें पढ़ी हैं और अपने नवयुवकों के लिए बेशुमार लिखा, जो छद्म नाम से छपता रहा। (**रुककर**) मुझे एक ही दुख है।

सुखदेव : वह क्या?

भगतसिंह : मेरे पिता की कमज़ोरी। फाँसी की खबर पाते ही हमारे बचाव के लिए विशेष न्यायाधिकरण को प्रार्थना-पत्र भेज दिया।

सुखदेव : पिता जो ठहरे। औलाद के मरने का गम तो होता ही है।

भगतसिंह : (**हँसता है**) मेरे पिता तो स्वयं क्रान्तिकारी हैं। पिता से कहीं...ज़्यादा मेरी माँ, मेरी बहन और चाची हैं। (**याद करता हुआ...**(सुन रहे हो न?)

सुखदेव और राजगुरु : (**समवेत् स्वर**) हाँ-हाँ सुन रहे हैं।

भगतसिंह : मेरी माँ बार-बार कहती थी—बेटे! अपनी बात पर अड़े रहना, एक न एक दिन सभी को मरना है, किन्तु मौत वही है जिसे सारी दुनिया देखे, जिसकी मौत हर दिल को रुलाये मैं दिल से चाहती हूँ कि तुम फाँसी के तख्ते पर चढ़कर इंकलाब-जिंदाबाद के नारे लगाओ।

(**भावुकता रुख में परिवर्तन**) माँ, चाची, मेरी बहन...तुम सब देखना तुम्हारी आँखें गर्व और हर्ष से अश्रु बरसाती रहेंगी।

राजगुरु : भगत, वह गीत गा न यार...

भगतसिंह : कौन-सा?

राजगुरु : ओम प्रकाश शर्मा का लिखा हुआ। (**गाता है**)

भगतसिंह : कभी वो दिन भी आयेगा कि आज़ाद हम होंगे।
ये अपनी ही ज़मीं होगी यह अपना आसमाँ होगा।
शहीदों की चिताओं पर जुड़ेंगे हर बरस मेले,
वतन पर मरने वालों का यही बाकी निशां होगा।

(**एक खामोशी**) बूटों की आवाज़ें फिर काल कोठरी के ताला खुलने की आवाज़। **दो काली आकृतियाँ, आदेश का स्वर**) उठो फाँसी का समय हो गया है।

भगतसिंह : फाँसी तो सदा प्रभात में दी जाती है। फिर?

आवाज़ : आदेश है।

भगतसिंह : एकाएक गाने लगता है। प्रसन्नता से तीनों गाने लगते हैं।

मेरा रंग दे बसन्ती चोला
इसी रंग में रंग शिवा ने माँ का बंधन खोला
मेरा रंग दे बसन्ती चोला
यही रंग हल्दी घाटी में खुल करके था खेला
नव बसन्त में भारत के हित वीरों का यह मेला
मेरा रंग दे बसन्ती चोला

आवाज़ : समय क्या है शाम के सात बजकर दस मिनट

आवाज़ : तुम्हारी अन्तिम इच्छा?

समवेत : देश की पूर्ण स्वाधीनता? इंकलाब...

आवाज़ : फाँसी का फन्दा डालो।

समवेत : (**तीनों ने उसे चूमा**) तुम हमारे गले के हार हो। वंदे मातरम्। वंदे मातरम्। वंदे मातरम्।

[प्रकाश बुझता है।]

त्रास

सुनो ऐ, नौनिहाल
पूजा-विशाल-कुनाल
देश का भाग्य तुम्हारे हाथ
करे न इससे कोई खिलवाड़
तुम हो रूप देश के आज
सँभालो यह गुरत्व भार।

पात्र परिचय

डॉ. वर्मा	–	शिक्षाविद्
डॉ. माधव प्रसाद	–	स्कूल के प्रधानाचार्य
गुरुवर	–	रवीन्द्रनाथ ठाकुर
च्यवन ऋषि	–	ऋषि
द्रोणाचार्य	–	पाठ्यक्रम समिति
मैकाले	–	
मुकेश	–	तेल का व्यापारी
शबनम	–	मुकेश की पत्नी
आशु-अजय	–	बच्चे
रूपेश	–	मुकेश के बड़े भाई का बेटा
मिस गीता	–	माधवप्रसाद की सेक्रेटरी
सेठ	–	शहर का रईस
करोड़पति	–	शहर का उद्योगपति
प्राध्यापक	–	दोनों सेमिनार के संयोजक

इस नाटक को अंकों और दृश्यों की अपेक्षा एक ही क्रम में रखा गया है।

सूत्रधार क्रम आगे बढ़ता है।

त्रास

[अपनी रुचि के अनुरूप प्रतीकात्मक मंच तैयार किया जा सकता है। जिसमें औद्योगिक-प्राद्योगिक उन्नति के साथ-साथ उसी अनुपात में नैतिकता के ह्रास का संकेत हो। पर्दा उठता है। दो प्राध्यापक बेचैनी से घूमते दिखायी देते हैं। बीच-बीच में एकाध बार एक-दूसरे को चिन्तित दृष्टि से देख लेते हैं। पहला कलाई की घड़ी देखता है और फिर बाहर की ओर देखता है। सहसा दर्शकों की ओर मुँह करके कहता है।]

ऋचा : आज

सूत्रधार : आइये, आपको सामाजिकों की मानसिकता दिखाऊँ।

प्राध्यापक-1 : दो घण्टे हो चुके हैं, अभी तक वर्कशॉप के लिए कोई नहीं आया।

(चिन्तित बाहर की ओर देखता है)

प्राध्यापक-2 : कितनी कठिनाइयों का सामना कर इसका आयोजन किया जाता है। **(टोकते हुए)**

प्राध्यापक-1 : आयोजन ही नहीं प्रयोजन भी।

प्राध्यापक-2 : लेकिन किसी की बला से

(एक प्रौढ़ का प्रवेश वेशभूषा अंग्रेजी है।)

प्रौढ़ : क्या इसी हॉल में वर्कशॉप है ?

प्राध्यापक : जी हाँ, **(रुककर)** क्या आप ही डॉ. वर्मा हमारे वर्कशॉप के रिसोर्स पर्सन?

प्रौढ़ : आपने ठीक पहचाना।

प्राध्यापक-2 : **(चिन्तित सूखे होंठों पर जीभ फेरते हुए)** जिसका मुझे डर था वही हुआ।

प्राध्यापक-1 : अब क्या करें?

प्रौढ़ : हॉल किधर हैं?

प्राध्यापक-2 : (**झेंपते हुए**) आप अभी अन्दर आकर बैठिये (**प्रौढ़ को बिठाते हुए**) क्या लेंगे?

डॉ. वर्मा : कितने प्रतिभागी आये हैं?

प्राध्यापक-1 : (**अपनी बेचैनी छिपाने का प्रयास करते हुए**) बस आते ही होंगे।

डॉ.वर्मा : (**एक अजीब-सी हँसी हँसते हैं।**) आज के बुद्धिजीवियों की त्रास (**कुछ पल चुप्पी फिर प्राध्यापक की ओर मुड़कर**) एक गिलास पानी मिलेगा?

प्राध्यापक : जी, (**उठकर पानी देता है और स्वयं भी पीता है।**)

डॉ. वर्मा : (**पानी पीकर गिलास देते हैं**) हम इक्कीसवीं सदी की ओर तेज़ी से बढ़ रहे हैं। और हमारी यह दशा? (**प्राध्यापक खिसियायी हँसी हँसते हैं।**) कुछ सोचते हुए (**डॉ. वर्मा उठकर टहलने लगते हैं**) क्या इतना मुरझाए हुए हो तुम दोनों? (उनके कन्धे पर सांत्वना का हाथ मारते हुए) इस त्रास से कोई मुक्त नहीं हो सकता। (**दर्शकों की ओर**) आज हम उन्नति के शिखर पर आ खड़े हुए हैं। वहाँ से यदि नीचे झाँकें तो आश्चर्य होता है कि इतने आविष्कार क्षणभंगुर मानव ने किये हैं।

(**रुककर**) जहाँ यह सुखद है वहीं यह दुखद भी क्योंकि इतना समृद्ध संपन्न होने पर भी मानव युग-युगों से चली आयी त्रास का सदा शिकार रहा त्रास मानव के हर कदम पर हावी रही वह कहाँ बरकरार नहीं रही? अमीरों की अमीरी में, ऊँची कुर्सीवालों की कुर्सी में, मध्यवर्ग की कृत्रिमता में, गरीबों की गरीबी में, भौतिकवाद के पागलपन में कौन बच पाया है, यदि विकास की गति बीस गुना है तो त्रास की गति भी उसी अनुपात में है। हर पल त्रास त्रास त्रास (**दोनों प्राध्यापक विस्फारित नेत्रों से उसकी ओर देखते हैं**)

महानगर हो या कस्बा...किसी घर में झाँकिये, त्रास किसी-न-किसी कोने में पसरी हुई मिलेगी। (**दोनों प्राध्यापक सिर हिलाते हैं।**) आइये, आज आपको इस

वर्कशॉप के स्थान पर अपने समाज का यर्थाथ रूप दिखलाता हूँ। उधर देखिए (**मंच के दूसरे कोने में प्रकाश हो जाता है। चीनी मिट्टी के गमलों के साथ दो शाही कुर्सियाँ हैं। एक कुर्सी पर शबनम बैठी है, आलू छील रही है। मुकेश बेचैनी से घूम रहा है। मुकेश की इस क्रिया को शबनम देख रही है।**)

शबनम : आज पूरे दो सप्ताह हो चुके हैं कब होगी तुम्हारी बेचैनी खत्म? न पकाने का सुख, न खाने का जायका (**मुकेश उसी तरह बेचैन घूमता हुआ पानी के गिलास पिये जा रहा है।**) मैं कहती हूँ स्कूल तो स्कूल होता है। किसी स्कूल में दाखिला करवा दो...खामख्वाह अपना खून सुखा रहे हो। तनाव मोल लेना कोई अक्लमंदी है? (**मुकेश उसी तरह चिन्तित घूमता रहता है।**) मैं तुम्हीं से बात कर रही हूँ...तुम कुछ बोलते क्यों नहीं?

मुकेश : (**गम्भीर स्वर में**) तुम समझती क्यों नहीं, आज समय की माँग है।

शबनम : (**भोले स्वर में**) चिन्ता करना?

मुकेश : (**गम्भीर**) नहीं भई, आज समय की माँग है अपने बच्चों के भविष्य की चिन्ता करना, दूरदर्शी होकर निर्णय लेना, यह अक्लमंदी नहीं तो क्या है?

शबनम : एक दाखिले को लेकर इतनी चिन्ता कि आदमी खाना-पीना, सोना, बोलना सब भूल जाता है...अपने साथ मुझे भी चिन्ता में जला रहे हो।

(**रुककर**) यह कैसा तनाव भर रहा है? (**वह भी मेज पर पड़े जग से पानी गिलास में उड़ेल कर गटक जाती है।**) आज की माँग है।

मुकेश : हाँ, आज की माँग है। (**बात काटते हुए**)

शबनम : सबको तनाव से भरना है?

मुकेश : पब्लिक स्कूल में पढ़ना है...(**पानी पीता है...**)

शबनम : क्यों?

मुकेश : आज समाज में उनकी ही इज्जत होती है जिनके बच्चे पब्लिक स्कूल में पढ़ते हैं।

शबनम : फिर इसमें देर क्यों? कर डालो दाखिला।

मुकेश : **(हताश)** कहाँ मिलता है?

शबनम : **(हँसती है)** क्या कहा...दाखिला नहीं मिलता।

मुकेश : शब्बू! तुम्हें कोई चिन्ता है?

शबनम : हाँ, चिन्ता तो है **(रुककर)** इस बात की नहीं कि यू.के. जी. और पहली क्लास में दाखिला नहीं मिल रहा है। अपितु इस बात की कि भारतीय सरकारी स्कूलों की उपेक्षा क्यों? हम क्यों पब्लिक स्कूलों को महत्त्व देते हुए उनका शिकार बन रहे हैं।

मुकेश : **(चिढ़ते हुए)** तुम सदा विरोध ही करोगी।

शबनम : मैं न विरोध कर रही हूँ और न ही विरोधी स्वर प्रकट कर रही हूँ

मैं तो बस यह बता रही हूँ कि शिक्षा सब स्कूलों में एक समान होती है। गाँव की पाठशाला में पढ़कर भी कई मेधावी छात्र जज बने हैं।

मुकेश : **(रोष से)** तो क्या आशु और अजय को भी पाठशाला में डालूँ?

शबनम : तुम मुझे क्यों कोस रहे हो?

मुकेश : तुम जो बात की गहराई को समझने की चेष्टा नहीं करती हो।

शबनम : बात तो तुम नहीं समझते हो **(रुककर)** मेरे सामने तुम जो बेचैनी से घूम रहे हो उससे तुम्हें क्या हासिल होगा? क्या दाखिला मिल जायेगा?

मुकेश : तो क्या करूँ ?

शबनम : जाओ जा कर किसी प्रभुसत्ता सम्पन्न व्यक्ति से मिलो।

मुकेश : तुम क्या सोचती हो कि मैं किसी से मिला नहीं? **(रुककर)** यह पूछो कि किससे नहीं मिला? कहाँ-कहाँ नहीं गया? कई बार स्कूल के प्रधानाचार्य से मिलने गया किन्तु हर बार असफल रहा...कभी मीटिंग में हैं...कभी समय खत्म हो गया है तो कभी कुछ हार कर मैं स्कूल कमेटी के अध्यक्ष को...मिला किन्तु उसने बात कल पर टाल दी **(स्तब्धता)**

शबनम : मैं तो कहती हूँ कि किसी भी स्कूल में दाखिल कर दो।

मुकेश : (**चिढ़ते हुए**) हूँ...किसी भी स्कूल में क्यों? महँगे से मँहगे स्कूल में डालने से ही सुखद जीवन का निर्माण होता है। (**रुककर**) तुमने सुना नहीं कबीर के बोल...जिन ढूँढ़ा तिन पाइयाँ (**टोकते हुए**)

शबनम : सुन रखा है...कबीर का दोहा भी और आपकी पैरडी भी ...(**नकल उतारती हुई**) 'जिन खर्चेया तिन पाइयाँ स्कूलों में एडमिशन ढेर'...

मुकेश : एकदम ठीक शब्बू, आज पर कल खड़ा है। आज खर्चेंगे तो कल पायेंगे भी।

शबनम : तुम कैसी बातें करते हो?

मुकेश : मैं ठीक बातें करता हूँ। आज कमरतोड़ देनेवाली महँगाई ने बड़े-बड़े रईसों की कमर ऐसे तोड़ दी है जैसे...जैसे... जैसे...

शबनम : जैसे???

मुकेश : (**सोचता हुआ**) जैसे कोई वानर सेना विशाल वृक्ष को समूल उखाड़ फेंके। (**दबी हँसी हँसती है।**) इसलिए वहाँ बच्चे पढ़ेंगे तो समाज में ऊँचे आदमी कहलायेंगे।

शबनम : मात्र पब्लिक स्कूल से?

मुकेश : हाँ, मात्र पब्लिक स्कूल से...पब्लिक स्कूल में पढ़े छात्रों की आँखों में एक चमक, माथे पर तेज और चेहरे पर आत्मविश्वास झलकता है।

शबनम : मुकेश! तुम्हारी नज़र में ऊँचा आदमी कौन होता है? जिसके पास धन और सत्ता हो? जो अपने धन को बहाकर या दिखला कर हर चीज़ हासिल कर लेता है।

मुकेश : आज के समय की माँग है।

शबनम : क्या माँग है?

मुकेश : पब्लिक स्कूल की छाप।

शबनम : तो क्या यह योग्यता से नहीं पायी जानी चाहिए?

मुकेश : वह ज़माना गया जब योग्यता की कद्र होती थी। आज हर व्यक्ति में योग्यता है जो पहले जायेगा खरीद लायेगा, योग्य वही होगा।

शबनम : (**एक गिलास पानी गटक जाती है। सिर को दोनों हाथों से पकड़कर दबाने लगती है।**) उफ् इतनी बातें तो कभी सोचीं नहीं।

मुकेश : (**समझाते हुए**) शब्बू! तनिक सोचो, कल जब हमारी आशु कान्वेंट की छात्रा होगी तो कितने बड़े-बड़े घर से रिश्ते आयेंगे। आशु लंदन-अमरीका भी जा सकती है। अजय के लिए एक से बढ़कर मार्ग खुलेगा। हमारी तरह झिझकेगा नहीं।

शबनम : हमारी नहीं, केवल तुम्हारी तरह...मुझमें ऐसी भावना नहीं है।

मुकेश : आज जब सब धनी धन खर्च कर अपनी सन्तान का भविष्य खरीद रहे हैं तो मैं क्यों न खरीदूँ?

शबनम : भारत में सदा आदर्श की चर्चा होती है और होती रहेगी।

मुकेश : तुम जानती हो भविष्यवादी क्या कहते हैं?

शबनम : क्या कहते हैं?

मुकेश : भविष्य के केवल दो पक्ष होते हैं सुन्दर और असुन्दर। यदि हम सुन्दर भविष्य जानते हैं तो आज ही उसका प्रारूप तैयार कर उसके अनुरूप कदम उठायें। मैं वही कर रहा हूँ।

शबनम : मैं कहती हूँ स्कूल सब एक जैसे होते हैं। (**रुककर**) अपने पड़ोसी राममूर्ति के बच्चे देखे हैं?

मुकेश : हाँ, हाँ, कितने सुशील और बुद्धिमान हैं।

शबनम : फिर भी डरे-सहमे और थके-थके रहते हैं। बच्चों के साथ मियां-बीबी भी, मानो परीक्षा का रिजल्ट उनका ही निकलने वाला हो। मुझे तो उनपर दया आती है।

मुकेश : (**दोहराते हैं**) बच्चे बड़े सुशील और व्यस्त रहते हैं। कभी समय बर्बाद करते नहीं देखा।

शबनम : उनका तो बचपन छिन रहा है। जिन्हें बचपन में खेलने का वक़्त न मिले वे दया के पात्र नहीं तो क्या होंगे? भारी बस्ते उनकी त्रासदी है।

मुकेश : जिसे तुम त्रासदी कहती हो, वह एक शान है। हर रोज़ किसी-न-किसी प्रतियोगिता में बच्चे इनाम जीत कर लाते हैं।

शबनम : तैयारी कौन करवाता है?

मुकेश : फिर भी शान तो माता-पिता की है न?

शबनम : फिर भी (**बेचारगी के स्वर में**) माता-पिता की आये दिन पेशी होती है।

मुकेश : (**साश्चर्य**) पेशी क्यों? उनके बच्चे तो होशियार हैं।

शबनम : (**छेड़ने के स्वर में**) ध्यान देने की बात है द्विवेदी साहब मामला बड़ा पेचीदा है। जब उनसे शिक्षक प्रसन्न नहीं हैं तो हमारे साथ क्या होगा?

मुकेश : आज स्पर्धा इतनी बढ़ गयी है। (**चिन्तित होते हैं**) सुब्रह्मण्यम् और षण्मुखम् दोनों जीनियस हैं।

शबनम : तुमने कभी उन्हें खुलकर हँसते देखा है?

मुकेश : नहीं, वे गम्भीर प्रकृति के हैं।

शबनम : अजी छोड़िए...छोड़िए, वे गम्भीर नहीं हैं। कभी चौथी और छठी का बच्चा गम्भीर हो सकता है? (**अन्तिम वाक्य पर ज़ोर देती है।**) वे दो पाटों के बीच फँसे हुए हैं।

मुकेश : हैं!!! (**हैरानी से**) यह तुम क्या कह रही हो...मेरी समझ से परे है।

शबनम : (**शबनम कुछ देर चुपचाप शून्य में निहारती रहती है। मुकेश प्रश्नसूचक दृष्टि से उसे देखता रहता है।**) बच्चों पर अनजाने में कितना अन्याय होता है। स्कूलों का पाठ्यक्रम, उस पर बेशुमार गृहकार्य कक्षा में अध्यापक की घूरती आँखें और घर पर माता-पिता की घूरती आँखें घुड़कियाँ। सारा दिन सुबह से शाम तक नीरसता (**थोड़ा रुककर**) मैं साफ कहे देती हूँ...मुझे अपने बच्चे इस तरह के स्कूल में नहीं पढ़वाने (**उठकर अन्दर चली जाती है।**)

मुकेश : (**स्वगत**) कैसी जाहिल औरत है। (**नकल करते हुए**) मुझे अपने बच्चे इस तरह के वातावरण में नहीं पढ़ावाने...हूँ डरती है...खुद को जो कुछ नहीं आता। जैसे-तैसे पास हो गयी होगी। (**ऊँची आवाज़ में**) आज हर माता-पिता को बच्चे के भविष्य की चिन्ता करनी चाहिए। आज वह अच्छे स्कूल में शिक्षा पायेगा तभी तो कल अच्छी नौकरी कर पायेगा। उसकी आय अच्छी होगी, ओहदा ऊँचा होगा।

आज पैसा खर्चेंगे तो कल यही खर्च किया हुआ पैसा पैसा कमायेगा भी। (**हाथ मलते हुए हिकारत के स्वर में**) हूँ...यह भी कोई जीवन है? मेरे पिता यदि उस समय तीन हज़ार बिल्डिंग फंड दे देते तो आज मैं सेंट जोसफ का छात्र कहलाता। (**मायूस-सा**) मैं यदि नौकरी ही करता तो कितनी बार विदेशों के भ्रमण कर चुका होता। मैंने इसीलिए तो अच्छी नौकरी छोड़ी थी। क्योंकि अपने बॉस के सामने सदा हीनावस्था का एहसास होता था। क्यों होता था हीन भाव का एहसास? उसका मुख्य कारण यही तो था (**रुककर**) स्कूली शिक्षा मुंबई के सेंट जेवियर कॉलेज से (**अपने को समझाते हुए**) एक द्वार का मार्ग यदि सही मिल जाये तो जीवन के समस्त द्वार खुलते जाते हैं। राह में न कोई दीवार आती है और न ही दीवारों से टकराने की नौबत आती है। मैं अपने बच्चों को अपने से (**फोन की घण्टी बजती है। दौड़कर चोगा उठाता है**)...हैलो...अरे कमल! भई कहाँ हो? सुबह से इन्तज़ार कर रहा था। क्या? मामला चालीस हज़ार पर तय हुआ है...भई यू.के.जी. और पहली कक्षा में कोई कॉलेज थोड़े ही है?

कमल : (**फोन पर स्वर सुनाई देता है। दर्शक सुन सकते हैं।**) यह कोई तरकारी की दूकान नहीं है जहाँ मोल-भाव हो। एडमिशन लेने के समय एक ही रट लगाते हो...'पैसे की ...चिन्ता न कर जो कहेगा दे दूँगा'...अब।

मुकेश : नाराज़ क्यों हो रहा है?

कमल : नाराज़ होने की बात ही है। ...एक तो तुम्हारे लिए लोगों से बिनती करो दूसरा अपना समय और पेट्रोल फूँको... सारा प्रबन्ध करवा देने के बाद तुम मीनमेख निकाल रहे हो?

मुकेश : अच्छा भई, क्षमा चाहता हूँ। बता कब और कहाँ आना है?

कमल : मैं कोई दलाल नहीं हूँ। एडमिशन चाहिए तो कल दस बजे पैसा लेकर स्कूल पहुँचो।

मुकेश : सुनो तो (**फोन बन्द हो जाता है। चिन्तित मुद्रा में चालीस** हज़ार...(**गला प्यास से खुश्क हो रहा है। वह गले को सहलाता है। पानी का गिलास उठाता है। कॉलबेल बजती है।**) कौन? (**एक ही साँस में पानी गटक कर दरवाज़े की ओर बढ़ता है।**)

मुकेश : ओह! श्री अमर जैन जी आइये आइये मैं आपकी ही राह देख रहा था। (**सामने की कुर्सी पर बिठाकर अन्दर की ओर आवाज़ देते हैं**) शबनम, दो कप चाय बनाओ...श्री अमन जी आये हैं।

शबनम : (**शबनम का प्रवेश**) नमस्कार अमन जी।

अमन : नमस्कार भाभी जी।

शबनम : कैसे हैं ?

अमन : आपके आदेश का पालन कर रहा हूँ।

मुकेश : जाओ, शब्बू कुछ चाय-वाय का बन्दोबस्त करो।

शबनम : मैं अभी चाय लाई।

मुकेश : कोई बात बनी?

अमन : आपने जो काम सौंपा था उसी के लिए दौड़धूप कर रहा था। रात बड़ी मुश्किल से स्कूल के प्रिसिंपल से मिला। उन्होंने साफ इनकार कर दिया। (**रुककर**) फिर रात को ही जाकर स्कूल के ट्रस्टी से मिला।

मुकेश : (**उत्सुकता से**) सीट देने को मान गया? वाह!!!
यह हुई न बात...अरी सुनती हो शबनम...(**चाय की ट्रे के साथ प्रवेश करती है। एक कप अमन और एक कप मुकेश को पकड़ाती है। दोनों चाय की चुस्की लेते हैं।**)

अमन : भाभी जी, बधाई हो...अजय और आशु का दाखिला हो गया है।

शबनम : सच! किस स्कूल में ?

अमन : जिस में आप चाहते थे। बड़ी मुश्किल से एक लाख में सौदा तय हुआ है। (**एक लाख सुनते ही मुकेश के हाथ-पाँव काँपने लगे। चाय का पहला घूँट बाहर आ जाता है। खाँसने लगता है। शबनम उसके हाथ से प्याला ले लेती है।**)

अमन भी चाय खत्म कर उठ खड़ा होता है। आज आशु और अजय के साथ नौ बजे स्कूल पहुँच जाना। (**झटके के साथ बाहर की ओर चला जाता है। नेपथ्य से कार स्टार्ट की आवाज़ आती है।**)

शबनम : (**एक लम्बी साँस भरकर कटाक्ष करते हुए**) चलो, तुम्हारी मुराद तो पूरी हुई।

मुकेश : किन्तु शबनम...(**झिझकते हुए**) यह एक लाख कुछ ज़्यादा नहीं?

शबनम : (**लापरवाही से**) हाँ कुछ ज़्यादा तो हैं किन्तु...

मुकेश : यह किन्तु क्या? (**व्याकुलता से**)

शबनम : किन्तु अच्छी शिक्षा के लिए खर्चना भी तो पड़ता है। (**गाते हुए**) जिन खर्चया तिन पाइया स्कूलों में प्रवेश ढेर...

मुकेश : (**बौखलाया हुआ**) मज़ाक छोड़ो, अब यह सोचो कि किस स्कूल में भर्ती किया जाये...चालीस हज़ार चंदावाले में या लाख वाले में?

शबनम : इसका फैसला तो मुकेश तुम स्वयं करो क्योंकि मैं तो इतना चंदा देने के पक्ष में नहीं हूँ।

मुकेश : परन्तु क्यों?

शबनम : क्योंकि इन चंदों की माँग बढ़ती जा रही है। शिक्षा संस्थानों में शैक्षणिक प्रसार के स्थान पर व्यावसायिक प्रवृत्ति आ गयी है। मुकेश ज़रा सोचो, जिस वातावरण का निर्माण हो रहा है उसका उत्तरदायी कौन है?

मुकेश : लेकिन तुम भी सोचो, यह विघटन नहीं अपितु परिवर्तन हो रहा है। प्रौद्योगिकी सभ्यता के युग में शिक्षा संस्थानों में परिवर्तन अनिवार्य हो गया है। आज व्यावसायिक प्रशिक्षण प्रत्येक छात्र के लिए अनिवार्य है।

शबनम : मैं व्यावसायिक प्रशिक्षण की बात नहीं कर रही। मैं तो विघटन की बात कर रही थी।

मुकेश : किन्तु मैं तुम्हें यह स्पष्ट करना चाहता हूँ कि शिक्षा-संस्थानों के बदलते तेवर का अर्थ है आज की माँग।

शबनम : क्या खूब...तो फिर मध्यवर्ग के बच्चों का क्या होगा?

मुकेश : (**कुछ सोचते हुए**) तुम ठीक कहती हो...शबनम (**रुआँसा**) चालीस हज़ार उफ्...ज़्यादा से ज़्यादा पाँच हज़ार माँगो भई चालीस हज़ार...एक लाख...उस पर इंटरव्यू।

शबनम : इंटरव्यू इसलिए कि बच्चे को कितना पढ़ा सकते हैं। आपकी गाँठ कितनी भारी है। बच्चे को कितना पढ़ा सकते हैं। अगर गाँठ कम भारी है तो किसी और स्कूल में जा सकता है यदि ऐसा नहीं तो चंदा बढ़ाया जाये।

मुकेश : मुझे एक बात समझ में नहीं आती कि आम एनरोल कैसे किया जा सकता है...वह भी तीन साल पहले?

शबनम : आप किस युग में सांस ले रहे हैं जनाब? अभी दो महीने पहले की तो बात है, आपका दोस्त बता रहा था, विवाह के तुरन्त बाद उसने जन्म से पूर्व अपनी बेटी ऋचा का नाम स्कूल में रजिस्टर्ड करवा दिया था फिर भी उसे दाखिला नहीं मिला।

मुकेश : किन्तु किसे मालूम है कि लड़का होगा या लड़की?

शबनम : मैंने तो तुम्हें कितनी बार याद दिलाया तुमने सदा यह कहकर टाल दिया—'तुम चिन्ता क्यों करती हो, समय आने पर सब कर दूँगा।'

मुकेश : जिसके बलबूते पर कहा करता था, वह भी दाखिले के लिए दौड़धूप कर रहा है। (**चिढ़ते हुए**) क्या हो गया है समाज को?

शबनम : समाज को नहीं हम सबको कहो समाज हम सब ही तो हैं। अपने बच्चे को पब्लिक स्कूल में डालने का जुनून अब नासूर रोग बनता जा रहा है जिसको फैलाने में हम सब सहयोग दे रहे हैं। (**चिन्ता से टहलते हैं**)

मुकेश : इन स्कूलों में इतनी अच्छी शिक्षा दी जाती है। इतने सारे विषयों के साथ कि मेरा अपना दिल करता है।

शबनम : (**उत्सुकता से**) क्या करता है?

मुकेश : (**स्वप्नों में खोया-सा**) दिल करता है फिर से विद्यार्थी बन जाऊँ। (**ज़ोर से हँसती है**) मैं कम्प्यूटर सीखूँ, खेलकूदों में भाग लूँ, तैरूँ, घुड़सवारी करूँ और अध्ययन-भ्रमण पर जाऊँ (**वह उसी तरह हँस रही थी, अब खिलखिला रही है।**)

शबनम : मैंने तो सुना था तुम चने देकर पास होते थे (**हँसती है।**) कितनी कठिन होती है पढ़ाई...बड़ी मुश्किल से तो की होगी अब फिर से तनाव मोल लेना चाहते हो? अब हमारे ज़माने की पढ़ाई नहीं रही। इतनी सख्त हो गयी है कि रोज़ फेल होकर आओगे।

मुकेश : (**झुँझलाता हुआ**) तुम मेरे बारे में यह विचार रखती हो?

शबनम : अपनी योग्यता तो तुम मुझे अब भी दिखा सकते हो और ज़्यादा अच्छी तरह।

मुकेश : (**हतप्रभ**), वह कैसे?

शबनम : जब तुम्हें अपनी इतनी-सी इच्छापूर्ति की बात ख्याल में नहीं आयी तो पढ़ाई कैसे आ सकती है। (**दोनों ज़ोर से हँसते हैं। फोन की घण्टी बजती है। मुकेश चोगा उठाता है।**)

मुकेश : हैलो!

महेश : हैलो मुकेश।

मुकेश : ओ भइया! कैसे हैं?

महेश : तुम कैसे हो? अजय और आशु का एडमिशन हो गया है या नहीं?

मुकेश : मैं ठीक हूँ। आजकल दाखिले में व्यस्त हूँ।

महेश : तुम रूपेश के दाखिले की बात भी करो क्योंकि यहाँ पश्तो पढ़नी पड़ती है। जो रूपेश सीख नहीं पा रहा है।

मुकेश : क्या? रूपेश का दाखिला...? आप जानते नहीं दाखिला कितना कठिन है।

महेश : जानता हूँ किन्तु तुम नहीं जानते कि एक पश्तो के कारण रूपेश को तितनी सजा भुगतनी होती है। तेरी भाभी और मैं कितने दुखी रहते हैं।

मुकेश : यहाँ चंदा एक लाख है।

महेश : पैसे की चिन्ता तुम मत करो। एक लाख हँस कर दे दो। एन.आर.आई.। के अन्तर्गत दाखिला वे लोग हाथ जोड़कर आयेंगे।

मुकेश : वह कैसे?

महेश : आज अभी एक फोन करके तो देखो, किस तरह उनका

रुख बदल जायेगा। एन.आर.आई. के खाते में तूफ़ानी हवा का रुख बदल देने की ताकत है।

मुकेश : एक लाख माँगें तो?

महेश : अरे एक लाख क्या दो लाख भी माँगें तो दे दो।

मुकेश : इतना धन...इसकी भरपाई कैसे होगी?

महेश : अरे बुद्धू, स्कूल तीन लाख माँगे तो भी दो। अपना बच्चा कल राजदूत बनेगा तब कितना आनन्द आयेगा?

मुकेश : वाह भइया, आपने दिल खुश कर दिया। कल जब अजय या रूपेश राजदूत बन जायेंगे, तो हमारी कितनी शान होगी?

महेश : भरपाई की बात पर चिन्तित मत हो। अपनी दूकान के माल की कीमतें पाँच प्रतिशत बढ़ा दो, जितना दिया है उससे तिगुना एक महीने में आ जायेगा। दान करे धन न घटे।

मुकेश : वाह! क्या आइडिया हैं...अपने माल का रेट बढ़ाओ। (**अपने को थप्पड़ मारता है।**) मुझे यह तरकीब क्यों नहीं सूझी...धत् तेरे की।

महेश : क्या बात है...क्यों कोस रह हो अपने आप को? अच्छा, तुम आज दाखिले की बात कर मुझे बताओ। (**फोन रखता है।**)

मुकेश : (**उछलता हुआ**) शब्बू, अब देखो...दिखाऊँगा अपना रंग... हमारी योग्यता को जाने बिना हँसती हो ना...अब देखो।

शबनम : उफ्! कैसी सीख? (**दोनों कानों पर हाथ रखती है।**)

मुकेश : (**खिले चेहरे से फोन मिलाता है।**) हैलो! दीनू...अभी इसी वक़्त तेल का दाम पाँच प्रतिशत बढ़ा दे।

दीनू : लेकिन...

मुकेश : लेकिन-वेकिन कुछ नहीं बस जो कहा जाये वही करो। आज सब होटलों को, बड़े ग्राहकों को फोन कर दो कि पाँच प्रतिशत दाम बढ़ गया है और अगले सप्ताह दस प्रतिशत बढ़ जायेगा। जिन्हें चाहिए वे आज आर्डर कर दें।

दीनू : जी अच्छा (**फोन बन्द कर देता है। शबनम चिन्तित मुद्रा में बैठी है। उसके पास जाकर**)

मुकेश : अब देखो, मेरी कितनी शान बढ़ जायेगी।

शबनम : (**रोष में**) अब और गिरावट-मिलावट और बनावट आयेगी। जानते भी हो कि तुम क्या कर रहे हो (**रुककर**) अपनी इच्छापूर्ति के लिए समाज का पथभ्रष्ट?

मुकेश : मुझे इस समाज ने क्या दिया जो मैं दया दिखाऊँ?

शबनम : तुम कितने मतलबी हो...बताओ तुम्हें क्या नहीं मिला? आज जो जीवन जी रहे हो वह क्या तुम्हारे अकेले के प्रयत्न से है। जब हर मूल्य आर्थिक रहेगा तो नैतिक मूल्य गिरेगा ही।

मुकेश : तुम खामख्वाह भावुक होती चली जा रही हो। इस बात पर विचार किये बिना कि तुम्हारे बच्चों का भविष्य क्या होगा और क्या होना चाहिए। तुम मुझे कोसना बन्द करो और जल्दी तैयार हो जाओ। हाँ, यह फैसला करो कि किस स्कूल में दाखिल करायें?

शबनम : जिसके तुम रात-दिन स्वप्न लेते रहते हो। तुम्हारा बॉस इसलिए बॉस था कि...

मुकेश : ओहो! (**फोन की घण्टी बजती है। शबनम फोन उठाती है।**)

शबनम : ओह, माँजी, हम आज रात आपको फोन करने वाले थे। हम चाचाजी के बेटे की शादी में नहीं जा सकेंगे। बच्चों का दाखिला है। (**फोन शबनम के हाथ से खींचते हुए।**)

मुकेश : चरण स्पर्श माँ, कैसी हो? माँ जबरदस्ती मत करो। हम नहीं आ सकते।

माँ : शादी का मामला है। तुम कैसे इनकार कर सकते हो?

मुकेश : बात को समझो माँ, आज मूल्यों के रूप और महत्त्व बदल गये हैं।

माँ : क्या बदल गया है...माँ...माँ नहीं रही? उसकी बात का कोई मूल्य नहीं रहा? (**सुबक**) कल तेरा बेटा जब यह कहेगा।

मुकेश : माँ, रोने की क्या बात है। आज शादी-ब्याह, वार-त्योहार मुख्य नहीं रहे...शिक्षा मुख्य है...फिर भी आपकी खातिर एक दिन के लिए आने की कोशिश करूँगा।

माँ : कोशिश नहीं ज़रूर आना (**सुबकती है।**)

मुकेश : आपे दाखिले को लेकर परेशान हूँ, अब तुम रोकर परेशान मत करो। आ जाऊँगा एक दिन के लिए।
(**फोन रखता है।**) चलो भई शब्बू, तुम तो तैयार हो जाओ। तब तक मैं अमन को फोन कर दूँ। (**शबनम उठकर अन्दर चली जाती है।**) अमन जी! हम एक लाख देने को तैयार हैं।
आप मिलने का बन्दोबस्त करें...जी...जी धन्यवाद। (**फोन बन्द कर आराम की मुद्रा में बैठता है।**)

शबनम : अजय और आशु पड़ोस के घर में स्टार टी.वी. देख रहे हैं, वहीं से उन्हें ले लेंगे। (**दोनों का प्रस्थान।**)
(**बत्ती बुझती है।**)

दृश्य परिवर्तन

[मंच की बत्ती जलती है। स्कूल के हेडमास्टर जी का कक्ष। सामने घड़ी सुबह के नौ बजा रही है। हेडमास्टर जी कुछ पेपरों पर हस्ताक्षर कर रहे हैं। फोन की घण्टी बजती है। [हेडमास्टर चोगा उठाते हैं।]

माधव प्रसाद : हैलो...

अमन : नमस्कार सर।

माधव : हाँ अमन जी...

अमन : सर, उस पार्टी से एक लाख में बात हो गयी है।

माधव : अच्छा ठीक है। नाम क्या है?

अमन : मि. मुकेश द्विवेदी।

माधव : (**चोगा रख देते हैं। घण्टी बजाते हैं। चपरासी का प्रवेश**) सुनो, नम्बर से अन्दर भेजना। जिन्होंने मिलने के लिए एप्यांटमेंट ली है, वे ही आ सकते हैं।

चपरासी : यस सर, (बाहर जाता है। थोड़ी देर के बाद मि. मुकेश, शबनम, अजय और आशु के साथ प्रवेश करता है। मुकेश-शबनम-अजय और आशु नमस्ते करते हैं। शलीनता से मुकेश और शबनम बैठते हैं। अजय और आशु खड़े रहते हैं।)

माधव : कहिये, आपकी मैं क्या सेवा कर सकता हूँ?

मुकेश : (**घबराते, झिझकते मुस्कुराने का असफल प्रयास करते**

हुए) हमें तीन बच्चों के लिए स्कूल में दाखिला चाहिए। **(आवाज़ में कंपन है)** एक यू.के.जी., दूसरा पहली कक्षा में और तीसरा चौथी कक्षा में।

माधव : तीसरा बच्चा कहाँ है?

मुकेश : तीसरा कुवैत में है। प्रवेश मिलते ही वह आ जायेगा।

माधव : आप किसी और स्कूल में कोशिश क्यों नहीं करते? हमारे यहाँ तो सीट नहीं हैं।

मुकेश : आप जो चाहें बिल्डिंग फंड के लिए लाख-दो लाख मैं देने को तैयार हूँ।

शबनम : इनकी बड़ी इच्छा थी इस स्कूल में पढ़ने की किन्तु प्रवेश नहीं मिला। अब अपने बच्चों को पढ़ाना चाहते हैं। आप हमारे बच्चों को दाखिल कर लेंगे तो...

माधव : मैं ज़रूर मदद करता किन्तु...

मुकेश : **(जिज्ञासु)** किन्तु क्या सर...मैं एन.आर.आई. के खाते में रकम दूँगा।

माधव : **(उपेक्षा से)** आजकल एन.आर.आई. खाते का आकर्षण आम बात है।

मुकेश : इसलिए तो दो लाख का ऑफर कर रहा हूँ, सर।

माधव : यहाँ पाँच लाख देने वाले लिस्ट में हैं।

मुकेश : पाँच लाख **(मुँह खुला का खुला रह जाता है। शबनम का चेहरा सख्त हो जाता है।)**

माधव : आप क्या बिजनेस करते हैं?

मुकेश : तेल का व्यापारी हूँ।

माधव : आप अपने बच्चे को कितना पढ़ा सकते हैं? और आपकी पत्नी कितना?

गुकेश : छोटी कक्षाओं गें तो हग पढ़ा सकते हैं। फिर ट्यूशन रख देंगे।

माधव : **(कुछ सोचते हुए)** देखिए मि. द्विवेदी आपके बच्चों का नाम लिख लेता हूँ जब सीट होगी तब आपको सूचित कर दिया जायेगा।

मुकेश : सर! प्लीज कंसीडर...मेरी बड़ी इच्छा है।

माधव : आपको बता दिया है। अब आप जाइये मेरी मीटिंग है।

(**घण्टी बजाता है। चपरासी का प्रवेश।**) देखो सबसे कह दो आज मीटिंग है। बाहर बैठे अभिभावकों से कहो कल आयें। और कुछ कुर्सियाँ ले आओ कमरा मीटिंग के लिए ठीक कर दो। (**मुकेश, शबनम, धन्यवाद कर आशु और अजय के साथ बाहर आने के लिए उठते हैं। एकाएक दरवाज़ा खुलता है। रवीन्द्रनाथ टैगोर का प्रवेश**)

माधव : एक क्षण सख्त चेहरे से उस ओर देखते हैं। ओह गुरुवर!

गुरुवर : शुक्र है तुम गुरु को तो नहीं भूले। माधव! यह बाहर भीड़ कैसी है?

माधव : गुरुवर! (**उठकर कुर्सी देते हुए**) अच्छा किया आप आ गये। आज पाठ्यक्रम समिति की बैठक है। मैं चाहूँगा आप उसमें शामिल होकर अपने अनमोल विचार प्रकट करें।

गुरुवर : किन्तु यह भीड़ कैसी?

माधव : गुरुवर, आजकल स्कूलों के दाखिलों का मौसम चल रहा है।

गुरुवर : मैं तो दाखिले के लिए नहीं आया था फिर मुझे लाइन में क्यों खड़ा रखा? क्या तुम्हें मिलने के लिए एक वृद्ध को भी दो-तीन घण्टे लाइन में खड़ा होना पड़ता है?

माधव : गुरुवर! समय की माँग है।

गुरुवर : समय की माँग है (**हँसते हैं**) समय की माँग है कि दूसरे के समय की कोई माँग नहीं? दो घण्टे खड़े-खड़े अभिभावकों के मुँह से जो कुछ मैंने सुना उफ् कानों पर विश्वास ही नहीं होता।

माधव : क्या सुना है, गुरुवर?

गुरुवर : क्या यह सच है कि इस स्कूल में मोटी रकम देनेवालों को ही दाखिला दिया जाता है?

माधव : (**झेंपते हुए**) नामी शिक्षा संस्थानों को अपने सुनाम को बनाये रखने के लिए लेना पड़ता है। अच्छी शिक्षा के लिए यह अनिवार्य है।

गुरुवर : (**हँसते हैं**) अच्छी शिक्षा...अच्छी शिक्षा संस्थान...क्या शान्ति निकेतन आज भी अपनी विशिष्टताओं से लोकप्रिय नहीं

है? (**रुककर**) शिक्षा संस्थानों में धर्मलोलुपता की प्रवृत्ति उचित नहीं...जब तुम पढ़ा करते थे तो क्या इतनी फीस देते थे?

माधव : गुरुवर, समय का बोलबाला है। आज हम कम्प्यूटर युग पार कर चुके हैं।

गुरुवर : क्या हमने भी कम्प्यूटर के निर्माण और संचालन की शिक्षा नहीं दी? क्या हमने तपोवनों में रहकर विश्व को मार्ग दर्शन नहीं दिया? क्या हमें अणु-परमाणु का ज्ञान नहीं था?

माधव : मैं क्षमा चाहता हूँ। मैं अत्यंत लज्जित हूँ। गुरुवर! आपके ज़माने में बहुमुखी प्रतिभा की प्रारंभिक स्थिति थी। आज उसका रूप विकसित हो चुका है। अतः ज्ञानार्जन का क्षेत्र भी विकसित हो चुका है। (**रुककर**) आज वैज्ञानिक उपकरण ज़्यादा प्रभावशाली हैं...उनको खरीदने के लिए धन की आवश्यकता है।

माधव : मैं कैसे मान लूँ कि तुम्हें लज्जा का अनुभव हो रहा है। क्योंकि तुम पाँच लाख से कम देनेवालों को सीट देते ही नहीं हो।

माधव : स्कूल का मैनेजमेंट यह चाहता है और मैं अपना कर्तव्य कर रहा हूँ। मेरे न कहने पर भी अभिभावक मुझे एन.आर. आई. का आकर्षण देते हैं।

गुरुवर : अभिभावक क्या करें, सीट होने पर भी उन्हें आसानी से नहीं दी जाती।

माधव : (**घण्टी बजाता है। चपरासी का प्रवेश**) दो कप चाय लाओ। (**दफ्तर का दरवाज़ा खुलता है। सेठ चरणदास का प्रवेश**)

सेठ : (**मार्कशीट सामने रखते हुए**) यह क्या है? मेरा बच्चा चार विषयों में फेल है?

माधव : क्या खूब, यह सवाल तो मुझे आपसे करना चाहिए था। देखिए, गर्म मत होइये। अब बच्चे पढ़ते नहीं तो फेल ही होंगे।

सेठ : आपका कहना था वर्तमान शिक्षा प्रणाली छात्र को सही साँचे में डालती है और हर छात्र को कामयाबी मिलती है। कहाँ मिल रही है उसे कामयाबी?

माधव : देखिए शिक्षक, केवल शिक्षक ही तो सबकुछ नहीं कर सकता, बच्चे को भी तो ध्यान लगाकर पढ़ना-लिखना चाहिए। अब कोई ऐसी बूटी तो है नहीं जो घोंटकर पिला दी जाये (**बात काटते हुए।**)

सेठ : हेडमास्टर साहब, मैंने दस लाख बिल्डिंग फंड इसलिए दिया था कि बच्चा फेल कर दिया जाये?

माधव : तो क्या इसलिए दिया था कि बिना पढ़े ही पास कर दिया जाये...अपना भ्रम दूर कर लीजिए...पढ़ाई अपनी जगह और बिल्डिंग फंड अपनी जगह। आपको अपने बच्चे पर स्वयं निगरानी रखनी होगी।

सेठ : (**ठठाकर हँसता है**) सुना आपने...लाखों का अनुदान माँ-बाप दें और बच्चा भी माँ-बाप पढ़ायें तो इतनी ख्याति वाले स्कूलों में भर्ती कराने का क्या फायदा? (**रवीन्द्रनाथ सिर हिलाते हैं**)

माधव : (**रोष से**) अनुदान माँगा जाता है, छीना तो नहीं?

सेठ : आज का शिक्षक शिक्षक नहीं क्रय-विक्रय कर्त्ता है। वह अपने कर्म के प्रति निष्ठावान कहाँ है? (**बात काटते हुए**)

माधव : आपको इस तरह लांछन लगाना शोभा नहीं देता। आप एक का नहीं संपूर्ण शिक्षक वर्ग का अपमान कर रहे हैं।

सेठ : तो उन गिने-चुनों को बानर क्यों नहीं कर देते?

माधव : यह कोई सरल काम है? यह शिक्षा संस्थान है।

सेठ : (**मेज़ पर ज़ोर-ज़ोर से हाथ मारते हुए**) आपके शिक्षा संस्थान में शिक्षा दी जा रही है।

माधव : आपका बच्चा कमज़ोर है।

सेठ : बहुत अच्छा उत्तर है। हाँ, जब कोई कारण न मिले तो बच्चे को दोष देकर अपनी कमज़ोरी छिपाई जा सकती है।

(**रुककर**) आप बच्चों पर इस प्रकार के लेबल लगाकर अपनी त्रुटियों को ढक नहीं सकते। मेरा बेटा मंद बुद्धि नहीं है...जाइये किसी मनोवैज्ञानिक के पास जाकर पूछिए। वह बतायेगा कि योग्यता सभी बालकों में एक समान होती है। उसकी आई.क्यू. तो देखिए (**कुछ क्षण चुप्पी**)

गुरुवर : सेठजी नवीनतम अनुसंधान यह बतलाते हैं कि मात्र आई.क्यू. विश्वसनीय परीक्षण नहीं है।

सेठ : मैं यह जानना चाहता हूँ; शिक्षक क्यों नहीं पढ़ाते?

माधव : मैं भी जानना चाहता हूँ कि आपका बच्चा क्यों नहीं पढ़ता?

सेठ : सुबह आठ बजे से लेकर दो बजे तक कक्षा में रहता है। दो से लेकर चार बजे तक स्कूल के अन्य कार्यक्रमों के लिए रहता है। पाँच बजे थककर चूर घर आता है। उसका सारा दिन तो स्कूल में गुजरता है और फिर भी?

गुरुवर : **(स्थिति को सँभालते हुए)** सेठ जी, आप रोष में मत आइये। बच्चे की मानसिक परिपक्वता प्राकृतिक प्रक्रिया होती है जिसे मनमर्जी से बढ़ाया-घटाया नहीं जा सकता। परिपक्वता की गति यदि मंथर है तो बच्चा लापरवाह होगा ही...**(माधव प्रसाद उत्सुकता से गुरुवर की ओर देखते हैं)**

माधव : फिर पैतृक वातावरण एवं योग्यता भी बच्चे की बौद्धिकता को प्रभावित करती है।

सेठ : आप सठिया गये हैं। यह तमाम बातें अभिभावकों को टालने का हथियार हैं। **(गुरुवर के आगे चपरासी बोर्ड ऑफ स्टडीज की फाइलें रखता है। गुरुवर देखने में तल्लीन हो जाते हैं)**

माधव : आपको समय पर सूचना दे दी गयी थी।

सेठ : मुझे सूचना दे दी गयी थी किन्तु पढ़ाना तो अध्यापक का काम है। अध्यापक के पढ़ाने की विधि पर निर्भर करता है कि छात्र विषयवस्तु ग्रहण कर पाया कि नहीं?

माधव : देखिए सेठ जी, आपका बच्चा हर साल किसी न किसी विषय में फेल होता है। और हर बार आप उसकी सिफारिश करते रहे हैं, अब आपकी और नहीं चलेगी।

सेठ : इस बार भी अन्यथा...

माधव : अन्यथा क्या?

सेठ : **(नरम होते हुए)** उसका एक साल बर्बाद हो जायेगा। **(गुरुवर बीच-बीच में नज़र उठाकर सेठ की ओर देख लेते हैं)**

माधव : आप बच्चे को उसी कक्षा में रहने दीजिए। अगले साल दसवीं की बोर्ड-परीक्षा में उसे शामिल होना है।

सेठ : बच्चा जब पढ़ता नहीं तो उसे दंड दीजिए।

माधव : बच्चों को मारने या दंड देने से कुछ नहीं होता।

गुरुवर : (**बीच में बात काटते हुए**) डोंट स्कोल्ड, कॉउंसल देम।

माधव : (**इंटरकॉम का बजर बजता है। दूसरी तरफ से आवाज़ आती है।**)

गीता : यस सर।

माधव : मिस गीता, बाहर खड़े अभिभावकों से कह दो कि अब मीटिंग है। आज और दाखिले की बातें नहीं होंगी, कल आयें। (**बात खत्म होते ही चपरासी चाय लेकर आता है। एक कप गुरुवर के सामने और एक माधव प्रसाद के सामने रखकर चला जाता है। माधव प्रसाद अपना प्याला सेठ के सामने करते हुए उन्हें पीने का आग्रह**) लीजिए चाय लीजिए।

सेठ : नहीं...नहीं...आप लीजिए।

माधव : (**बजर बजाता है। चपरासी प्रवेश करता है।**) एक कप चाय और लाओ।

चपरासी : जी अच्छा। (**चला जाता है**) तुरन्त चाय लेकर आता है। चाय खत्म कर उठ बैठता है।

सेठ : (**सप्रेम**) अच्छा नमस्कार। (**बाहर चले जाते हैं। कक्ष में कुछ देर चुप्पी रहती है। माधव प्रसाद चिन्तित मुद्रा में टहलते हैं। गुरुवर उसे देखते हैं किन्तु माधव चिन्ता में डूबे टहलते रहते हैं।**)

माधव : गुरुवर! क्या धन देने से बौद्धिक विकास होता है?

गुरुवर : बौद्धिक विकास अपने अनुपात में होता है, धन से नहीं।

माधव : समझाया...इतनी बार बताया कि बच्चा पढ़ता नहीं है।

गुरुवर : आज इतना तो सब जानते हैं कि स्कूलों में जो प्रशिक्षण देना सम्भव नहीं वह माता-पिता द्वारा दिया जाता है। आज हमें देखना यह हैं कि पूरे ढाँचे को किस तरह के बदलाव की ज़रूरत है।

माधव : अध्यापक छात्रों की कठिनाई तथा समस्या की स्टडी करता

है। फिर उपचार करता है। यदि शिक्षा संस्थान धन लेते हैं तो साधन, वह भी नवीनतम साधन जुटाकर समाधान भी सिखाते हैं। छात्र को हर तरह का मार्गदर्शन करते हैं।

गुरुवर : माधव! तुम्हें याद है कि स्कूल की छुट्टी होते कह तुम सब लड़के तालाब में तैरते या गुल्ली-डंडा खेलते, पतंग उड़ाते, नाटक देखने, मेला देखने का कार्यक्रम बनाया करते थे। कभी कोई त्योहार, शादी-ब्याह तुमने छोड़ा था?

माधव : याद है। गुरुवर...अच्छी तरह याद है। यह भी याद है केवल एक लड़का फेल हुआ करता था, वह भी दो बार (**बजर बजता है।**)

माधव : यस मिस गीता।

गीता : सर, पाठ्यक्रम समिति के सदस्य आ गये हैं।

माधव : तुम उन्हें सादर लिवा लाओ। (**उठकर कुर्सियाँ ठीक करने लगता है। च्यवन ऋषि, द्रोणाचार्य, लार्ड मैकाले का प्रवेश। सब आधुनिक लिबास में हैं। माधव आगे बढ़कर स्वागत करता है। सब कुर्सी पर बैठ जाते हैं। मैकाले रवीन्द्रनाथ को देखते ही ऊँची आवाज़ में पुकारते हैं। मंच पर सजीवता आ जाती है।**)

मैकाले : ओ टैगोर...आप इधर...(**आगे आकर हाथ मिलाता है।**)

माधव : आइये, मैं आप सबका परिचय करवाता हूँ...आप च्यवन ऋषि हैं, यह हैं गुरु द्रोणाचार्य, यह हैं लार्ड मैकाले और आप हैं गुरुवर रवीन्द्रनाथ टैगोर।

(**सब एक-दूसरे का सिर हिलाकर अभिवादन करते हैं**)

आज की मीटिंग च्यवन ऋषि जी की अध्यक्षता में शुरू की जाती है।

च्यवन : (**मीटिंग की औचारिकता निभाते हुए**) आपके स्कूल में कितने छात्र हैं?

माधव : तीन हज़ार (**सबकी नज़रें माधव जी पर हैं**)

मैकाले : साधन क्या-क्या हैं?

साधन : टु इन वन, ओ.एच.पी, ओडियो-विडियो, लैंग्वेज लैब,

कम्प्यूटर तथा हर तरह के इंडोर-आउटडोर खेलों के साधन।

मैकाले : गुड।

माधव : मैं नवीनतम दिशा की खोज कर रहा हूँ...मैं शिक्षा के क्षेत्र में क्रान्तिकारी हूँ। अपने संस्थान के पाठ्यक्रम में क्रान्तिकारी परिवर्तन लाना चाहता हूँ।

द्रोण : सब अपने समय के क्रान्तिकारी हैं। देखो, उस तरफ देखो। (**मंच के दूसरे कोने में तेज प्रकाश होता है और शेष में अंधकार है। पॉवर प्रेजन्टेशन से दिखाया जाता है। च्यवन ऋषि अपने पौराणिक वातावरण एवं वेश में दो राजकुमारों को मंत्र उच्चारण सिखला रहे हैं। उनके चेहरे साफ दिख रहे हैं।**)

च्यवन : मैं अपने युग का प्रेरक रहा। हमारे देश में शिक्षा की बुनियाद डालनेवाले सप्तर्षि थे। उन्हें ही हम पहली शिक्षा-समिति कहेंगे।

माधव : आज ज़िस अनुदान या बिल्डिंग फंड को लेने से इतना विरोध प्रकट किया जाता है...क्या यह आपके ज़माने में ख्याति प्राप्त आचार्य का उठाया गया कदम नहीं है?

च्यवन : तुम ठीक कहते हो, माधव, यह अनुदान की परम्परा यह किसी हठी शिष्य को सबक सिखाने का क्रम तो गालब मुनि के समय का है। उन्होंने अपने शिष्य से एक हज़ार श्याम वर्ण के घोड़े माँगे थे।

गुरुवर : उस समय की स्थिति और माँगों की बातें अलग थीं।

द्रोण : अन्तर बस इतना है कि शिक्षा प्राप्त कर कौत्स गुरु दक्षिणा देने की हठ कर रहा था और आज शिक्षा देने से पहले ही संस्थान गुरु-दक्षिणा लेने की हठ करते हैं।

मैकाले : आज समय बदल गया है। आज हर व्यवस्था के प्रारूप को बदलना ज़रूरी है...क्यों टैगोर?

गुरुवर : (**द्रोण की ओर देखते हुए**) आज जब मैं आप सबके काम पर नज़र डालता हूँ तो आपकी प्रशंसा किये बिना नहीं रह सकता। आपने एकलव्य जैसे गुरुभक्त का दाहिना अँगूठा गुरु-दक्षिणा में माँगकर जिस प्रशासनिक प्रणाली

की नींव डाली थी, वह प्रशंसनीय है। आज भी प्रशासन का ठोस कदम है। (**टोकते हुए**।)

द्रोण : रवीन्द्र, तुम कटाक्ष कर रहे हो या मेरी प्रशंसा?

गुरुवर : मैं गम्भीर हूँ।

द्रोण : मतलब?

च्यवन : द्रोण! यह तुम्हारे मुँह से तुम्हारे द्वारा किये गये कार्यो के पीछे छिपे दृष्टिकोण को जानना चाहते हैं। (**सभी सिर हिला कर समर्थन देते हैं**।)

द्रोण : अवश्य...अवश्य...(**रुककर**) जब तक स्पर्धा नहीं होगी तब तक उत्साह उत्पन्न नहीं होगा। (**कुछ याद करते हुए**) मैंने कौरवों-पाण्डवों में सदा प्रतियोगिता की भावना पैदा की तभी तो वे अपनी शक्ति-सामर्थ्य एवं ऊर्जा को पहचान सके। आज शिक्षा के क्षेत्र में जो स्पर्धा का भाव है, वह उस दिन भविष्य की दृष्टि से उठाया गया कदम था। क्योंकि नयी पीढ़ी में नवोत्साह भरना चाहता था, प्रतियोगिता मूलक समाज की सृष्टि चाहता था। (**रुककर**) रवीन्द्र, तुम ठीक कहते हो। एकलव्य से गुरु-दक्षिणा माँगने की यही वजह थी कि आनेवाले समय में काम सबको मिले, पर अपने वर्ग की परिधि में अस्तित्त्व रहे। कार्यप्रणाली सुचारु रहे। वेतनमान और ग्रेड चतुर्थ ग्रेड क्या इसके बिना प्रशासन का काम चल सकता है?

च्यवन : भूलो नहीं द्रोण, एकलव्य का अँगूठा जातिवाद नहीं?

मैकाले : रिजर्वेशन पॉलिसी।

च्यवन : (**अपनी बात पर ज़ोर देते हुए**) मेरे बाद आने वाले समस्त समाज संहारक और त्रासदायक थे।

गुरुवर : त्रास...त्रास तो हर युग में उसी तरह रही जैसे आज है. ..पाठशाला में प्रवेश की त्रास, विद्यार्थी जीवन के लिए त्रास, शिक्षा के विकास-विस्तार के चलते नये आविष्कारों की प्रतिक्रियाओं की त्रास।

द्रोण : (**सोचते हुए**) शिक्षा के जनक सप्तर्षि थे और दिशा प्रवर्तक गालब मुनि तथा मैं रहा...आप सब तो केवल कार्यकर्त्ता रहे।

मैकाले : (**अभी तक ध्यान से सुन रहा था**) नयी दिशा देनेवाले हम हैं हम...ब्रिटिश पीपल...हम न होता तो तुम न होता। तुम्हारे भारत में आज भी तपोवन होता। चुटिया वाला होता धोती और जनेऊ वाला होता।

गुरुवर : भूलो मत लार्ड मैकाले! तपोवन से तुमको कितना मिला।

मैकाले : ठीक है...ठीक है। तुम हमारी बात का उत्तर दो। तुम भारतीयों ने तपोवन की परम्परा चलाई।

गुरुवर : हाँ ठीक है।

मैकाले : हमने स्कूल-कॉलेज की परम्परा चलाई।

गुरुवर : ठीक है।

मैकाले : जिसकी स्टाइल सब लोग पसन्द करें, उसे ही प्रवर्तक माना जाता है। तुम हमें यह बताओ कि आज भारत में कितने स्कूल-कॉलेज हैं? तो इस दृष्टि से युग प्रवर्तक हम हुए कि नहीं?

जब हम आये तो भारतीय शिक्षा का क्षेत्र गतानुगतिक और परम्परामुक्त हो चला था। जबकि पाश्चात्य ज्ञान-विज्ञान नये जीवन सन्दर्भों में ताजगी लिए था। (**लापरवाही से**) जो भी हो नयी शिक्षा प्रणाली में पाठ्यक्रम तथा उसके परीक्षण एवं मूल्यांकन के लिए जो रूपरेखा बनाई गयी थी, वह आज भी है।

माधव : आज यू.जी.सी. कई परिवर्तन कर चुकी है।

मैकाले : विश्व में अंग्रेजों ने ही शिक्षा की प्रेरणा दी, साधन उपलब्ध करवाये। विभिन्न क्षेत्रों में गहन अध्ययन करवाये तुम सब नकलची हो। हमें भारत छोड़े एक अर्सा हो गया है किन्तु आज भी हमारी हर प्रणाली लागू है यहाँ तक कि आप सब अंग्रेजी भाषा में काम करते हैं। ...सोचते हैं।

माधव : मिशनरी स्कूलों से पहले भी भारत में शिक्षा का प्रचलन पूरी तरह था।

मैकाले : उच्च शिक्षा संस्थानों की स्थापना का श्रेय केवल ब्रिटिश राज्य को जाता है।

च्यवन : (**प्रेमपूर्वक**) नहीं, बिलकुल नहीं...तुमने हमें अपनी भाषा दी है, पर विषयवस्तु नहीं। समस्त विश्व को वैज्ञानिक

विषयवस्तु का बीज भारत ने दिया। जिसे बोकर उन्होंने विभिन्न तकनीकों का परिचय पाया।

मैकाले : हम मेहनती थे। सदा लापता का पता लगाते रहे।

द्रोण : सुनो, हर व्यक्ति के अन्दर एक आग है, कुछ कर गुजरने की। यह क्रान्तिकारी कदम उसी शक्ति का द्योतक है।

माधव : बात कहाँ से कहाँ चली गयी। हम बैठे थे इस संस्थान के इनफ्रास्टेक्चर का मुआयना करने और...

द्रोण : तुम क्या कहना चाहते हो?

माधव : (**उदास**) आज के शिक्षा-संस्थान अपने अस्तित्त्व को कायम रखने के लिए प्रधानाचार्य से जो न करवाये...थोड़ा है। (**रुककर**) यहाँ व्यक्ति को कई मुखौटे लगाने की नौबत आती है। और वह स्वयं अपना चेहरा भूल जाता है।

गुरुवर : तुम क्या कह रहे हो?

माधव : (**उदास**) हाँ गुरुवर, आपके ज़माने में आप अपना परिचय करवाते थे, हम चाहकर भी असमर्थ हैं।

गुरुवर : तुम क्यों भावुक हो रहे हो?

माधव : भावुक नहीं। मैं आत्मान्वेषण कर रहा हूँ क्योंकि जिस कुर्सी पर हूँ, वहाँ से मुझे जो-जो करना चाहिए क्या वह कर रहा हूँ या कर पाऊँगा? (**मुखमुद्रा बदल जाती है**) गुरुवर, मुझे याद है आप कहा करते थे कि शिक्षा मनुष्य को मनुष्य बनाती है। यह किस पक्की इमारत वाले स्कूल में ही पायी जाती है, ऐसा नहीं...जीवन का हर पल एक नया अध्याय होता है। शिक्षा का काम छात्र की निरंतर प्रगति का प्रतीक है।

मैकाले : गुरुवर ठीक कहते थे। इस बुनियादी तथ्य पर गौर करो। जहाँ के समाज में सफाई नहीं, ईमानदारी नहीं, सुन्दरता नहीं, जहाँ की शिक्षा भी मिलावटी हो ऐसा देश क्या तरक्की करेगा?

द्रोण : यह अन्तर्राष्ट्रीय समस्या है।

माधव : (**हीन ग्रन्थी**) कोई बच नहीं सकता ऋषिवर!

च्यवन : अभी आपने बताया कि आप में इनोवेटिंग क्वालिटी है।

मैकाले : उल्टे-सीधे तर्क...वितर्क कितना विनाश उफ़...

च्यवन : दोषारोपण उचित नहीं हैं जो बोयेगा सो काटेगा।

मैकाले : तुम सबने शिक्षा का विनाश किया है। (**उत्तेजना**)

द्रोण : हमने नहीं तुमने किया है। अभी तो कह रहे थे कि विश्व में शिक्षा का श्रेय अंग्रेजों को है।

मैकाले : पर हम विनाशक नहीं थे।

द्रोण : तुम विनाशक ही थे।

मैकाले : कैसे?

च्यवन : वह ऐसे (**उठकर टहलता है**) भारत में सदियों से गुरु-शिष्य पवित्र परम्परा चली आ रही थी (**बलपूर्वक**) तुमने उसमें एक अंश और जोड़ दिया।

मैकाले : साश्चर्य कौन-सा?

च्यवन : व्यवस्था-तन्त्र।

माधव : (**पीड़ित स्वर**) हाँ लार्ड। तुमने एक ओर व्यवस्था तन्त्र जोड़ दिया जिसमें जड़बुद्धि से बुद्धिमान शिक्षित लोग होते हैं।

दूसरी ओर जनता की इच्छा जब जीवन की तरक्की के सारे द्वार बन्द होते दीखते हैं तो शक्ति मास्टरी करने आ जाता है और स्कूलों में आकर पैसा कमाने की धुन में ट्यूशन करने लगता है। प्राइमरी पढ़ाने वाला शिक्षक कहता है—बच्चा छोटा है। डिग्री पढ़ाने वाला कहता है—बुनियाद ही कमज़ोर है। शिक्षक को काम ज़्यादा और तनख्वाह कम मिलती है। वे हड़ताल करने लगते हैं। उनको नयी तकनीक का प्रशिक्षण देने के लिए वर्कशॉप चलायें तो वे कई बहाने बनाकर चले जाते हैं (**चुप्पी**) ऊँचे ओहदे की त्रासदी है। वे क्यों उस कुर्सी पर हैं।

मैकाले : किसी भी संस्था को चलाने के लिए प्रबन्ध संगठन की आवश्यकता होती है। हमने व्यवस्था-तन्त्र दिया तो साथ ही सारे भारत में शिक्षा के स्तर को एकरूपता प्रदान की थी लेकिन...

च्यवन : लेकिन क्या?

मैकाले : तुम नासमझ लोगों ने उसे बहुरंगी बनाना...कश्मीर, पंजाब, उत्तर प्रदेश, बंगाल, बिहार, गुजरात, महाराष्ट्र, कर्नाटक,

आंध्रप्रदेश, तमिलनाडु और केरल का स्तर भिन्न-भिन्न है।

च्यवन : हमें मुख्य विषय पर चर्चा शुरू कर देनी चाहिए।

मैकाले : हमारा मुख्य मुद्‌दा पाठ्‌यक्रम है।

द्रोण : हमें देश निर्माण के लिए डाक्टर, इंजीनियर, शिक्षक, प्रशासनिक अधिकारी चाहिए।

मैकाले : सबसे पहले एक्सपर्ट टीचर चाहिए। जो विवेक और प्रशिषण से देश का भविष्य ऊँचा कर सके।

गुरुवर : ऐसे सम्पाद-पत्रकार हों जो जन-मन को वाणी दे सकें। देश के कर्णधारों को समय-समय पर कर्तव्यबोध करा सके।

मैकाले : अपनी इस परिकल्पना को साकार करने के लिए ईमानदारी एवं परिश्रमी व्यक्ति चाहिए।

द्रोण : यह आंतरिक गुण है।

च्यवन : आज वस्तुपरक ज्ञान के चलते आत्मज्ञान का अभाव है।

मैकाले : वर्तमान शिक्षा-प्रणाली में बौद्धिक तथ्यों की भरमार है।

च्यवन : आज जितनी भौतिक पक्ष में संपन्नता है उतनी उसी अनुपात में हार्दिक एवं नैतिक विपन्नता है।

माधव : नैतिक विपन्नता के कई कारण हैं, ऋषिवर!

गुरुवर : हर व्यक्ति आत्मसीमित हो गया है। पीठ सरल से सरलतम चाहते हैं।

च्यवन : मेरी राय में जिन मुद्‌दों पर चर्चा हुई है, वे तमाम मुद्‌दे ज्वलंत हैं। अतः चिन्तन-मनन का समय तीन माह देते हुए आज की बैठक समाप्त होती है।

माधव : चिन्तित स्वर में इसका अर्थ यह हुआ कि प्रारूप तैयार नहीं हुआ ।आप आज और कल इन दो दिनों में पाठ्‌यक्रम का प्रारूप तैयार कर दीजिए अन्यथा सबको टी.ए.डी.ए. दिलाने में कठिनाई होगी है।

च्यवन : देखो माधव, तुमने हमें पाठ्यक्रम बनाने के लिए आमन्त्रित किया है। यह चर्चा भी ज़रूरी थी। हम सब अपने-अपने काम छोड़कर आये हैं। यदि हमें दो दिन और ठहर कर पाठ्यक्रम तैयार करना है तो हमारी सारी ज़रूरतों की पूर्ति करनी होगी।

माधव : कहिये, मैं पूरी कोशिश करूँगा। (**स्वर में कंपन**)

च्यवन : हमें हवाई जहाज का पूरा खर्च, फाइव स्टार में रहने की सुविधा तथा प्रतिदिन के पाँच हज़ार रुपए देने होंगे। (**सब प्रसन्न होते हुए उसकी तरफ देख रहे हैं**)

माधव : स्कूल मैनेजमेंट से पूछकर बताता हूँ। (**बजर बजाता है और बातचीत करता है। जिसे दर्शक सुन नहीं पाते। उसके चेहरे पर आते-जाते त्रास के हाव-भाव पढ़े जा सकते हैं।**)

(**मंच पर भी सन्नाटा है मानो उनकी भविष्यवाणी होनेवाली हो। माधव के चेहरे का रंग स्याह होते-होते चमक उठता है।**)

(**खुशखबरी ऐलान करने की मुद्रा में**) आपको नर सुविधा प्रदान की जायेगी। आप कार्य आरम्भ करें। इंटरकॉम पर, मिस गीता, श्री अमन जैन को फोन कर दो कि मुकेश द्विवेदी को सूचित कर दे कि बच्चों के एडमिशन के लिए अगले सोमवार आ जायें। और लिस्ट के पहले तीन अभिभावकों को भी बतायी गयी रकम के साथ आने को कह दो।

तीसरा दृश्य

प्रौढ़ : देखा आपने...हमारे जीवन में शिक्षा को लेकर कैसी त्रास है।

मुकेश : शबनम! देखो फोन उठाओ।

शबनम : तुम उठा लो।

मुकेश : हैलो...ओह स्कूल से जी...जी क्या? एन.आर. आई. (**त्रास का वातावरण**) छः लाख...(फोन बन्द हो जाता है। पति की घबरायी-सी आवाज़ सुनकर शबनम दौडी आती है।)

शबनम : क्या हुआ?

मुकेश : एडमिशन तो मिल गया है पर...छः लाख लाने को कहा है। (**रोनी सूरत, पर सीट मिलने की खुशी भी**)

शबनम : छः लाख...(**विस्फारित नेत्रों से त्रास प्रकट होती है।**)

[प्रकाश बुझता है।]

मैंने कब चाहा...?

प्राक्कथन

नाटक की उत्पत्ति वेदों से मानी जाती है। ऋग्वेद से कथा, सामवेद से संगीत, यजुर्वेद से अभिनय और अथर्ववेद से रस लेकर नाट्यवेद की रचना हुई। दृश्य और श्रव्य होने के कारण यह सर्वाधिक प्रसिद्ध विद्या है। विषय के अनुसार नाटक के छह भेद किये जा सकते हैं–1. पौराणिक, 2. ऐतिहासिक, 3. आनुश्रौनिक, 4. कल्पित, 5. प्रतीकात्मक और 6. वास्तविक।

सृष्टि के प्रारम्भ या भाषा के प्रारम्भ से लेकर नाट्य फिर साहित्य में नाटकों की लम्बी परम्परा चली आ रही है। वर्तमान चैनल भी इसी विधा का विकसित एवं नवीनतम रूप प्रतीत होते हैं। प्रस्तुत नाटक डॉ. मधु धवन का वर्तमान समय का सच है। उसे अधिकाधिक पाठकों तक पहुँचाना उनका उद्देश्य रहा। रचनाकार जो कहना चाहती हैं या जिससे दर्शक से साक्षात्कार कराना चाहती हैं उसमें पूर्ण सफल रही हैं। निश्चय ही अपनी अनुभूति को समष्टि की अनुभूति बना पाना लेखक की बड़ी सफलता होती है। सहज भाषा में वर्तमान सन्दर्भों में यथार्थ को विश्वसनीय बनाकर इस ढंग से प्रस्तुत करती हैं कि संप्रेषणीयता में कोई व्यवधान नहीं उत्पन्न होता। वर्तमान परिवार, लड़कों का व्यवहार, माता-पिता की खीझ व संवेदना सब मिलाकर एक अपना रूप ग्रहण करती हैं। सभी पात्र अपने-अपने स्थान पर सही अभिव्यक्ति दे पा रहे हैं। ऐसी रचनाएँ आज का सच हैं। अगर वर्तमान पीढ़ी इनसे कुछ ग्रहण कर सके तो सफलता के शीर्ष तक पहुचेगी। यों नाटक के लेखन की सफलता हेतु रचनाकार बधाई की पात्र हैं। इत्यलम्

–मिथिलेशकुमारी मिश्र

पटना

पात्र

दीपक के माता-पिता
दीपक की पत्नी—एकता
दीपक की बहन—निवेदिता
दीपक का पुत्र—कपिल
नीलिमा—पर्यटक

पहला अंक

पृष्ठभमि

[एक उच्चस्तरीय घर के बाहर का बरामदा। दीपक के माता-पिता का घर है। जब भी दीपक का कारोबार ठप्प हो जाता है तो वह पत्नी को कोसता हुआ माता-पिता की शरण में आ जाता है। माता-पिता उसके इस नाटक के आदी हैं। वे दोनों उड़ाऊ प्रवृत्ति के हैं। ज़रा सा कारोबार चला कि चल पड़े दुनिया की सैर करने और आने पर दिवाला निकला होता है। उन्हें माता-पिता केवल उसी समय याद आते हैं जब कारोबार घाटे पर होता है। इस बार समस्या कुछ ज़्यादा गम्भीर है। पति-पत्नी एक-दूसरे की आँख की किरकिरी बन चुके हैं। दीपक के पिता जाने-माने उद्योगपति हैं या यों कहें कि भारत की आर्थिक स्थिति सँभालने वाला सुदृढ़ स्तम्भ, तो कोई अत्युक्ति न होगी। माँ की शह पाकर पुत्र मनमर्जी करता है। पुत्र में अपने पिता की एक विशेषता भी है। वह है कर्मठता। फिर भी आज व्यापार घाटे पर आ गया है। दीपक ने संभ्रान्त कुल की कुर्गी कन्या से विवाह कर लिया है। दोनों की खूब पटती थी।]

माँ : उठ दीपक! अन्दर चल...

दीपक : नहीं...मुझे अकेला छोड़ दो...(**मुँह मोड़कर बैठ जाता है**)

माँ : (**प्यार से**) चल उठ, पिता भी चार दिनों से परेशान हैं।

दीपक : मुझे परेशान मत करो माँ...मैं कुछ देर अकेला रहना चाहता हूँ...।

माँ : तेरी नादानियों को सदा सहते ही आये हैं...क्या मिला

हमें! (**रोष से**) चल उठ..करे कोई और भरे कोई...? किस को सजा दे रहे हो? ...अपने बूढ़े माँ-बाप को?

दीपक : मैं किसी को सज़ा नहीं दे रहा...आप...

माँ : मुँह सँभालकर बात करो...अब तुमसे ऊँची आवाज़ में कुछ सुनना भी रह गया है। तुम गुलछर्रे उड़ाओ। खूब लुटाओ ...पैसा खत्म हो जाने पर यहाँ इस बरामदे में मुँह लटका कर बैठ जाया करो...और हमें एहसास दिलाया करो कि हम अपने पुत्र की परवाह नहीं करते।

दीपक : आप जाइये...जाकर सो जाइये...जाती क्यों नहीं?...(**माँ उसी तरह मौन खड़ी हैं**) आप मेरे पीछे क्यों पड़ी है...?

माँ : हाँ...हाँ मैं तेरे पीछे हाथ धोकर पड़ी हूँ क्योंकि मुझे तेरी जायदाद अपने नाम जो लिखवानी है...(**आवाज़ में व्यंग्य है**) मुझे कहता है जाती क्यों नहीं...इतनी सी बात तेरी समझ में नहीं आती...माँ-बाप अपनी सन्तान से बिछुड़कर क्या चैन पा सकते हैं...?

दीपक : (**चीखता-सा**) सन्तान...सन्तान...बड़ा एहसान किया है।

माँ : (**सकते में**) हमारा कसूर क्या है...? हमने तुम्हारी हर इच्छा पूरी की...जो चाहा लेकर दिया...जिसे जीवन साथी चुना, उससे विवाह करवा दिया, यह जानते हुए भी कि हमारे परिवार में फिट नहीं हो पायेगी...अब तुम वैवाहिक जीवन की गम्भीरता से अनजान बने रहो तो माँ-बाप क्या कर सकते हैं?

दीपक : आप अनुभवी थीं...लोक-परलोक की बात जानती थीं... मेरी माँ थीं...मैं अपने भविष्य से बेखबर था...आप तो जानती थीं...

माँ : ओह...तो क्या कहना चाहते हो...?

दीपक : अपने पुत्र के उज्ज्वल भविष्य की खातिर माँ क्या-क्या नहीं करती?

माँ : (**व्यंग्य हँसी में**) डाँटा ही तो था...घर से भाग गये थे...भूल गये? चार महीने तक लौटकर नहीं आये थे।

दीपक : आ तो गया था...तब...(**बात बीच में काटती हुई**)

माँ : भूल गये...जिस दिन मैंने तुम्हें पढ़ाई पर ध्यान देने को कहा था और तुम मुँह फुलाकर चले गये थे...

दीपक : एकता को डाँटना था...इतना कि उसकी हिम्मत मेरे पास फटकने की नहीं होती...

माँ : उसे डाँटना था...अब उस पर आरोप लगाता है...

दीपक : मैं नादान था...

माँ : लड़की को लेकर मोटरसाइकिल पर उड़े रहते थे, कभी हैदराबाद...कभी कलकत्ता...तब नादान नहीं थे...?

दीपक : कभी समझाया भी तो नहीं था बचपन में...जब मैं स्कूल का छात्र था।

माँ : हाँ...यह खूब रही...बचपन में क्यों नहीं समझाया...मुझे ख्वाब में भी ख्याल नहीं आया कि तुम पढ़ाई छोड़कर प्रेम-प्रसंगों में डूब जाओगे...अरे...घर में रहते तो समझाती भी, समझाती किसे दीवारों को...? प्यार का भूत सवार था। अब जुनून उतर गया है तो माँ-बाप को दोषी ठहराते हो...?

दीपक : मैं प्रेमान्ध था...तो (**एकता का प्रवेश...बात काटती हुई**)

एकता : माँ ने तो बहुत समझाया था मुझे...(**चुप**) आज भी एक-एक शब्द मुझे याद है (**नाटकीयता की भाव-भंगिमा से मानो अतीत के लम्हों के साथ जुड़ गयी हो**) माँ ने कहा था–'देख लड़की! मैं इस तरह के प्यार को सच्चा नहीं मानती...तुम खुद सोचो, प्लस टू में पढ़ने वाला लड़का तुम्हें क्या कमाकर देगा...फिर हमारी संस्कृति..., इतना ही नहीं, उन्होंने मेरी उम्र को लेकर बात चलायी थी...तुम कालेज की लड़की और वह कच्ची उम्र का... (**क्रुद्ध होकर**) तुम कुर्ग की हम पंजाब के...अमीर घर के लड़के को फाँसने से ज़िन्दगी बिगड़ भी सकती है।' माँ की बात उस समय समझ आ जाती तो आज मेरी ज़िन्दगी बर्बाद न होती...। (**सुबकती है**)

माँ : एकता! कान खोलकर सुन लो, इस छत के नीचे खबरदार जो ऐसे शब्दों का प्रयोग किया...(**नकल उतारते हुए**) मेरी ज़िन्दगी...एक तो मेरे बेटे का जीवन बर्बाद कर दिया ऊपर से आरोप...बता क्या हुआ है तुझे...मजे से खाती हो...पार्टियाँ देती हो...

दीपक : यह कोई लड़की है...?

माँ : तुम जैसी लड़कियों के चलते आज घर टूट गये हैं, दिल टूट गये हैं...। युवा के खण्डित एवं वितृष्णा से परिपूर्ण हृदय राष्ट्र क्या अपने स्वयं के जीवन को सँभाल पायेगा...?

दीपक : इसको बताओ माँ...आप कितने अमीर घराने की हैं... (**चिढ़कर**) मुझे कुछ समझती ही नहीं...बताइये इसे...कौन सा पति है जो बिना किसी हेर-फेर के महीने में एक करोड़ की टर्नओवर करता है...? हर बार इसके चलते मुझे मुँह की खानी पड़ी...इसकी मदांधता के कारण कारोबार ठप्प हो गया है। मैं कहाँ से कहाँ गिरा...उफ...(**दोनों हाथों से सिर थाम बैठ जाता है**)

एकता : कारोबार क्या मैं करती थी...? ...तुमने कभी मुझसे सच कहा?

दीपक : तोहमत...वह भी मुझ पर...(**हथेली पर मुट्ठी ठोकता हुआ**) क्या झूठ कहा...कब कहा...? अभी ब्यौरा दो...?

एकता : हाँ...हाँ, मैं नीच हूँ...बड़े घर के तौर-तरीके मुझे नहीं आते?

दीपक : बड़े घर का एक लक्षण भी तुममें है?

माँ : इसी अहम् ने तेरा विनाश किया है।

दीपक : इसी अहम् को बरकरार रखने के लिए इसने मुझे भी पथभ्रष्ट कर रखा है। शादी की सालगिरह पर इसने मुझे कसम दी...आप को मैं न बुलाऊँ...यह है इसका बड़प्पन...।

माँ : परन्तु तुम दोनों तो जापान गये थे...?

दीपक : काश! गये होते...कम से कम मन का कोना अपराध भाव से तो नहीं दबा रहता।

एकता : हाँ...हाँ...मैं स्वार्थी हूँ...मेरा कसूर ही कसूर है, आप का कुछ नहीं। मैंने वही किया जो मुझे करना चाहिए था।

दीपक : मैं भी सुनूँ...(**माँ उठकर जाना चाहती हैं। दीपक उन्हें रोकता है**) नहीं माँ आप नहीं जायेंगी...इसे समझायेंगी...।

माँ : अपनी जात-बिरादरी की होती तो मैं...(**बात काटते हुए**)

दीपक : मैं ऐसा कदापि नहीं मानता, अनेकता में एकता ही तो हिन्द की विशेषता है।

माँ : फिर विशेषता भोगो, क्यों आये हो शिकायत लेकर...?

दीपक : नये युग का प्रतीक है...

माँ : जात-बिरादरी से बाहर विवाह करना आज का बढ़ता चलन है किन्तु यह नये युग का प्रतीक नहीं है। विजातीय विवाह परस्पर ऐक्य की भावना को जागृत करने के लिए होते हैं। मगर जब तक लड़की पति के घर का दर्द नहीं करेगी, उसे अपना नहीं समझेगी, तब तक मानव-कल्याण सम्भव नहीं।

दीपक : काश! यह बात इसे समझ आ जाती...

एकता : ठण्डी साँसें क्यों भरते हो...? जातिवाद के अँधेरे में पड़ी हुई जातियों को उठाना आसान नहीं। आज हम इस तथ्य से परिचित होकर भी...

दीपक : ये शब्द केवल कोरी जिह्वा की क्रीड़ा हैं माँ...?

माँ : कौन से शब्द?

दीपक : हिन्द की विशेषता। सत्य तो यह है कि नारी केवल सुख भोगना चाहती है।

एकता : (**तुनककर**) क्यों न भोगे?

दीपक : (**उनके वाक्य की परवाह किये बिना उसी तरह**) अल्प-त्याग ...परिश्रम करना नहीं चाहती, माँ-बाप को दकियानूसी समझती है...।

एकता : मैं पत्थर की मूर्ति नहीं...मेरे अन्दर भी दिल है जो हर्ष-विषाद के भावों से स्पंदित होता है। मैं सुशिक्षिता हूँ। स्वानुभूति की अभिव्यक्ति करने की सामर्थ्य रखती हूँ।

माँ : (**व्यंग्य से**) तभी तुम कर्तव्य और बलिदान के गुणों की सूक्ष्मता को समझ नहीं पाती हो।

एकता : आज की नारी अपने अधिकार को समझती है...वह जागृतावस्था में है...उसका हनन कर्तव्य और बलिदान की वेदी पर अब और नहीं होगा।

दीपक : देखा माँ, क्या खूब...कर्तव्य के प्रति उपेक्षा और अधिकार के प्रति सचेत...(**ठठाकर हँसता है, क्रोध से एकता के नथुने फूलने लगते हैं**)

माँ : (**गम्भीरता से**)...वास्तव में अधिकार प्राप्त करने के लिए जिस शक्ति और योग्यता की आवश्यकता होती है, वह कर्तव्य-पथ से उपलब्ध होती है। इसी के अभाव में आज समाज का बिखरा रूप दिखलाई देता है। यदि तुम...।

एकता : बस...बस माँजी...मुझे ताने मत मारिये।

दीपक : इसे कुछ न कहें...यह इस घर की कुछ नहीं लगती...।

एकता : तुम्हें घर चलना है या नहीं...? (**घड़ी पर नज़र डालते हुए**) दस बज रहे हैं। कपिल रो रहा होगा...

दीपक : रो रहा होगा तो जाओ फिर...(**चिढ़कर**) उसकी चिन्ता है...मेरी नहीं।

एकता : ठीक है, घर जाओ या न जाओ तुम्हारी मर्जी...किन्तु कुल 20 हज़ार का चैक मकान मालिक को भिजवा देना।

दीपक : जब मेरे माँ-बाप का घर शहर में है तो इसी घर में रहो। (**आदेश देता है**)

एकता : आई.सी...अब जनाब को ख्याल आया है, पहले तीन साल सोये रहे? आज समय की माँग है—अलग रहना...समझे।

माँ : समय की यह माँग...(**साश्चर्य**) घर छोड़कर बाहर रहे और मकान मालिक का किराया न दे पाये तो एक-दूसरे को लांछना दे।

एकता : मेरा रहन-सहन भिन्न है...।

माँ : अभी तुम जातिवाद की बात कर रही थीं। याद है जब मैंने तुम्हें शादी से पहले कहा था कि तुम्हारा निर्वाह नहीं हो पायेगा। तो तुम किस तरह अड़ी रहीं और कहा था—'आज युवा पीढ़ी अपने प्रचण्ड आत्मबल द्वारा इन विषमताओं को परास्त कर सम्पूर्ण मानवता का पाठ पढ़ाती हुई 21वीं शताब्दी का रूप बदल देगी...।'

दीपक : सुनने में कितना मधुर लगा था। मुझे ऐसे ही जीवन साथी की तलाश थी जो मृदुभाषिणी हो, बुराई से बिलकुल अनभिज्ञ हो...और...

एकता : और यह सब कुछ तुमने मुझमें पाया...और तुम्हारी तलाश पूरी हो गयी...यह भी सुन लो नारी भी ऐसे पुरुष की तलाश में रहती है, जिसका मन कलुषित विचारों से दूर, जिसकी वाणी शुद्ध और जिसके मुँह से कभी अपवित्र शब्द न निकलें (**अपने भावों में खो जाती है**) आपादमस्तक मधुरता का पवित्र स्रोत...

दीपक : (**व्यंग्य से**) क्षणस्थायी चमक-दमक की सभ्यता का पोषण करनेवाली नारी पुरुष से जो न कराये वह थोड़ा है...।

माँ : इन कटाक्षों और आलोचनाओं में कुछ नहीं धरा, दीपक। कीचड़ में पत्थर फेंकने से छींटें अपने पर ही आती हैं।

(**माँ का प्रस्थान**)

(**थोड़ी देर स्तब्धता छायी रहती है**)

दीपक : (**दूसरी तरफ मुँह फेर लेता है**) चली जाओ...मैंने तुम्हें कई मौके दिये अब नहीं...

एकता : (**एकता पैर पटकती हुई बाहर चली जाती है। कार के स्टार्ट होने की आवाज़ सुनाई देती है। दीपक टहलता है। प्रकाश उस पर पड़ रहा है।**)

दीपक : (**स्वगत**) आदमी भी क्या चीज है। माँ और पत्नी नामक दो पाटों के बीच पिसता रहता है। (**रुकता है**) एक तरफ माँ जिसे मैं कभी समझा नहीं पाया...और दूसरी तरफ पत्नी जिसे कभी रिझा नहीं पाया। (**टहलता हुआ**) मेज पर पड़ी पत्रिका 'गृहशोभा' उठाकर उलटता-पलटता है। (**एकाएक उसके हाथ रुक जाते हैं। तनिक देर रुक ऊँचे स्वर में पढ़ता है**) ...पाती प्रेम भरी...वाह...इसे कहते हैं प्रेम...जिसकी हर व्यक्ति को तलाश होती है।

मम हृदय उपवन में सुवासित प्रसून–जीवन संघर्ष का पर्याय है। हमारी पहली वर्ष-गाँठ है। इस मधुर बेला में मुझे तुम से कोसों दूर रहना पड़ रहा है। परन्तु प्रिय मैं दूर होकर भी तुम्हारे समीप, बिलकुल समीप हूँ। प्रेम तो आत्मिक है। हम भौतिक रूप से भले ही दूर हों किन्तु आत्मिक रूप से एकदम पास...! आह...! क्या खूब...! और मैं...(**रुआँसा हो जाता है**) भौतिक सुख के

पास एकदम पास आत्मिक रूप से दूर कोसों दूर...एक अजीब-सी हँसी हँसता है...धीरे-धीरे प्रकाश मंद होता जाता है और हँसी विषैली होती जाती है। एक मिनट प्रभाव बना रहता है।

[पर्दा गिरता है।]

दूसरा अंक

पृष्ठभमि

[पिता-पुत्र आमने-सामने डाइनिंग टेबल पर बैठे हैं। सुबह के सात बज रहे हैं।]

माँ : **(माँ का प्रवेश—दोनों के आगे चाय रखती हुई)** अब माफ़ भी कर दो...अपना है।

पिता : चुप रहो जी, तुम्हारे लाड़-प्यार ने ही इसे कहीं का नहीं रखा है...ओछे संस्कार...।

माँ : लो, और सुनो...।

पिता : जब पहली बार घर से भागा था उस समय तुमने इसकी करतूतों पर पर्दे डाले...अब क्यों दुखी होती हो? जब तक पैसा होता है माँ-बाप की ओर मुड़कर भी नहीं देखता... दुनिया घूमी जा रही है। फाइव स्टारों में पार्टियाँ दी जा रही हैं...जब खेल खत्म पैसा हज़म तो भागता आता है हाथ पसारे...।

दीपक : यही यदि निवेदिता लिखे...तो पल भर में दस लाख ऐसे निकालते हैं जैसे चवन्नी हो।

पिता : (क्रुद्ध) बको मत, तुम से अपनी बहन का सुख नहीं देखा जाता...?

परमात्मा का लाख-लाख शुक्र है कि निवेदिता की शादी हो चुकी है और हम जिंदा हैं, नहीं तो उस फूल-सी कोमल लड़की की तुम परवाह ही नहीं करते...।

दीपक : अब उसकी शादी हो चुकी है फिर उसे पैसा देने का क्या अर्थ...?

माँ : बहन को देने से घर में बरकत होती है।

पिता : आज नैतिकता रह कहाँ गयी है...?

दीपक : नैतिकता होती क्या है पिताजी, जरा मैं भी सुनूँ...?

पिता : तुम मुझे कोमल स्वर में नहीं पूछ सकते...? पिता को प्यार नहीं कर सकते...? आखिर मैं तुम्हारा पिता हूँ... कल तुम्हारा बेटा जब ऐसा व्यवहार करेगा तब मैं पूछूँगा तुमसे कि कहो दर्द होता है...और क्यों...?

माँ : दोनों इस तरह बिफर जाते हो मानो जानी दुश्मन हो।

पिता : जानी दुश्मन होते तो एक किनारे तो लगते...।

दीपक : आपसे जब मैं पूछता हूँ कि नैतिकता क्या चीज़ है तो उत्तर के स्थान पर क्रोध किया जाता है...

पिता : (**पिता बीच में ही बात काटकर**) नैतिकता वह शक्ति है जो व्यक्ति, समाज और शासन पर नियन्त्रण रखती है। उन्हें सन्मार्ग पर चलाती हुई भौतिक-आध्यात्मिक सुख प्रदान करती है...(**थोड़ी देर रुक जाते हैं**) आम जनता का नेतृत्व करने वाला नेता भी यदि अनुचित कार्य करे तो उसका अधर्म उसे रसातल ले जायेगा। यहाँ कर्म या धर्म का तात्पर्य जाति का व्यवसाय नहीं अपितु इसका अर्थ है मन-वचन में शुद्धता।

दीपक : मैंने ऐसा कोई काम नहीं किया जिससे मुझे बुरा लगे... यह आपका भ्रम है कि मैं गलत काम कर रहा हूँ। सच तो यह है कि मैं एक अच्छा नागरिक हूँ।

पिता : अच्छे नागरिक उद्योगपति का पहला काम है अपने कर्मचारियों के लिए अर्थ का संचय और उचित वितरण करे। जहाँ व्यवस्थापक स्थिर बुद्धिमान नहीं होता, वहाँ के कार्यकर्ता लगन से कार्य करने की अपेक्षा अर्थोपार्जन कर भाग जाते हैं। वही तुम्हारे साथ हो रहा है।

दीपक : आप मुझ पर विश्वास क्यों नहीं करते...?

पिता : तुमने कभी...

माँ : आप दे क्यों नहीं देते...?

पिता : माँगता क्यों नहीं...?

दीपक : आप चाहते हैं कि मैं साफ-साफ शब्दों में कहूँ तो सुनिये ...मुझे एक फैक्टरी चाहिए...

पिता : कौन-सी...?

दीपक : ऊटी वाली।

पिता : माँग तो ऐसे कर रहे हो फैक्टरी नहीं लालीपाप हो। पहली फैक्टरियों को क्या अंजाम दिया है?

दीपक : **(चुप, सिर झुकाकर बैठा रहता है)**

पिता : तुमने जो बाज़ार से ऋण लिया हुआ है...? क्या तुमने मुझे अपना एफ/डी समझ रखा है...? तुम्हारी नेशनल ट्रांसपोर्ट कम्पनी का क्या हुआ...?

दीपक : **(रोष से)** जैसे आप जानते ही नहीं।

पिता : मैं नहीं जानता...

दीपक : सारा शहर जानता है और आप नहीं...

माँ : यही तो दुखदायी बात है...माँ-बाप को पता ही नहीं और दुनिया जानती है।

पिता : मैं हर बात तुम्हारे मुँह से सुनना चाहता हूँ...

दीपक : नेशनल ट्रांसपोर्ट कम्पनी हर महीने एक करोड़ की टर्नओवर कर रही थी...**(चुप हो जाता है)**
(खामोशी बढ़ने लगती है)

पिता : फिर...

दीपक : फिर एकता के चचेरे-ममेरे भाइयों ने एक-एक ब्रांच सँभाल ली। टर्नओवर डेढ़ करोड़ हो गयी, हमने पाँच ट्रेलर और खरीद लिए...एक दिन एक साथ तीन अलग-अलग हाई व्हे पर एक्सीडेंट के शिकार हो गये। ट्रेलर पर कीमती मशीनें थीं, वे टूट गयीं। कम्पनी ने कोर्ट केस दायर कर दिया और भारी जुर्माना भरना पड़ा।

पिता : तुमने मुझे बताया क्यों नहीं...?

दीपक : हम दोनों वर्ल्ड टूर पर थे...।

पिता : हूँ...**(उठकर टहलते हैं)** बिजनेस और औलाद एक समान होते हैं। उन्हें समय पर न सँभालें तो वह हाथ से निकल जाते हैं।

दीपक : बाज़ार से ऋण लेना पड़ा।

पिता : ऋण लिया तुमने और नोटिस मुझे...? कितना ऋण है...?

दीपक : चालीस लाख।

पिता : एम.आर.एफ. कम्पनी ने पाँच लाख का बिल भेजा है।

सारे क्लबों का वार्षिक बिल सात लाख...ये सब क्या है...? मैंने अपनी ज़िन्दगी में चार आने उधार नहीं लिए और तुम...

दीपक : **(चुपचाप सिर झुकाकर बैठा है)**

माँ : अब बात खत्म भी करो।

पिता : बात खत्म नहीं, शुरू हुई है...आज हमारे देश की आर्थिक स्थिति डाँवाँडोल हो गयी है, जानती हो उसके जिम्मेदार कौन हैं...यही नौनिहाल कहलाये जाने वाले नौजवान। **(झुँझलाकर)** बोलते क्यों नहीं? जब पैसा चाहिए गुमसुम होकर बैठ जाते हो और पैसा मिलते ही नौ दो ग्यारह...।

माँ : **(पति का साथ देते हुए)** बात तो सोलह आने ठीक कहते हैं। तुमने करोड़ों कमाये...कभी माँ-बाप-बहन को कुछ दिया! लेने के समय तुम ऐंठ लेते हो। एकता को अधिकार और सीख देते हो किन्तु खुद क्या करते हो?

पिता : क्या रखा है इन बातों में...यह कोई समझेगा थोड़े ही?

दीपक : **(क्रोध से उठकर चला जाता है)**

(माँ-बाप स्तब्ध देखते रहते हैं। फिर दोनों उसके पीछे-पीछे बरामदे में आ जाते हें। बाहर कार के दरवाज़े खुलने और बन्द होने तथा कार स्टार्ट की आवाज़ आती है। दोनों गुमसुम हताश उसी ओर देखते हैं फिर बरामदे में पड़ी कुर्सियों में धँस जाते हैं। मौन हो बाहर के दृश्य को देख रहे हैं। दूर-दूर तक काले-काले मेघ हैं, ठण्डी हवा चल रही है...दूर तक नज़र दौड़ाने पर हरे-हरे पत्ता से परिपूर्ण दरख्त है...घर के कोने में लगे दरख्त पर दोनों की नज़र टिक जाती है। उसके नीचे घास नहीं है बाकी सारे लॉन में हरी मखमली घास का कालीन है।)

माँ : सावन के मेघ आकाश में उमड़-घुमड़ रहे हैं। **(सिर हिलाते हैं)** बरसते क्यों नहीं...?

पिता : अनुकूल हवा बह रही है, अब बरसेंगे...। प्रकृति भी क्या कमाल की चीज़ है...समान वितरण का पाठ पढ़ाती है।

माँ : सृष्टि क्या कहती है?

पिता : **(घास की ओर इशारा करते हुए)** दरख्त के नीचे घास

जैसी अदनी चीज भी नहीं पनपती। उसे भी खुले आकाश की आवश्यकता है।

माँ : हूँ...जब तक पौधों का भी प्रत्यारोपण नहीं होता तब तक वे भी पल्लवित-पुष्पित नहीं हो पाते। फिर...(**एक साथ कहते हैं, एक बार परस्पर निहारते हैं और हँस पड़ते हैं, फिर**) मानव रोज़मर्रा की ज़िन्दगी में सरसता भरने के लिए प्रकृति के गुणों को आत्मसात क्यों नहीं करता...?

पिता : सांसारिक मोहमाया के वशीभूत हो...।

माँ : यदि ऐसा है तो फिर वैज्ञानिक-तकनीकी उन्नति की उपलब्धियों का मतलब...?

पिता : (**ठण्डी साँस छोड़ते**) विचारणीय तथ्य है। आज दोनों ही बातों के मूल्य ने करवट बदल ली है।

माँ : ठण्डी हवा भी अपना कोई सानी नहीं रखती। हज़ार एयरकंडीशन क्यों न हों प्राकृतिक हवा की अपनी ही ठण्डकता होती है।

पिता : कुछ कहना चाहती हो...(**उसकी ओर देखते हैं**)

माँ : हूँ....भारत में छह ऋतुएँ बदलती हैं। हम उन्हें दोषी नहीं ठहराते और न कटकर रहते हैं....फिर अपनी सन्तान के बदलते स्वभाव से परेशान क्यों हो जाते हैं?

पिता : बात तो सचमुच मनन करने योग्य है (**पत्नी के कन्धे पर हाथ रखते हुए**) नारी की इसी भावना से ही तो स्वस्थ समाज का निर्माण होता चला आया है। (**बाहर हल्की-हल्की बौछार पड़ने लगती है।**)

माँ : सोंधी-सोंधी सुगंध कितनी भली लग रही है...?

पिता : वर्षा मुझे कभी अच्छी नहीं लगती...कीचड़ ही कीचड़...जूते गन्दे...मिट्टी से घर...ऑफिस...गलीचे सब गंदे...

माँ : उफ़! स्निग्ध जलकणों का झोंका...इसका लुत्फ ही कुछ और है...जिनके चेहरे पर नहीं पड़ी वे क्या जानें ज़िन्दगी का मजा...? सारी प्रकृति धुली-सी लगती है।

पिता : (**साश्चर्य**) तुम्हारा भी कुछ पता नहीं चलता...गर्मी भी तुम्हें पसन्द है क्योंकि आम, जामुन, फालसा, तरबूज, खरबूजे और ककड़ी खाने का आनन्द आता है। सर्दी

तुम्हें पसन्द है...गर्म कपड़े पहनकर रात के समय मुँह से धुआँ उगलते हुए गर्मागर्म मूँगफली का आनन्द ही कुछ और है...बसन्त में पीली चुनरिया का मज़ा...

माँ : (**बात काटते हुए**) नारी जो हूँ...विशेषकर माँ...

पिता : मतलब...!

माँ : सृष्टि में छह ऋतुएँ और बारह महीनों का आवागमन लगा रहता है। उसी तरह हममें भी ऋतुचक्र रूपी भावात्मक चक्र का सैलाब रहता है।

पिता : बात समझ में आयी...तो तुम चाहती हो कि मैं बेटे की इच्छा पूरी कर दूँ। (**कुछ देर रुककर**) चलो अपने पुत्र की आँखों में हँसी की झलक देखने की लालसा में यही सही। (**उठकर फोन का नम्बर मिलाते हैं**) हेलो! मि. रस्तोगी! ऐसा कीजिए...नेशनल ट्रांसपोर्ट के सारे कर्ज़ों की फाइल मँगवा लीजिए...और अपने वकील के साथ बैठकर जिसको जिस ढंग से देना है देकर चुकता कर दें।

ऊटी की फैक्टरी दीपक सँभालेगा...और हाँ...वहाँ का जो गेस्ट हाउस है उसी को साफ करवा दीजिए...आज ही आदमी भिजवा दें। दो गेस्ट हाउस...'ली वुड बंगला' उसे बहुत पसन्द है...पूरा धुलवा कर सजा दें...और मूलभूत आवश्यकताएँ जो होती हैं उनका बन्दोबस्त भी करवा दें...दीपक वहाँ आया है...क्या...? अच्छा उसे कहें कि कपिल-एकता के साथ घर अभी आये...माँ ने बुलाया है। (**चोगा रख देता है**)

माँ : अच्छा...हाथी के दाँत खाने के और दिखाने के और...मैं तो समझती थी बाप बेटे को जरा प्यार नहीं करता। आज पता चला पिता के नाम का कठोर मुखौटा पहन रखा है। अन्दर से दिल मक्खन की तरह नरम है। बस एक नज़र भर बाप-बेटा परस्पर देखते नहीं...दिल तो दोनों का हीरा है हीरा...चलिए अब नहा लीजिए। वे आते ही होंगे। लो, बाहर वर्षा बन्द है। दो-चार मिनट की फुहार ही वातावरण ठण्डा कर देती है। (**कहते हुए अन्दर चली जाती है।**)

(**दोनों का प्रस्थान**)

(**दीपक, एकता और कपिल का प्रवेश–कपिल दो वर्ष का है**)

दीपक : कपिल सिट हेयर...(**उसे गोद से नीचे उतारना चाहता है**)

कपिल : डाडा...नो...आई वांट टू बी विथ यू...

माँ : (**माँ का प्रवेश**) आओ बेटा...आओ...ओ कपिल, (**उसे उठाना चाहती है पर वह वहीं से दादी के गाल पर किस करता है।**)

माँ : मेरे बेटे! तेरे पिताजी ने वही किया जो तू चाहता था। ऊटी की फैक्टरी तेरे नाम कर दी है, 'ली वुड बंगला' रहने के लिए...सब बन्दोबस्त करवा दिया है।

एकता : (**प्रसन्नता से माँ के चरण स्पर्श करती है**)

दीपक : (**उसी तरह गम्भीर है**) मैंने विचार बदल दिये हैं। मैं अमरीका जा रहा हूँ। (**पिता का प्रवेश**)

एकता : यह मुझसे तलाक चाहते हैं...(**रोती है**)

पिता : (**मुस्कुराने का प्रयत्न करते-करते रुक जाते हैं**) यह तुम क्या कर रहे हो दीपक!

दीपक : मैंने फैसला कर लिया है। इस ज़िन्दगी से मैं ऊब चुका हूँ।

पिता : तुम्हारे कर्जे...?

दीपक : मि. रस्तोगी ने बताया कि आप...।

माँ : तुम बाज़ नहीं आओगे...?

पिता : एकता...?

दीपक : वह ऊटी की फैक्टरी सँभालना चाहती है।

पिता : कपिल तुम्हारे बिना रह जायेगा? फूल-सा कोमल बच्चा, जो एक मिनट तुम्हारे बिना नहीं रहता...और तुम! तुम रह पाओगे उसके बिना...ठीक है जैसा तुम उचित समझो (**अन्दर चले जाते हैं। माँ भी उनके पीछे-पीछे, सुनिये सुनिये...कहती हुई चली जाती हैं।**)

एकता : तुम क्या सोचते हो? मैं तुम्हें तलाक दे दूँगी? तुम मेरे साथ रहो या न रहो मैं अपने बेटे के साथ ऊटी की फैक्टरी का संचालन करती हुई कपिल को इन्सान बनाऊँगी।

दीपक : जो जी में आये करो...किन्तु मेरा तुम्हारे साथ कोई सम्बन्ध नहीं।

एकता : अरे जाओ...जाओ, तुम क्या समझते हो, तुम नहीं होगे तो क्या सूर्य नहीं निकलेगा?

दीपक : तुम्हारे लिए नहीं निकलेगा।

एकता : मैं आज की नारी हूँ। तुम्हें दिखला दूँगी अपनी ऊर्जा का नमूना।

दीपक : याद रखो! अगर कपिल न होता, तो मैं तुमको पूछता तक नहीं।

एकता : यही मैं भी कहती हूँ।

दीपक : तुम अपने को समझती क्या हो? किस बात पर तुम्हें गुमान है?

एकता : हर बात का, मैं एम. एससी. पास हूँ और तुम बारहवीं भी नहीं...

दीपक : (**फुफकारता हुआ**) मेरी पढ़ाई में विघ्न डालने वाली तुम थीं और मैंने तुम्हें प्रेरणा दी...

एकता : शादी के बाद भी हम दोनों कॉलेज तो जाते ही थे, मैं पढ़ती रही तुम कभी न टेस्ट लिखते थे, न क्लास में बैठते थे।

दीपक : मैं आज इसी वक़्त तुम्हें छोड़कर जाता हूँ। (**कपिल रोते हुए कहता है**) डा...डा...आइ वांट टू कम विथ यू... (**क्रुद्ध दीपक चला जाता है।**)

[पर्दा गिरता है]

तीसरा अंक

पृष्ठभमि

[यमुनोत्री की पर्वत श्रेणियाँ दूर-दूर तक हिमाच्छादित फैली हैं प्रातःकाल की कोमल स्वर्णिम किरणों के स्पर्श से इन्द्रधनुषी आभा से सम्पूर्ण वातावरण परिपूर्ण है। उसमें कामदेव रूप तपस्वी समाधिस्थ है। दीप्तिमान ऊँचा ललाट, गौर वर्ण, तपस्या की अग्नि से तपता हुआ लाल चेहरा, चौड़ी छाती, बलिष्ठ स्कन्ध।]

नीलिमा : **(नीलिमा घूमती हुई उस ओर आती है। उस तपस्वी को देखते ही एक क्षण रुक जाती है। फिर स्वगत)** उफ्! इतना रूपवान! आज तक जीवन में नहीं देखा। **(वह उसके ठीक सामने बैठकर निहारने लगती है। फिर कहती है)** दिल करता है समय ठहर जाये...मैं इसी तरह इसे देखती रहूँ...रूप...आज देखा है...

तपस्वी : **(तपस्वी उसी भाँति समाधिस्थ है)**

(धीरे से) आँखें खोलो तपस्वी! **(कोई प्रतिक्रिया नहीं होती तो पुनः कहती है)** आँखें खोलो तपस्वी! **(फिर उसे स्पर्श करती है और कहती है)** आँखें खोलो...

(तपस्वी धीरे-धीरे आँखें खोलता है...उसकी दृष्टि के स्पर्श से नीलिमा रोमांचित हो उठती है।)

नीलिमा : **(स्वगत)** ऐसा लगता है किसी चुम्बकीय शक्ति की गिरफ्त में आ गयी हूँ। **(आँखों में देखती हुई मुस्कुराती है।)**

(फिर तपस्वी आँखें बन्द करने लगता है)

नीलिमा : **(चीख पड़ती है)** नहीं...तपस्वी...तपस्वी...।

(आँखें खोलता है और नीलिमा को देखता ही रह जाता है।)

(फिर स्वगत) अलौकिक सौन्दर्य! पहले कभी नहीं देखा।

कहीं अप्सरा तो नहीं...नहीं, कहीं चार महीने की तपस्या से भी फल मिलता है! मन नहीं मानता...मुझे पाँच साल तो हो गये हैं घर छोड़े...किन्तु चार वर्ष आठ महीने तो दुविधात्मक स्थिति में बीते थे...तपस्या तो चार महीने से ही की है...यह कौन...?

नीलिमा : मैं एक पर्यटक हूँ...(**अपना परिचय स्वयं देती है।**)

तपस्वी : (**गहन गम्भीर स्वर में**) देवी! यहाँ से प्रस्थान करें, यह तपस्वियों की भूमि है।

नीलिमा : मुझे जिज्ञासा है...क्या आप मेरी जिज्ञासा शान्त नहीं करेंगे?

तपस्वी : जिज्ञासा का समाधान होना ही चाहिए...।

नीलिमा : मैं यह जानती हूँ कि यह मेरी धृष्टता ही होगी...फिर भी जानना चाहूँगी...इस उम्र में अपने परिवार-समाज-राष्ट्र का अवलम्ब बनने की अपेक्षा तपस्वी बनने का मतलब...?

तपस्वी : परिवार-समाज-राष्ट्र की बात नारी क्या जाने...?

नीलिमा : ऐसा भ्रामक वाक्य तपस्वी की वाणी को शोभा नहीं देता।

तपस्वी : यह सांसारिक जीव भुक्तभोगी है, बेबुनियाद धारणाओं की चर्चा नहीं करता।

नीलिमा : प्रसन्नता हुई भी...और नहीं भी।

तपस्वी : मुझे आश्चर्य नहीं...।

नीलिमा : मेरी जिज्ञासा की शान्ति करो तपस्वी! राष्ट्र की सेवा की उपेक्षा...?

तपस्वी : राष्ट्र केवल भौतिक वस्तुएँ चाहता है, सच्चे मानव, सच्चा प्रेम आज की व्यवस्था में प्रश्न-चिह्न है। यही कारण है कि आज भारत वीरों का देश नहीं, आतंकवादियों का देश बन गया है। आज रोजी-रोटी से बढ़कर अस्तित्त्व की समस्या है।

नीलिमा : आप को भय नहीं...?

तपस्वी : अहिंसा...(**बात बीच में काटते हुए**)

नीलिमा : आप अपने परिवार-समाज-राष्ट्र की रक्षा की उपेक्षा कापुरुष की भाँति तपस्वी रूप धारण कर जंगलों, कंदराओं में तपस्या के बहाने छिपकर नहीं बैठ गये हैं और सबकी

भावनाओं की हिंसा कर उन्हें तड़पता छोड़ आये हैं...?
हिंसा तलवार की धार से उतरा हुआ सिर ही तो नहीं...

तपस्वी : उन्होंने भी मेरी भावनाओं की हिंसा की है...।

नीलिमा : यहाँ आने से पूर्व क्या आपने यह जानने का प्रयास किया था कि भारत को आज किस तरह के नेतृत्व की आवश्यकता है? 21वीं शताब्दी की ओर अग्र देश का दृष्टिकोण कैसा होना चाहिए?

तपस्वी : यह आम जनता का काम नहीं, प्रबुद्ध वर्ग का काम है।

नीलिमा : **(एक ओर दिखलाती हुई)** देखो तपस्वी! वह नीर निरंतर बहता जाता है, हमें पानी चाहिए नहीं, वह अपनी अथाह जलराशि लिए बहता रहता है।

तपस्वी : सृष्टि में पानी की उपयोगिता है।

नीलिमा : ऐसा प्रतीत होता है, कहीं ठेस लगी है...

तपस्वी : हर वस्तु की कीमत चुकानी पड़ती है।

नीलिमा : यह सृष्टि का सत्य है। **(चुप्पी)** तपस्वी! मैं उत्सुक हूँ।

तपस्वी : किशोरावस्था की भावुकता का शिकार...हूँ।

नीलिमा : ओह! समझी। यह स्वाभाविक बात है...।

तपस्वी : मैं भी एक प्रश्न पूछूँ?

नीलिमा : पूछिए...।

तपस्वी : नारी जितनी मोहिनी होती है उतनी दगाबाज़ क्यों? उसके प्रेम में कमी क्यों आ जाती है?

नीलिमा : यह तुम्हारा भ्रम है...नारी मोहिनी ही होती है, दगाबाज़ नहीं। दगाबाज़ उसे पुरुष बनाता है। मैं देख रही हूँ कि तुम्हें आत्मविश्वास की परमावश्यकता है।

तपस्वी! आज जिस परिवेशगत परिस्थितियों के चलते तुम इस मुकाम पर आ खड़े हुए हो, यहाँ से मुड़कर देखो। आज हम-तुम जो कर रहे हैं, क्या हमारी संस्कृति ऐसा कहीं कुछ कहती है? हम देवों से विलक्षण, मानवों की एक भिन्न संस्कृति प्रतिष्ठित करने नहीं जा रहे?

तपस्वी : यह बदलाव की घड़ी है।

नीलिमा : यह बदलाव हमें स्वीकार्य नहीं, तभी तो आप तपस्वी वेष में समाधिस्थ हैं...मन में कुछ अतिरंजित-सा है...

तपस्वी : (**बात काटते हुए**) इस अतिरंजना की स्थिति में नारी का बहुत बड़ा योगदान है।

नीलिमा : कैसे?

तपस्वी : उसकी उच्छृंखलता, कृत्रिमता, निर्बाध अल्पतृष्टि का साक्षात प्रमाण है। परिवारों का खंडित, अतृप्त तनावपूर्ण रूप...।

नीलिमा : क्या वह बहुत सुन्दर और अमीर थी?

तपस्वी : इससे बढ़कर...

नीलिमा : ले-देकर हर हालत में नारी के इर्द-गिर्द लांछनाएँ चक्कर लगाती हैं।

तपस्वी : हर स्थिति के मूल में वह प्रत्यक्ष-परोक्ष रूप से विद्यमान जो होती है।

नीलिमा : काश! तुम समझ पाते तपस्वी कि नारी प्रताड़ित होती है...लांछना ओढ़ती है फिर भी अपना सर्वस्व पुरुष के लिए लुटा देती है...वह पाषाणी...पयस्विनी भी है। (**अपने पर्स से एक कृति निकालती है। उसे देते हुए**)

तपस्वी : यहाँ सृष्टि की हसीन वादियों में किसी तरह का दुराव-छिपाव नहीं...।

नीलिमा : आप जैसे कर्मठ नागरिक यदि भारत के प्रति ध्यान देने लगें तो प्रशासकीय कार्यों में सहयोग मिलने पर देश सुदृढ़ हो जायेगा। आज भारत में दसवीं लोकसभा के चुनाव के दौर में राजीव गाँधी के साथ जो दुर्घटना हुई वह कितनी अमानुषी है!

तपस्वी : राजनीति में मेरा कोई सरोकार नहीं, फिर भी जानकर मन उचाट हो गया था। बस, मन दुखी रहा।

नीलिमा : यही तो कारण है देश की दुर्दशा का। यहाँ मैं उन समस्त भारतीयों को दोषी मानती हूँ जो देश के भविष्य में अपना कोई सहयोग नहीं मानते।

तपस्वी : यह क्या है?

नीलिमा : यह बड़ी सुन्दर कृति है। इसमें लेखिका तपस्या जी ने नारी के हर रूप को उसकी हर इच्छा को, बड़े सलोने ढंग से प्रस्तुत किया है। और यह मेरा पता है। (**एक कार्ड देती है, वह पढ़ता है**)

तपस्वी : आप कलकत्ता की रहने वाली हैं? (**सीटी की आवाज़**)

नीलिमा : आप जब भी आयें, अवश्य मिलें। अच्छा अब आज्ञा दीजिए। बस, अन्य यात्री मुझे लौटने का संकेत कर रहे हैं। गार्ड की सीटी बज रही है। (**नीलिमा का प्रस्थान**)

तपस्वी : कुछ समझ नहीं आता, एक जितनी बाह्य रूप से सुन्दर है उतनी अन्तःकरण से भी। (**कृति को खोलता है, कुछ क्षण पलटता है। फिर शीर्षक को पढ़ता है**) 'मैंने कब चाहा?' (**फिर कुछ पढ़ता है, थोड़ी देर बाद ऊँची आवाज़ में पढ़ता है**) -मैंने अपनी ज़िन्दगी में सब कुछ पाया। हाथ भर-भर पाया और लुटाया, अब कुछ नहीं रहा। मेरा जीवन साथी कब मेरे हाथों से फिसल गया। उफ! यह कैसी विडम्बना...कि जब बहुत करीब होते हैं तो हम उसे देख नहीं सकते? मेरे कल ने कल को छीन लिया है। अफ़सोस होता है अपनी नासमझी पर, विगत पर आगत खड़ा होता है किन्तु इस तथ्य को समझने की शक्ति सब कुछ गँवा कर आती है।...कहाँ जाऊँ...मेरा दीपक...कहाँ होगा...मैं आज भी आस लगाये बैठी हूँ। (**एक झटके से किताब बन्द कर पिछला आवरण देखता है। जिल्द पर एकता का फोटो देखता रहता है।**)

तपस्वी : तुम मेरी एकता! तुम नहीं भूली तो मैं कहाँ भूला... (**फोटो पर हाथ फेरता है**) कुछ क्षण उसी तरह बैठे-बैठे चित्र को निहारता है। नीलिमा ठीक कहती है। मुझ में आत्मविश्वास की आवश्यकता है। मैं...उफ् कितना गलत था...मुझे...सामना करना चाहिए था। मुझे समाधिस्थ होना नहीं चाहिए...समाधिस्थ होना तो पलायन यानी कि सुप्तावस्था का अंश है...जागृतावस्था तो कर्म करना है...मैं एक पल नहीं रहूँगा...मैंने भी कब चाहा था जीवन का यह रूप...मैं अभी आया मेरी एकता...अभी आया...

[पर्दा गिरता है]

चौथा अंक

[वही कमरा। दीपक के पिता बूढ़े लग रहे हैं...अपने पुत्र की फोटो हाथ में पकड़कर प्यार करते हुए...तुझे क्या मिला बेटे...कभी तुझे अच्छी तरह प्यार नहीं कर पाया...तू सदा दौड़ता ही रहा...क्या-क्या तूने सहा...एक बार का फिसला तो फिसलता ही गया...याद है जब मैं एक बार स्लाइडिंग के लिए ले गया था। तू निडरता से सीधा नीचे फिसलता और मेरा दिल धक्-धक् करता था...तूने मुझे पूछा था...पापा आप डरते क्यों हैं? मैंने कहा था...फिसलते वक़्त कहीं सिर के बल गिर न जाना...मेरा वह डर...आँसू टपकते हैं और माँ का प्रवेश]

माँ : सन्तान न हो तो दुखी और हो तो...(**पास आकर**) क्यों दुखी होते हैं? सब अपनी-अपनी करनी का फल पाते हैं। आज हम तड़प रहे हैं तो कल उसको भी तड़पन मिलेगी।

पिता : सन्तान को संस्कार देनेवाले परिवार का ही कसूर होता है। जो समय की माँग को समझ नहीं पाता...।

माँ : यह किया-धरा एकता का है। न वह उसकी ज़िन्दगी में आती और न हमारा भोला-भाला प्यारा-सा बेटा उसके रूपजाल में फँसता।

पिता : उसने भी क्या पाया...? हाँ एकता का फोन आया था। उसकी तबीयत बहुत खराब रहती है। उसका कहानी संग्रह 'मैंने कब चाहा था?' ने तहलका मचा दिया है, जिसमें उसके जीवन की सम्पूर्ण झलक है। (**फोन की घण्टी बजती है। पिता रिसीवर उठाते हैं**) हैलो...ओह! मैं भूल ही गया इस मीटिंग का...हाँ अच्छा है हम अभी आये। चलो भई! आज तुम्हें प्रदर्शनी के उद्घाटन समारोह में भी जाना है और मुझे मीटिंग में। (**दोनों का प्रस्थान**) (**निवेदिता और एकता का प्रवेश...एकता अस्वस्थ है।**

निवेदिता उसे सँभालती हुई लाकर सोफे पर बैठाती है। एकता के हाथ में चिट्ठी है।)

निवेदिता : भाभी! कपिल ने क्या लिखा है?

एकता : **(मायूस-सी)** डा-डा करते-करते बच्चा पाँच सालों से लिखता-लिखता थक गया है और मैं झूठ बोल-बोलकर थक गयी हूँ...**(स्वगत)** कहाँ जाऊँ...किसको पूछूँ...? मेरा दीपक! मैं भी कितनी पागल हूँ...कभी दीपक को भी कोई खो सकता है...?

निवेदिता : साँच को आँच नहीं भाभी...।

एकता : तू ठीक कहती है निवी! मेरा प्रेम यदि सच्चा है तो अवश्य उन्हें खींचकर लायेगा।

निवेदिता : फिर उन्हें अच्छी तरह पकड़कर रखना भाभी...

एकता : जिस क्षण से मैंने उन्हें खोया है उसी पल से वे मेरे साथ चौबीसों घंटे हैं। मैंने उनसे क्या नहीं कहा...कितनी गालियाँ भी देती थी...कितने कटु शब्द! किन्तु उन्हें खोकर मुझे सबक मिल गया है। मेरा नारी अभिमान चूर-चूर हो गया है।

निवेदिता : भाभी! शान्त हो। लो...पानी पिओ।

एकता : मेरी प्यारी निवी! इसमें बहुत सारी नींद की गोलियाँ मिला दे। मैं बहुत थक गयी हूँ...और पीड़ा नहीं सही जाती...मैं आज जान गयी हूँ कि पति के बिना पलभर भी जिया नहीं जा सकता।

निवेदिता : कपिल को कौन देखेगा...भाभी?

एकता : मैंने कब चाहा...कुछ ऐसा चाहा...मैं परित्यक्ता होऊँ, पुत्र बेबाप का कहलाये...?

निवेदिता : आप की तड़प और सहन नहीं होती...आप विरहाग्नि में तप-तपकर खरा सोना बन चुकी है...अब भाई क्या देवता भी आप के प्रेम के समक्ष नत-मस्तक हो जायेंगे।

एकता : मैंने देवताओं को नतमस्तक करने के लिए कुछ नहीं किया है। मुझे बस मेरा पति मिल जाये...मैं दुनिया की तमाम खुशियाँ उसके चरणों पर न्यौछावर कर दूँगी...वे जो कहेंगे मैं वही करूँगी।

(दीपक का प्रवेश–तपस्वी के वेश में)

निवेदिता : कौन...तपस्वी!

(निवेदिता छिटककर भाई के गले लग जाती है। दोनों प्रेमाश्रुओं से कन्धों को भिगोने लगते हैं। निवेदिता उसे अन्दर भाभी की ओर ले जाती है। एकता को देखते ही दीपक व्याकुल हो उठता है।)

दीपक : एकता! मेरी एकता!

(दोनों गले मिलते हैं। दोनों युग-युग की पीड़ा भूल परस्पर स्नेहालिंगन में बँधे हैं। तभी माता-पिता का प्रवेश–वे दोनों हक्के-बक्के सामने के दृश्य को देखते हैं। उन्हें विश्वास ही नहीं होता। माता-पिता समवेत् स्वर में 'दीपक!' कहते हुए अपने बेटे को छाती से लगा लेते हैं। सारा वातावरण खुशी से भर जाता है। माता-पिता, पुत्र-पत्नी और बहन परस्पर मिल रहे हैं। तभी फोन की घण्टी बजती है, पिता फोन उठाते हैं)

पिता : हैलो! ओह कपिल!...हाँ बेटे! तुम्हारी चिट्ठी मिल गयी है।

(पुत्र का फोन सुन दीपक दौड़ता हुआ आता है और पिता के हाथ से चोगा छीनकर ज़ोर से...)

दीपक : कपिल! मेरे बेटे! डाडा हेयर...**(सब दीपक की आवाज़ से हँसने लग जाते हैं।)**

दीपक : आज ही मैं उत्तरकाशी छोड़कर आया हूँ और मेरे वहाँ से निकलते ही भूकम्प आ गया। **(वह भावुक हो उठता है)** यह आपके सच्चे प्रेम का परिणाम है। आप सब ने मेरे प्राण बचाये।

(निवेदिता अपने पिता के कन्धे पर सिर रखकर ज़ोर-ज़ोर से रोते हुए आनन्दाश्रु बहाती है। एकता माँ के कन्धे पर सिर रखकर फफकती और साथ ही हँसती है। माँ और पिता की आँखें छलछला रही हैं। सारा वातावरण आश्चर्यजनक खुशी से भर जाता है जिसमें आँसू अतीत की पीड़ा को धोते हुए से लगते हैं।)

[पर्दा गिरता है।]

आज की पुकार

अपनी बात

'आज की पुकार' नाटक आपको सौंपते हुए मन हलका-सा महसूस कर रहा है। 21वीं शताब्दी अनेक असाधारण विशेषताओं की गुणवत्ता लिए हुए हैं। विज्ञान की अभूतपूर्व प्रगति, औद्योगिकी और प्राविधिक यन्त्रों को चकाचौंध कर देने वाले विकास मानव-संसार के उपयोगी साधन...। हम सब बखूबी इससे परिचित हैं ओर खूब फायदा उठा रहे हैं। अक्सर जो चीज समक्ष नहीं होती, यह कहूँ जो विगत अवधि में इतनी मुखर हो सामने नहीं आयी थी—वह है परिवर्तन की स्वचालित गति की स्वायत्तता, जो अपने अन्तर्निहित नियमों द्वारा परिचालित नहीं होती। मानव उसका संचालन अवश्य है किन्तु एक हद तक। तदुपरान्त परिवर्तन का संवेग उसकी इच्छा और संकल्प शक्ति पर नहीं अपितु स्वयं अपनी ऐच्छिकता से चलता जाता हैं घटनाएँ घब्ती हैं। इसलिए नहीं कि मानव उसे चाहता है, इसलिए भी नहीं कि उपयोगी और वांछनीय है, अपितु वे अपनी होने की परवशता में आबद्ध है। आकलन-प्राक्लन करती मेरी दृष्टि यह देखती है कि एक उपमहाद्वीप जो कभी वेदों के अथाह मन्त्रों से समस्त विश्व को आलोकित करता था, सृष्टि के रहस्य जिसके उपनिषदों के चिन्तन में प्रत्यक्ष हो उठते थे, जिसने सर्वदा विश्व ज्ञान के आलोक में संपृकत किया—आज एकाएक पतन की ओर रुख किये है। क्यों परिवर्तित हो गया है?

आज अपने देश की सीमाएँ इतनी अधिक संवेदनशील, असन्तोषजनक, ध्वंसकारी हैं कि हिंसा, आतंक, शोषण-उत्पीड़न, ड्रग-सेवन, सामूहिक बलात्कार, अपहरण, खून-खराबा आदि वैश्विक समस्याएँ बनी हुई हैं। ऐसे विषक्त वातावरण में आचरण की निर्मलता पर बल देना किसी मन्दिर, मठ, गिरजाघर या चैत्यालय के उन उपदेशों जैसे लगते हैं, जिस पर उसका उपदेष्टा भी उसके अनुरूप पवित्र आचरण सम्भवतः न कर सके।

इस नाटक में शासन और सत्ता के मनमाने व्यवहार से देश के पथभ्रष्ट होने का संकेत किया गया हैं सामाजिकों की विवशता भीतर से हाहाकार की पुकार

कर रही है। यह भी समक्ष उभर कर आ रहा है के आत की पीढ़ी सजग है।

मेरा प्रश्न आचरण की निर्मलता का है। परिवर्तन की दिशा उसकी वास्तविकत चाह और नीयत की अम्लानता का है। हमारी पीढ़ी को भ्रष्टाचारी रावणों से लड़ना है।

–मधु धवन

पृष्ठभूमि

[पंजाब का एक गाँव जहाँ शुद्ध साफ शीतल हवा बहती है। नदियों का पानी साफ निर्मल है। जहाँ कोई किसी का दुश्मन नहीं। कोई छल-फरेब-षड्यन्त्र नहीं। सब छोटे-बड़े का खूब लिहाज करते हैं। सबकी खुशी अपनी खुशी है। सब मेहनत से कमाते-खाते हुए तरक्की कर रहे हैं।]

पात्र

दयानिधि	–	उम्र 28 वर्ष–कपड़ों का व्यापारी–(बहुत बड़ा कृष्णभक्त)
गंगाधर	–	उम्र 26 वर्ष–ग्वाला (सदा खालिस दूध देता है)
परमानन्द	–	उम्र 27 वर्ष–हलवाई (ताना मारने में उस्ताद)
पवनप्रकाश	–	उम्र 28 वर्ष–गुटखा बेचने वाला (उपदेश देने में)
रामलाल	–	उम्र 32 वर्ष–किसान (जीवन की सच्चाई से जुड़ा)
मास्टरजी	–	उम्र 40 वर्ष–मास्टर (समझाने की आदत)
रामदेई	–	उम्र 26 वर्ष–चूड़ीहारिन (कल्पनाओं की दुनिया)
रूही	–	उम्र 22 वर्ष–होटल की रिसेप्शनिस्ट
मि. सिन्धिया	–	उम्र 50 वर्ष–ट्रेवल कम्पनी का मालिक सबके डिग्री होल्डर बच्चे–दो लड़कियाँ तथा दो लड़के

पहला अंक

पहला दृश्य

[सुबह का समय है। लोग अपनी दुकानें खोल चुके हैं। दयानिधि मन्दिर जा रहा है। जाते वक़्त उसे जो-जो मिलता है सब उसे राम-राम करते हैं।]

गंगाधर : राम-राम दया भइया...

दयानिधि : राम-राम...गंगाधर, दूध में पानी मत मिलाना, पानी मिलायेगा तो लक्ष्मी जी नाराज़ हो जायेंगी।

गंगाधर : न...न...भइया, मैं तो बर्तन धो रहा हूँ।
(थोड़ा रुककर) पहले कभी ऐसा हुआ है...?

परमानन्द : राम-राम दया भइया, कल हलवा कैसा लगा?

दयानिधि : जो भी कहो, तुम्हारी दुकान से शुद्ध घी की खुशबू ही में लार टपकाने का दम है...भगवान के मुँह में भी...!!!

परमानन्द : आज जलेबी बाँध दूँ...?

दयानिधि : रोज़-रोज़ भगवान को नये-नये पकवान खिलायेंगे तो भगवान को भी मजा आयेगा है न...?

पवनप्रकाश : दया भइया, राम-राम...

दयानिधि : राम-राम, अरे पवनप्रकाश...अब गुटका बेचना बन्द करो, बहुत कमा लिए हो। यह जर्दा खाना-खिलाना अच्छा नहीं। देश-जन के हित के काम करने चाहिए।

पवनप्रकाश : दया भइया, मैं भी गुटखा बेचना नहीं चाहता। यह तो पिताजी ने दादा का काम सँभाला था और कमाया भी अच्छा-खासा है। **(रामदेई का आना)**

दया : कैसी है रामदेई?

रामदेई : दया भइया राम-राम। आजकल इन चूड़ियों को ज़्यादा कोई पसन्द नहीं करता। इतना दिखाने पर भी घण्टा

लग जाता है पर बिक्री एक धेले की भी नहीं होती...अब आप ही कोई रास्ता बताइए। (पार्श्व से स्वर—जरा क्लिप दिखाना) (**रामदेई का प्रस्थान**)

रामलाल : (**हाथ जोड़कर खड़ा हो जाता है**) कैसे हो रामू काका। क्या बतायें, अच्छी खाद-पानी, बीज मिलता ही नहीं।

दया : सरकार ने इतनी सुविधाएँ दे रखी हैं, उसका फायदा उठाइए...

रामलाल : (**निराश-सा**) क्या बतायें (**रुककर**) टी.वी. में अच्छी लहलहाती फसल, ट्रैक्टर, बीज, खाद, स्प्रे सब होते हैं पर...

दया : पर क्या...?

रामलाल : (**अत्यन्त दुखी होते हुए**) ऐसी किसानी नहीं चाहिए...नहीं चाहिए (**ऊँची आवाज़ में रोता है। उसकी आवाज़ ऐसी है कि दर्शकों का दिल भर आता है। आसपास के लोग आ जाते हैं**) जिससे शहर बीमार हो जाये...

दया : ऐसा क्या हो गया है। मैं चाहता हूँ...आप बतायें।

रामलाल : आप सुनेंगे तो काँप उठेंगे।

गंगाधर : ऐसा क्या है...?

रामलाल : ऐसा...(**रुककर**) अनर्थ हो रहा है...आज जगह-जगह पर दवाखाने खुल रहे हैं। कभी इस ओर ध्यान दिया है...। विज्ञापनों में कई तरह के रोगों और दवाइयों की जानकारी दी जाती है। अच्छी फसल के लिए जो स्प्रे गुजरात में बनाई जाती थी, वह बड़ी अच्छी थी। उसके बाहर इनग्रीडियन भी लिखा होता है। वहाँ के वैज्ञानिकों ने बिक्री बढ़ाने के लिए उसमें मिलाये जाने वाली सामग्री दुगुनी कर दी है जिसके चलते लोग कैंसर के शिकार हो रहे हैं। कैंसर पीड़ितों के लिए बीकानेर में कैंसर अस्पताल खुला और पंजाब से स्पेशल कैंसर ट्रेन बीकानेर के लिए हफ्ते में दो बार चलती है। (**रुककर**) मैं नहीं चाहता कि मेरे खेत की फसल से लोगों का इतना नुकसान हो...मुझे ऐसी कमाई नहीं चाहिए...नहीं चाहिए...(**रोता है**)

दया : यह तो सचमुच दिल दहला देने वाली बात है। (रामदेई का हड़बड़ाहट से प्रवेश)

रामदेई : दया भाई...दया भाई...बड़ा अनर्थ हो गया...किशनू बढ़ई का बेटा, जो नौकरी के लिए शहर ड्राइवरी करने गया था, उसे किसी खून के इल्जाम में उसके मालिक ने जेल करवा दिया है।

समवेत : ऐसा कैसे...उसके बाप का राज है...(**हाहाकार मच जाता है। पीछे से माँ के विलाप करने के दारुण स्वर सुनाई देते हैं। हाय...मेरा बच्चा...कोई मदद करो...**)

रामदेई : शहर में सब पैसे के पीर हैं...हमें मास्टर जी को लेकर शीघ्रता से शहर जाना होगा।

(**प्रकाश बन्द**)

दूसरा दृश्य

[गाँव की चौपाल पर सब एकत्र हैं। मास्टर जी को सब धन्यवाद करते हैं।]

दयानिधि : आप यदि शहर जाकर किशनू के बेटे रामप्रकाश को नहीं छुड़ाते तो...(**रामलाल, गंगाधर भी साथ हैं।**)

मास्टरजी : इसीलिए तो कहता हूँ तुम सब पढ़ना-लिखना सीख लो। सब अनर्थों का मूल अशिक्षा और लोभ है। रामप्रकाश फँसा कैसे...?...लोभ और अशिक्षा के कारण।

रामलाल : पढ़-लिख, लिख-पढ़ के अच्छा-सा राजा बेटा बन...गाता है ...नहीं तो मेरी तरह जी तोड़ मेहनत करते रहोगे फिर भी पैसा नहीं होगा। मैं चिन्ता में रहता हूँ।

(**किसान की बात सुनकर सब गम्भीर हो जाते हैं।**)

मास्टरजी : आप सब चिन्ता छोड़िए और पढ़ाई पर ध्यान दीजिए। जो समय चिन्ता में जाता है, वह कूड़ेदान में डाले गये कचरे की तरह होता है। जो चिन्तन में जाता है, वह सीधा तिजोरी में जाता है। इसे आज की भाषा में समय प्रबन्धन कहते हैं। इसको तुम सब अच्छी तरह जानते हो। समय पर बीज डालना, समय पर दूध दुहना आदि-आदि।

रामलाल : वाह, बिल्कुल ठीक कहा किन्तु...इसके लिए मार्ग दर्शन की ज़रूरत है। जिन लोगों को प्रत्यक्ष सीधा मार्गदर्शन मिल जाता है, वे दिन-रात मेहनत करते हैं और विकास

करते हैं। कुछ लोग अपने पूरे जीवन में किसी मार्गदर्शक का सान्निध्य नहीं पा सकते हैं तो उनके जीवन की नौका को नियति की पतवार तट तक पहुँचा दे तो दूसरी बात है। अन्यथा वे लहरों के थपेड़े ही खाते इधर से उधर होते रहते हैं। जैसे मेरा जीवन....(**दुखी स्वर**)

दयानिधि : रामू काका, आप ठीक कहते हैं। मेरा व्यापार बैंक मैनेजर के कारण तथा कुछ मेरी पढ़ाई के कारण आज बुलन्दियों पर है।

गंगाधर : जब जागो तभी सवेरा।

मास्टरजी : पढ़-लिख जाओगे तो कम-से-कम ठेकेदार तुम्हें बेवकूफ नहीं बनायेगा। तुम अँगूठा छाप तो नहीं कहे जाओगे। (**सब गम्भीर चिन्तन की मुद्रा में**)

दयानिधि : मास्टर जी, यह बात तो ठीक है कि अँगूठा छाप मजदूर ठगा जाता है क्योंकि वह अनपढ़ है...लेकिन ठेकेदार कैसा होता है पढ़ा-लिखा या अनपढ़...?

मास्टरजी : वह पढ़ा-लिखा होता है...

दयानिधि : पर...

मास्टरजी : पर क्या!

दयानिधि : मास्टर जी (**चुप्पी**)

मास्टरजी : कहिये पर क्या!

दयानिधि : पर वह संस्कारी नहीं होता, इसी कारण वह ठगी पर उतर आता है।

गंगाधर : आप ठीक कहते हैं। मैं कितनी बार घण्टों सोचता रहता हूँ कि इतना पढ़ लिखकर आदमी बदल क्यों जाता है... कपट और चालबाजियों में माहिर हो जाता है...क्यों?

मास्टरजी : संस्कारी भी होना ज़रूरी है।

रामलाल : दया भइया, मैं तो यह आप से जानना चाहूँगा कि पढ़-लिख कर आदमी इतना बदल क्यों जाता है? (**दयानिधि मास्टरजी की ओर देखता है**)

मास्टरजी : क्योंकि वह पढ़-लिखकर चतुर लोभी बन जाता है। आत्मसीमित और मतलबी हो जाता है।

रामलाल : मास्टरजी, मैं तो यह कहूँगा कि साक्षर बनने के बाद

राम के मार्ग पर चले, तो समाज को लाभ है, आनन्द है। (**रुकता है**)

दया : आप रुक क्यों गये...?

रामलाल : अगर जाग जाने के बाद यानी पढ़-लिख कर यदि वह रावण के मार्ग को अपनाये तो...?

दया : तो उसे जगाने की ज़रूरत नहीं, वह कुम्भकर्ण ही रहे तो ठीक है। (**सब हँसते हैं**)

रामलाल : क्या मतलब...

मास्टरजी : दया भइया का मतलब है, उसे अनपढ़ ही रहने देना चाहिए।

दया : साक्षर बनने के बाद ही वह राक्षस बनता है, है न मास्टर जी?

रामलाल : ऐसा कैसे बोल रहे हैं...?

दया : आज सारे विश्व में लूट-खसोट, मशीनगन, टाइमबम, ब्लू फिल्म, तस्करी, कई विनाशक बन गये हैं, ये सब पढ़े-लिखे लोगों ने ही तो बनाये हैं।

(इसी समय रामदेई, पवनप्रकाश गुटकेवाला तथा हलवाई परमानन्द भी आ जाते हैं। उनके हाथ में मच्छर मारक बैट है।)

दया : यह कहाँ से मिला?

रामदेई : यह चीना बाज़ार से लाये हैं। यह बड़े काम की चीज है।

दया : (**हाथ में लेकर देखते हैं**) चीनी आज भी अपनी मजदूरी बेच रहा है पर अपनी जमीन पर रहकर। वह अपने उत्पाद बड़ी मात्रा में बना रहा है। विशाल भवन बना रहा है। दुनिया के किसी कोने में चले जाओ चीनी मिले या न मिले पर चीनी सामान खूब बिकता है। चीन के मुकाबले भारत आज भी गरीबी ढो रहा है। भारत को महान बनाने के सपने बस सपने ही रह गये। भारत को महान बनाने के जो सपने हमने कुछ वर्ष पहले देखने शुरू किये थे, वे आज चकनाचूर हैं।

पवनप्रकाश : बताओ तो भारत में क्या ठीक है...?

गंगाधर : न सरकार ठीक, न राजनीति ठीक, न सड़कें ठीक, न अदालतें ठीक, न स्कूल-कालेज, न आवास, न बाज़ार

भाव ठीक, न सुरक्षा, न यातायात...भारत मिसाल बन रहा है तो बईमानी, हरामखोरी, लूट-घूसखोरी...में अव्वल।

मास्टरजी : अगर देश अघोषित गृहयुद्ध में फँस गया तो मुझे आश्चर्य न होगा क्योंकि हर नागरिक अब परेशान है। गुस्से में वह हिंसा, उपद्रव पर उतर सकता है...भारत में लोकतन्त्र होते हुए भी इसमें हज़ार छिद्र हैं। चीन में ऐसा नहीं...

दया : क्यों...?

मास्टरजी : क्योंकि वहाँ कई ढंग से कमाने के खूब तरीके हैं जिससे अमीर तो और अमीर हुए ही पर गरीब भी विकास कर रहे हैं। हमारी तरह बर्बादी नहीं...

दया : मास्टरजी, आप बताइए...अपने देश के लिए हमें क्या करना चाहिए। (**एकाएक सबमें जोश भर जाता है।**)

समवेत् स्वर : हम भी समय नहीं गवाएँगे, पैसा कमाने के एक-से-एक बढ़कर रोजगार के साधन मुहैया कराएँगे।

मास्टरजी : (**हैरान होकर उनकी ओर देखते हैं**)

रामदेई : आप इस तरह क्यों देख रहे हैं...

मास्टरजी : आप जानते भी हैं कि आप लोग क्या कह रहे हैं...?

दया : जानते हैं, कुछ देश हितार्थ करना चाहते हैं...

मास्टरजी : आप पढ़ना-लिखना भी नहीं जानते।

रामलाल : दया भाई पढ़े-लिखे हैं और तुम हो न हमारी आँखें-मन-मस्तिष्क...फिर हमें पढ़ने की ज़रूरत नहीं।

रामदेई : भारत के कई नेता अँगूठा छाप होते हुए भी कामयाब हैं। (**मंच पर एक सन्नाटा। सब गहन चिन्तन की मुद्रा में घूम रहे हैं। मास्टर जी चुप्पी तोड़ते हैं।**)

मास्टरजी : आप लोगों ने क्या सोचा है, यह काम कैसे करोगे...

पवनप्रकाश : भई, मेरे बाबा ने गुटखा बेच-बेचकर इतना धन कमा लिया है कि मेरा नाम पवनप्रकाश कोई भी नहीं जानता ...आप जानते हैं...(**सब एक-दूसरे को देखते हैं**) मेरा नाम गुटखेवाले का छोरा पड़ गया है...मैं चाहता हूँ हम भी पैंट-कोट-टाई लगायें और मि. पवनप्रकाश कहलायें ...(**ख्वाबी दुनिया में**)

सब : वाह...क्या कल्पना है...(**भाव-विभोर हो जाते हैं...**)

रामदेई : आह, मेरा ब्यूटी-पार्लर हो, चूड़ियों का शोरूम हो...मैं करीना कपूर की तरह सजूँ...

गंगाधर : मैं ऋतिक रोशन की तरह लगूँ...मेरा एक होटल हो...

मास्टर : यदि आप बड़ा सोचेंगे तो बड़ा ही होगा। पर इसके लिए चाहिए...पैसा और आपस में एकता। (**सब एक-दूसरे को देखते हैं। थोड़ी देर देखते रहते हैं फिर प्रण करते हैं**)

समवेत स्वर : हम भगवान कृष्ण को साक्षी मानकर यह प्रण करते हैं कि हम कभी आपस में छल-कपट, झूठ-फरेब नहीं करेंगे। पक्के-सच्चे ईमानदार-मेहनती और निष्ठावान रहेंगे। कितनी भी विपत्ति क्यों न आ जाये, हम एक-दूसरे को नहीं छोड़ेंगे। देश का फिर से निर्माण करेंगे, गरीबी दूर करेंगे...

मास्टरजी : आपने यह प्रण बहुत सही लिया है और एकता को समझा है। आप आग लगाकर पानी को नहीं दौड़ेंगे। आपमें से यदि एक भी व्याघ्र की बातों से कंगन के लोभ में आकर लोभी पथिक की तरह तालाब में उतर गया तो...?

समवेत स्वर में : नहीं...कभी नहीं।

गंगाधर : मास्टरजी ठीक कहते हैं। (**रुककर**) पैसे और रुतबे से बुद्धिमान व्यक्ति की भी बुद्धि मलिन हो जाती है।

मास्टरजी : (**उनकी ओर**) आप करना क्या चाहते हैं...?

रामलाल : होटल खोलेंगे...होटल...सात सितारा...

समवेत स्वर : होटल...सात सितारा...हमने क्या हमारे पुरखों ने भी नहीं देखा, तो चलायेंगे कैसे...? आँख न दीदा काढ़े कसीदा...(**हँसता है।**)

रामलाल : तुम सब युवा हो...डरो मत...शरीर से भी मजबूत हो अपने हाथ से काम करने वाले हो...सीखो-समझो और करो। हिम्मत करो...पूरा का पूरा परिदृश्य ही बदल डालो। मैं भी खेत जोत-जोतकर थक गया हूँ। मेरे चारों खेत ले लो (**रुककर**) चार खेत तेरह एकड़ जमीन हो जायेगी... मेरा हिस्सा समझो...(**थोड़ी देर चुप्पी फिर एकाएक जोश भर जाता है। चिल्लाते हुए प्रस्थान करते हैं...करेंगे... करेंगे...। जहाँ चाह वहाँ राह...**)

रामदेई : जगह की ज़रूरत थी वह आँधी के आम की तरह आ गयी।

मास्टरजी : यह काम आसान नहीं...आप सबको आग पानी से गुजरना होगा। आप सब यह भी जान लें कि प्रकृति के सबसे बड़े चमत्कारों में एक चमत्कार मानव-मस्तिष्क का समस्याओं को चुनौती देने और संकटों से जूझने का है। आज ही अभी आप सब वज्र संकल्प कर लें।

रामलाल : हमें आटे दाल का भाव मालूम है। आपने सुना है न... आदमी जाने बसे, सोना जाने कसे।

प्रसन्नता का भाव का संगीत (**सबका प्रस्थान**)

मास्टर जी : स्वगत मैं इनसे शिक्षा की बातें तो करता हूँ पर आज बढ़ती शिक्षा की समस्याएँ, छात्रों की कठिनाइयाँ... माता-पिता की मनोवैज्ञानिक दशा देखते हुए कैसे कहा जा सकता है कि देश उन्नति कर रहा है...मध्यवर्ग के लिए उच्च शिक्षा संकट है। तभी तो मैं गाँव में ही पड़ा हूँ...मैंने भी कितना झेला...शिक्षा में प्रयोग और परिवर्तन सदा होते ही हैं गुणात्मक विकास का लक्ष्य बहुत दूर ही रहा। शिक्षा के प्रचार-प्रसार हेतु केन्द्रीय शिक्षा सलाहकार मंडल, शिक्षा आयोग, अन्तरराष्ट्रीय शिक्षा सम्मेलन गठित हुए, लेकिन शिक्षकों का वेतनमान, पद, प्रतिष्ठा कहाँ सुधरी...??? (**चिन्तित**) हमें अपने विचारों एवं सोचने के तरीकों में परिवर्तन लाने तथा जीवन के प्रति अपना नजरिया बदलने की आवश्यकता है। इनकी भावनाओं और उत्साह को समझते हुए मुझे धैर्य से काम लेना होगा और इन सबकी मेहनत और संकल्प को पूरा करना होगा। (**रुककर**) इनका मुझपर विश्वास है। धैर्य के संग आशा और विश्वास जुड़ जायें तो नेता को और सजग हो जाना चाहिए। (**अन्तरात्मा की आवाज़**) शास्त्रों में कहा गया है, "धैर्य धारण कठिन होता है लेकिन उसके फल मीठे होते हैं।"

(**प्रकाश बुझता है।**)

दूसरा अंक

पहला दृश्य

[होटल बनकर तैयार हो चुका है। अखबारों में खूब तारीफें छपी हैं। टी.वी. न्यूज में आ गया। दयानिधि ग्रुप ऑफ इंडस्ट्रीज को देशभर के नेताओं ने बधाई भेजी। इस ग्रुप ने देश को बहुआयामी विकास हेतु आगे बढ़ाने के लिए कई नयी योजनाएँ शुरू की हैं।
मि. दयानिधि, मि. पवन प्रकाश, मि. गंगाधर, मि. परमानन्द, मि. रामलाल, मिस रामदेई तथा सलाहकार मि. सुखदेव कुमार हैं। जिनकी दूरदर्शिता का यह परिणाम है। अपने गाँव के हर व्यक्ति नर-नारी सबको काम दिया गया है। पंजाब के प्रीतमपुर में आज कोई बेरोजगार नहीं है। यह बहुत बड़ी उपलब्धि है।
इस ग्रुप का मुख्य लक्ष्य सबको शिक्षित करना, बेरोजगारी दूर करना है...
टी.वी. न्यूज सुनकर सब उछल पड़े। सब सूट-बूट-टाई पहने प्रसन्नता से नाचते हैं।]

पवन : हमारा सपना सच हो गया। **(सब एक-दूसरे को उठाते हैं। अपनी खुशी जाहिर करते हैं)** थोड़ी देर तक सफलता का म्यूजिक बजता है।

(बत्ती बुझती है।)

दूसरा दृश्य

[होटल का रिसेप्शन काउंटर। एक खूबसूरत आधुनिक परिधान में लड़की खड़ी है। फोन बजता है और फोन की बातचीत दर्शक सुन सकते हैं।]

लड़की : हैलो...

दूसरी ओर : मैं लारेंस टाइल कम्पनी का पी.आर.ओ. बोल रहा हूँ।

लड़की : आपने हॉल देखा ही है। पॉवर प्रेजेंटेशन का उपकरण है। 200 लोगों के लिए आप दो लाख जमा करा दें।

दूसरी ओर : नॉनवेज क्या-क्या है...?

लड़की : सॉरी सर, नॉनवेज सर्व नहीं करते...

दूसरी ओर : सात सितारा और नॉनवेज सर्व नहीं करते क्यों...बुकिंग कैंसल कर दीजिए।

(**मि. सुखदेव का प्रवेश**) (**मुस्कुराते हुए**) सब ठीक...कोई समस्या...कितनी बुकिंग...?

लड़की : सर, लोग बुकिंग करना तो दूर बुकिंग कैंसल कर रहे हैं...

सुखदेव : क्यों...?

लड़की : नॉनवेज नहीं होने के कारण, सर...

तीसरा दृश्य

सुखदेव : मैंने अर्जेंट मीटिंग इसलिए बुलाई है क्योंकि पिछले दो हफ्तों से होटल आधे से ज़्यादा खाली है। होटल में बुकिंग करते हैं और जब यह पता लगता है कि नॉनवेज यानी मांस-मछली नहीं है तो वे बुकिंग कैंसल कर देते हैं।

दया : शुद्ध घी की दाल-सब्जी, दही, पापड़ और अचार उन्हें पसन्द नहीं...(**रुककर**) तो वे क्या चाहते हैं...?

सुखदेव : मांस-मच्छी।

दया : राम-राम...हम धर्मात्मा ठहरे...हम कैसे यह सब परोस सकते हैं...? (**सन्नाटा...दुविधात्मक स्थिति पैदा की जाये**) (**दया के मन में विचार चल रहे हैं जिन्हें दर्शक सुन सकते हैं**)

दया का मन : दया...यह तो ऐसी बात हुई कि दर्शकों के समक्ष कपड़े उतारते रहने में जिसने अगुवाई ली है, ऐसी एक छैल-छबीली अभिनेत्री ने सेंसर बोर्ड को सोचने पर मजबूर कर दिया है। सेंसर बोर्ड से उसका यह कहना है कि आप लोग थियेटरों में उमड़ रहे दर्शकों के मिजाज, को उनकी रुचि को पहचानना सीखो। कैसी फिल्म लगने पर हाउस फुल जाते हैं। यह देखने के लिए अपनी आँखों को और तेज करो। ऐसे युवक जिनके कन्धों पर देश का भविष्य है, ऐसे युवक कैसी फिल्में देखना चाहते हैं। यह समझने के लिए अपनी बुद्धि को और तीक्ष्ण बनाओ।

सुखदेव : दया भाई, आपके मन में उठने वाले सवाल सब ठीक हैं, पर आपको धीरे-धीरे सब समझ आ जायेगा माना कि आदर्श के तौर पर आँखों के समक्ष रखने के लिए राम तथा सीता, हरिश्चन्द्र-तारामती, सती सावित्री, भक्त प्रहलाद ठीक है किन्तु जीवन का आनन्द लूटने के लिए तो ये सब आउट ऑफ डेट है, बेकार है...

परमानन्द : अब क्या करें...

सुखदेव : देना चाहिए...आखिरकार आप लोग तो प्रजा के प्रतिनिधि हो ना उनके सुख से सुखी और उनके दुख से दुखी...

दया : ऐसे कैसे दे दें...हम तो ठहरे...(**स्वर में क्रोध**)।

सुखदेव : अपने घर में आप भले न खाएँ किन्तु होटल में तो देना होगा। यह आपका जीवन मन्त्र होना चाहिए। इस जीवन मन्त्र को सार्थक करने के लिए आपको हृदय से उदार एवं विशाल होना चाहिए। वैसे भी पंजाबियों का दिल तो बड़ा होता है...(**फोन की घण्टी बजती है**)

लड़की : हैलो, आप हमारे बोर्ड को मिल सकते हैं। (**रुककर**) अभी आ जाइये। (**फोन रखती है**) सर, यह मि. सिन्धिया ट्रेवल कम्पनी के मालिक हैं और आप सबसे कुछ चर्चा करना चाहते हैं। (**थोड़ी देर में सिन्धिया का प्रवेश**)

लड़की : नमस्कार सिन्धिया जी। वह सबका परिचय करवाती है। आज आपको जो चर्चा करनी है कर लीजिए।

सिन्धिया : (**मुस्कुराता हुआ, नमस्कार करता हुआ बैठता है**)

सुखदेव : कहिये मि. सिन्धिया, आप हमें क्या सुझाव देना चाहते हैं...हमारी रिसेप्शनिस्ट हमें बार-बार कह रही थी कि...

सिन्धिया : मैं आपको समझाना चाहता हूँ कि होटल सात सितारा कहने पर उसमें क्या-क्या होना चाहिए जो आपके होटल में नहीं है।

सुखदेव : लोग नॉनवेज चाहते हैं...फिर खाना हजम करने के लिए ...हाजमा चाहते हैं जो सात सितारा में होना चाहिए।

दया : कायम चूर्ण है, जलजीरा है, नीबू पानी है, ...ईनो है...

सिन्धिया : चरणामृत चाहिए...

रामदेई : चरणामृत तो मन्दिर से मँगवा सकते हैं...

सिन्धिया : चरणामृत...यानी...मधुरस...मदिरा

गंगाधर : मधुरस...शराब...!!! हाय हमारे द्वारा होगा व्यभिचार... हम होंगे समाज के पथ भ्रष्टक...नहीं...नहीं...मुझे मन्जूर नहीं।

सिन्धिया : बार-शराब न हो तो लोग होटल में क्यों आयेंगे...? शराब के साथ शबाब भी और कबाब भी होने ज़रूरी हैं ...(**उठता है।**) बस मुझे यही सुझाव देना था। (**सिन्धिया चला जाता है। किन्तु सारे गुमसुम हो जाते हैं।**)

दया : मास्टरजी, हमने सारी पूँजी लगा दी है और बैंक के भी कर्जदार बन गये हैं, अब क्या करें...जिन्दगी भर हम शराब के विरोधी रहे।

सुखदेव : देखिए, घबराइए नहीं, पहले समझें कि होटल खोला है तो माँग होगी ही। दूसरा सात सितारा कहने पर उसके अनुसार सामान भी होना चाहिए। (**थोड़ी देर रुककर**) आप सब बताइए कि इस युग में सबसे बड़ा कौन हुआ...जो आपको प्रभावित करता है।

सब एक साथ : गाँधी जी...

सुखदेव : ठीक, गाँधीजी का सबसे लोकप्रिय भजन क्या था— वैष्णव जन ते तेणे कहिये, जे पीर पराई जाने रे...तुम अपनी इच्छा-अनिच्छा की बातें मत करो। होटल में रहने वालों की पीड़ा दूर करो।

पवनप्रकाश : मदिरा, कैसे दे सकते हैं...मेरे घरवाले तो मुझे पीट देंगे।

सुखदेव : क्यों, तुम क्या नहीं जानते कि देवता भी सोमरस का पान करते थे। अप्सराओं के साथ नृत्य-संगीत का आनन्द लेते थे।

दया : नाच...!!! यानी हमें वे सब करना है जिसे हम सामाजिक जीवन का कलंक, नरक का रास्ता मानते हैं।

सुखदेव : क्यों, हैरान क्यों होते हो। कृष्ण ने गोपियों के साथ रासलीला नहीं की...?

परमानन्द : पर...मास्टरजी, अगर रासलीला के साथ द्रौपदी वस्त्रहरण करने कोई दुःशासन आ गया तो क्या हम लड़ पायेंगे...?

दया : (**चिन्तित**) हमारा धर्म (**अचानक सिन्धिया का प्रवेश**)

सिन्धिया : धर्म...धर्म की जगह मन्दिर बिजनेस की जगह नहीं। हम सब यहाँ होटल में अपना-अपना बिजनेस करते हैं, धर्म नहीं...

दया : यह अश्लील काम होगा, मेरी आत्मा तो मानती नहीं...

सिन्धिया : अश्लीलता तो देखने वाले की नज़र में होती है। सुखदेव जी, आप ग्राहकों की माँग पूरी कीजिए। मैं भी बहुत बिजनेस लाकर दूँगा।

सुखदेव का मन : कहीं ये सब मेरे प्रति कुछ गलत धारणाएँ तो नहीं बना रहे। इन सबकी नज़रें मुझे क्यों देख रही हैं।

सबके-मन : कहीं हम मास्टरजी को अपना सलाहकार बनाकर गलती तो नहीं कर बैठे...?

सुखदेव : आप सबके मन में जो कुछ भी चल रहा है वह चलेगा ही लेकिन अपने आप आपको सही-गलत का पता लग जायेगा। घबराइए नहीं।

(**बत्ती बुझती है।**)

तीसरा अंक

पहला दृश्य

[सब बैठे हैं। गम्भीर विचार चल रहे हैं। इतने में फोन बजता है।]

रिसेप्शनिस्ट : हैलो, जी हाँ, कहिये, अभी देती हूँ...
(**दया के पास आकर**) सर, नेताजी का पी.ए. आपसे बात करना चाहता है।

दया : (**आश्चर्य से, नेताजी का पी.ए. सब बड़े खुश हैं।**) हम भी जाने-माने इज्जतदार लोग हो गये हैं। (**फोन उठाता है।**) हेलो...

पी.ए. : मि. दयानिधि...

दया : जी मि. दयानिधि स्पीकिंग।

पी.ए. : होटल कैसा चल रहा है...

दया : जी, आपकी कृपा है...

पी.ए. : हँसते हुए, अब हम पर भी कृपा करो।

दया : जो कहिये हुजूर...(**फोन माइक पर कर देता है जिससे सब सुन सकते हैं।**)

पी.ए. : चलो, अच्छा लगा, चुनाव आ रहे हैं। दस पेटी परसों तक भेज दो...

दया : जी अच्छा, पर मि....

पी.ए. : दमानी।

दया : मि. दमानी जी, दस पेटी किस चीज की बनी हुई...लकड़ी की, टिन की...और उसका साइज।

पी.ए. : पेटी का अर्थ नहीं समझते...

दया : पेटी का मतलब बक्सा, सन्दूक ही होता है, न...

पी.ए. : (**हँसता है**) बरखुरदार, दस पेटी का मतलब होता है

(**रुककर**) दस लाख...तुम परसों तक तैयार रखो। (**फोन रख देता है।) (यह सुनते ही, दया सन्न हो जाता है। उसके बोलने-सुनने की शक्ति खत्म हो जाती है। तहलका मच जाता है। वे सारे के सारे घबराहट के मारे तेज-तेज कदमों के चलते हुए कक्ष के चक्कर काटते हैं, फिर फोन बजता है। पी.ए. की आवाज़ सुनाई देती है।**)

पी.ए. : मि. दयानिधि, नेता जी का कहना है कि आपके होटल में ही ठहरेंगे, वहीं ले लिया जायेगा।

दया : (**घबराई हुई आवाज़ में**) सर, कैसे इतने का...

पी.ए. : सात सितारा होटल चला रहे हो...कोई सराय नहीं... कमरे के टेरिफ तिगुने कर दो, दो दिनों में आ जायेगा। (**अभी फोन रखा ही था कि शिक्षा मन्त्री जी का फोन आ गया।**)

मन्त्रीजी : अरे दया, भई कैसे हो...?

दया : (**लड़खड़ाई आवाज़ में**) जी थोड़ा अस्वस्थ हूँ...

मन्त्रीजी : डॉक्टर को दिखा कर दवादारू कर लो। (**रुककर**) मैंने इसलिए फोन किया कि तुम्हारे इलाके में एक महिला कॉलेज खोल रहे हैं और उसमें दयानिधि का नाम और तुम्हारे पार्टनरों के नाम तो अवश्य होने चाहिए (**सब बड़े खुश हो रहे हैं**) मैं चाहता हूँ कि एक करोड़ की छोटी रकम अभी दे दो, फिर आगे जब चाहिए होगा तो माँग लेंगे।

दया : कब तक...?

मन्त्रीजी : जब चाहो, सुविधानुसार...(**फोन बन्द हो जाता है**)

दूसरा दृश्य

सामूहिक बलात्कार

[इस दृश्य को पर्दे के पीछे से दिखाया जाये। इसमें आवाज़ों के माध्यम से प्रभाव डाला जाये।)

कौन...हो अरे छोड़ो मुझे...(**बचाओ-बचाओ की आवाज़ें उठती हैं फिर बढ़ती जाती हैं। पर कोई नहीं आता। ज़ोर से ठहाका मारकर हँसने की आवाज़ें।**)

एक : कोई नहीं आयेगा।

पिता : तुम्हें...(**बीच में ही**)

दूसरा : चुप कर बुड्ढे बड़ी खूबसूरत लौंडिया पैदा की है। (**माँ-पिता-बेटी की दिल दहला देने वाली आवाज़ें। बन्द कमरे में सब चीखते रह जाते हैं। वे सामूहिक बलात्कार कर चले जाते हैं। माँ-बाप-बेटी आत्महत्या कर लेते हैं। गुंडे कैश और जेवरात ले भाग जाते हैं। पुलिस आती है गली के लोग डर के मारे चुप हो जाते हैं। भयावना सन्नाटा छा जाता है।**)

(**म्यूजिक के द्वारा प्रभाव डाला जाये**)

टी.वी. पर आजतक चैनल...इस खबर को दिया जाता है।

दया का मन : जीवन एक सुनहला वरदान है। मानव को स्वस्थ और सुखी रहने के लिए ही यह स्वर्णिम अवसर मिला है। जीवन से बढ़कर अधिक मूल्यवान कुछ भी नहीं है। लोग किसी का जीवन इस क़दर नष्ट कर देते हैं...उफ़...। (**उसके मन में चलने वाले भावों को सुन सकते हैं।**)

तीसरा दृश्य

[मकान मालिक ज़ोर-ज़ोर से चिल्ला रहा है। तुम लोग कहीं भी जाओ पर मेरा घर इसी हफ्ते खाली कर दो।]

औरत : जरा तो रहम कीजिए, इंसानियत के नाम पर...

मकान मालिक : बातें न बना, पैसा रख।

औरत : हम सही समय पर मकान का किराया देते हैं कि नहीं।

म.मा. : तू कह अपने खसम को कि...

औरत : महँगाई इतनी ज़्यादा है कि पहनें क्या और निचोड़ें क्या।

म.मा. : (**सामान उठाकर बाहर फेंकता है**)

आदमी : देखो, मैं गद्दारी नहीं कर सकता। मैं कैसे बिजली का कनेक्शन तुम्हें दे दूँ (**रुककर**) यह गैरकानूनी है। कल पकड़ा गया तो कौन जिम्मेदार होगा।

म.मा. : तू होटल में काम करता है तो ऐसा कर...मुझे रोज़ एक पऊवा लाकर दे, (**ज़ोर से**) नहीं तो घर खाली कर।

औरत : नहीं, हम गलत काम नहीं करेंगे।

(सामान बाहर फेंकने की आवाज़ें, रोने-चीखने की दर्दनाक डरावनी आवाज़ें उन आवाज़ों से यह स्वर निकल रहा है कि किसे अपनी रक्षा के लिए पुकारें)

(बत्ती बुझती है।)

चौथा दृश्य

[सब सूट-बूट में प्रवेश करते हैं स्वागती के पास आकर खड़े होते हैं...सलाहकार...]

मास्टरजी : क्या रिपोर्ट है...?

स्वागती : सर, कमरे फुल हैं, होटल का कैफटेरिया फुल है, अगले चार माह तक सब बुक है। मॉल में खूब बिक्री हो रही है...

समवेत स्वर : गुड!

परमानन्द : काम बढ़ गया है। आज नये छोकरे-छोकरियों की भर्ती करने के लिए बुलाया है।

प्रकाश : हमने इसी उद्देश्य से होटल खोला था कि जिनके पास कोई डिग्री या हुनर न हो, जिनकी पहुँच नहीं है, जो गरीबी में जीवन बिता रहे हैं, जिनके घरों में एक दिन का भी खाना नहीं है, जिनके माता-पिता ने भी हाथ खड़े कर दिये हों...

दया : पर किसी कीमत पर बाल मजदूर नहीं रखेंगे।

गंगाधर : आज जो इंटरव्यू के लिए आये हैं वे सब बाल मजदूर हैं।

रामदेई : इसमें क्या है...जितने किशोर होंगे काम अच्छी तरह करेंगे **(उसका समर्थन सब करते हैं।)**

दया : **(टहलता हुआ)** आप यह मत भूलिए कि इन बालिकाओं को जब नौकरी मिल जायेगी तो वे अच्छा रिजल्ट देने के लिए सबकी आज्ञा मानेंगी। इन्हें लोग कई तरह से इस्तेमाल करेंगे और बाल वारांगनाओं की संख्या में वृद्धि होती जायेगी। जिसका भयानक परिणाम एड्स बनकर उभरेगा...कितनों का जीवन बर्बाद हमारी बेवकूफी के चलते होगा...

मास्टरजी : दया, तुम खामख्वाह डर रहे हो। ऐसा कुछ नहीं होगा। आज नारी सतर्क है। वह कहाँ से कहाँ पहुँच गयी है।

रामलाल : दया, मास्टरजी ठीक कह रहे हैं। हर नारी को अपना भला-बुरा मालूम है। (**कक्ष में थोड़ी देर चुप्पी छाई रहती है।**)

(**इतने में एक बूढ़ा अपनी पोती को लेकर आता है।**)

रामदेई : अरे काका, आप यहाँ...(**सबका ध्यान उस तरफ जाता है**)

काका : (**मुस्कुराते हुए सबको राम-राम करता है। सबका हालचाल पूछता है। सब उसको प्रेम से मिलते हैं**)

दया : कैसे आना हुआ काका...?

काका : यह मेरी पोती है, इसे काम पर रख लो...

दया : इसकी उम्र छोटी है...

काका : देखो, अगर तुम इसे नहीं रखोगे तो गाँव के भेड़िए ही इसे खा जायेंगे। (**वह गिड़गिड़ाता है। उसके गिड़गिड़ाने पर सब पसीजते हैं। एक-दूसरे की ओर देखते हैं।**)

मास्टरजी : आप सब आपस में सलाह-मशविरा करें और निर्णय लें (**सब सलाह करते हैं और नियम तोड़ कर उस बच्ची को रख लेते हैं।**)

काका : (**खूब आशीर्वाद देकर चले जाते हैं।**)

(**फोन की घण्टी बजती है। मन्त्री जी का फोन है।**)

मन्त्रीजी : दया, सोमवार को मैं आ रहा हूँ, कैश कॉलेज को देने के लिए तैयार रखना। अच्छा मिलेंगे। (**खलबली मच जाती है**)

गंगाधर : हमने जिस उद्देश्य को लेकर नेक इरादे से होटल खोला था, वह गुम होता दिखायी देता है। (**सब चिन्तित हैं**)

रामदेई : मास्टरजी अब आप बताइए, हम क्या करें। यह तो रोज़-रोज़ की समस्या खड़ी होती जा रही है।

रामलाल : हमने बेकार में अपने को फँसा लिया है। अब क्या होगा। गाँव में कम-से-कम दो वक़्त की रोटी तो खाते थे।

मास्टरजी : आपको पैसा देना तो पड़ेगा।

दया : लायें कहाँ से...

मास्टरजी : बैंक से लेकर दे दो...

गंगाधर : यानी कर्ज...

मास्टरजी : इससे डरिए नहीं ये हमारी जिन्दगी के अंग हैं। समस्या आने पर ही तो समाधान की ओर ध्यान दिया जाता है। यह समस्या इतने में ही नहीं टलेगी...आने वाले समय चिन्ता में बढ़ती ही जायेगी।(**सब घबरा रहे हैं**)

दया : मास्टरजी, आप यह देखिए कि कौन-सा कदम उठाना चाहिए।

मास्टरजी : मैं कुछ सोचता हूँ। आप सब मुझे कुछ देर के लिए अकेला छोड़ दो...

(**सबका प्रस्थान**) (**मास्टरजी स्वगत**) ...आज हम इक्कीसवीं सदी के दूसरे दशक में हैं किन्तु समस्याएँ दिनों-दिन बढ़ती जा रही हैं। इन भोले-भाले ग्रामीणों को कैसे बताऊँ कि आर्थिक उत्थान और नैतिक पतन होता जा रहा है। आज समय अतीत की गाथाओं को गाने का नहीं है अपितु आज की सच्चाई से रू-बरू होने का है। आज अपहरण कर फिरौती की मोटी रकम माँगी जाती है। ऐसी स्थिति इन सबके लिए आ सकती है...अच्छा यही है कि अपने बच्चों को विदेश भेजा जाये। (**कक्ष से बाहर जाता है और सबको बुलाता है।**)

अपने बच्चों को हायर एजूकेशन के लिए विदेश भेज दो। होटल के विशेषज्ञ बना दो।

(**सब हैरान होकर ऐसे देखते हैं जैसे कुछ गलत कह दिया हो।**)

रामदेई : आप यह क्या कह रहे हैं...

मास्टरजी : मैं बहुत दूर तक देखते हुए यह सलाह देता हूँ।

गंगाधर : हमारे बच्चे कैसे घर से बाहर जायेंगे...

पवनप्रकाश : मैं अपनी दोनों लड़कियों और दोनों लड़कों को कैसे बाहर भेज दूँ।

मास्टरजी : मैंने कुछ सोचकर ही यह सलाह दी है। मैंने अपने इकलौते पुत्र को पिछले साल ही होटल मैनेजमेंट के लिए भेज दिया है। इससे दो लाभ होंगे...

रामलाल : पर क्यों...और क्या लाभ होंगे।

रामदेई : उसके लिए कितना पैसा चाहिए...

मास्टरजी : (चुप) **(सब उनकी ओर देखते हैं एक सन्नाटा है।)**

दया : बताइए मास्टरजी...

मास्टरजी : आपके बच्चे जब बाहर जाकर पढ़ेंगे तो अपना कारोबार अच्छी तरह चला पायेंगे।

पवनप्रकाश : यह एक लाभ हुआ, दूसरा...

मास्टरजी : दूसरा (**गहरी साँस लेता है**) सुनोगे तो घबरा जाओगे। एक ही शर्त पर बताऊँगा कि तुम शान्त बने रहोगे। **(सब पहले तो असमंजस में रहते हैं फिर एक स्वर में कहते हैं।)**

सब : ठीक है, हम शान्त रहेंगे...

मास्टरजी : अगर यहाँ रहेंगे तो हो सकता है कि कोई उन्हें अगवा कर उठा ले जाये और फिर क्या करेंगे बच्चा इतना डर जायेगा कि उज्ज्वल भविष्य बनाना तो दूर...रोज़मर्रा का जीवन भी कठिन हो सकता है।

(सब विस्फारित नेत्रों से ऐसे देखते हैं जैसे कोई भूत देख लिया हो।)

(बैकग्राउंड से उन्हें कई आवाज़ें सुनाई देती हैं। पैसा निकाल नहीं तो साले तेरे बेटे को अभी ढेर कर दूँगा। बच्चे की आवाज़ें...पापा मुझे बचा लो। बचा ले...आ... भयानक हँसी...हा..हा...तू कहाँ बचकर जा रही है...मेरी सोनिया...बचाओ...बचाओ फिर गालियाँ...हरामजादी... कुतिया उतार...उतार...नहीं...खींचकर कपड़े के फटने की आवाज़ें...मनोवैज्ञानिक प्रभाव डाला जाये)

गंगाधर : पर इतना पैसा कहाँ से आयेगा...

मास्टरजी : आजकल, हायर स्टडी के लिए बैंक सुविधा देता है। आप सब जब इतना आगे बढ़ आये हैं तो पीछे थोड़े ही जायेंगे। जीवन विकास का नाम है...

दया : मेरी राय में हमें मास्टरजी की सलाह मान लेनी चाहिए।

मास्टरजी : आज पर कल खड़ा है। आज को सही करोगे तो कल हमारे बच्चे कुछ कर पायेंगे...

रामलाल : आज आम लगाओगे तो कल फल खाओगे...

पवनप्रकाश : मैंने तो सोच लिया है...मैं अपने चारों बच्चों को बाहर उच्च शिक्षा के लिए जितनी जल्दी हो सके भेज दूँगा। मास्टरजी आप मेरे बच्चों के लिए कार्रवाई शुरू कर दें।

गंगाधर : मेरे भी...

रामलाल : मेरे भी...

(बत्ती बुझती है।)

चौथा अंक

पहला दृश्य

[पाँच वर्ष बाद।
सबके बच्चे होटलियर का पूरा कोर्स करके आ गये हैं। सबने होटल का एक-एक विंग सँभाल लिया है। होटल आगे से बढ़कर सुन्दर तथा कार्यशैली में बेजोड़ माना जाने लगा है। कई तरह के नये-नये प्रोग्राम चलाये जा रहे हैं।
पुरानी पीढ़ी और नयी पीढ़ी खुश है। फोन आता है।]

दया : नमस्कार मन्त्री जी।

मन्त्रीजी : नमस्कार, कैसा चल रहा है...

दया : जी, आपकी दया है...

मन्त्रीजी : चुनाव आ रहे हैं। तुम्हारी मदद चाहिए...

दया : हुक्म कीजिए सरकार...

मन्त्रीजी : चुनाव, तुम जानते हो कि कितना टफ है, आजकल जीतना कितना कठिन हो गया है। बस पन्द्रह करोड़ का इन्तजाम हो जाये तो अच्छा है।

दया : पन्द्रह करोड़....

मन्त्रीजी : अरे, फिक्र मत करो...एक बार चुनाव जीत गया तो लक्ष्मी की ऐसी कृपा करवाऊँगा कि सोने का होटल बनवा सकोगे...

दया : आप मुझे कम-से-कम एक सप्ताह तो दीजिए।

मन्त्रीजी : ठीक है। ऐसा करना तुम मेरे फार्म हाउस में आ जाना। मैंने एक पार्टी रखी है। पार्टी का मजा भी लेना और माल भी ले आना। और हाँ...उस पार्टी का सारा प्रबन्ध तुम्हारे होटल की ओर से होना चाहिए। हर बार तुमने ही योगदान दिया है। इस बार भी तुम ही देना।

तुम्हारे साथ किये गये वादे भी पूरे कर दूँगा...

दया : जी, आप चिन्ता मत कीजिए...मैं देख लूँगा।(**फोन रखकर**) हमारा साहस, सन्तुलन, जोश, विवेक सब खत्म हो गया है। हमने स्वयं अपने पैरों पर कुल्हाड़ी मारी है...हाय...।

मयंक : (**सारे बच्चे इस बातचीत को सुनते हैं और भारी चिन्ता में डूब जाते हैं।**) पापा, किसी भी भारी विफलता को पूर्ण पराजय मान लेना भी तो भयंकर भूल है।

मृदुला : विवेकशील व्यक्ति किसी भी स्थिति को जय-पराजय के तराजू में नहीं तौलते। पिताजी, आप ही तो हमें बचपन में तुलसीदास की वाणी का उदाहरण दिया करते थे...भूल गये...सुकृतसेन हारत जितई है...यानी उत्तम कर्म की सेना (शक्ति) हारकर भी जीतती है क्योंकि पुण्य सदा विजयी है।

केसरचन्द : अपनी निधि को बिना पहचाने तो राजा भी रंक ही होता है।

मिनी : आज अनेक प्रकार के भय हमें सता रहे हैं—अपमान का भय, लुट जाने का भय, मृत्यु का भय, कर्ज में डूब जाने का भय। क्या हम सारा जीवन यूँ ही रोते-बिलखते खत्म कर देंगे...भय भूखे भेड़िए की तरह मनुष्य की सेहत और खुशी को खा जाता है। चिन्ता हमें पंगु बना देती है। अज्ञात भय हमारी जीवन शक्ति का ह्रास करते रहते हैं। (**रुककर**) हम सब प्रकार के पश्चात्ताप छोड़कर आगे बढ़ें और आत्मविश्वास से युक्तिपूर्वक स्थिति सँभालें। फिर एकाएक विचार कौंध जाता है। वे एक-दूसरे को कान में बताते हैं।

(बत्ती बुझती है।)

दृश्य-2

मास्टरजी : (**अपने आप से तर्क करते हुए**)
अब समय आ गया है कि हम भारत में होने वाले भ्रष्टाचार का उन्मूलन करें। देश दिन-पर-दिन नैतिक मूल्यों को

बिसार चुका है। हमारे प्रगति के किसी मील के पत्थर पर हमारे शहीदों ने कुर्बानी के खून से फतह की इबादत लिखी थी तो मील के किसी पत्थर पर हमने इंसानियत को शर्मसार करने वाली करतूतों की स्याह दास्तानें अंकित कर दी हैं। पहले के मुकाबले आज हालात और भी चुनौतीपूर्ण हो गये हैं। चन्द भ्रष्ट नेताओं, लालची कम्पनियों के अनैतिक आचरण के कारण समाज पतन की ओर जा रहा है। आप सबने सब कुछ जान लिया है। अब अपने ढंग से कदम उठाओ।

(**प्रकाश बुझता है**।)

मन्त्री जी का फार्म हाउस। सब लोग बैठे हैं बहुत सुन्दर डांस सामने पर्दे पर चल रहा है। मीडिया कवरेज ले रही है। एकाएक पैसे देते हुए कवरेज ले लेती है। एक भगदड़ मच जाती है। आवाज़ें आ रही हैं—मन्त्री जी 15 करोड़ रिश्वत लेते पाये गये...

दृश्य-3

[सब बहुत खुश हैं। अपने बच्चों की समझदारी को देख सब राहत की साँस लेते हैं...।]

मास्टरजी : जो काम बल अथवा पराक्रम से सम्भव न हो, उपाय द्वारा सरलता से हो सकता है। साथियो, विपत्ति कभी भी घबराने से दूर नहीं होती, सहजता से छोटी-छोटी बातों पर ध्यान देते हुए संगठन द्वारा दूर किया जा सकता है। सब मिलकर एक साथ खड़े होते हैं।

(**सब प्रौढ़ावस्था में हैं पर सबने पैंट-कोट-टाई पहनी है**)

[पटापेक्ष]

भारत कहाँ जा रहा है?

दो शब्द

महात्मा गाँधी की एक सौ पचीसवीं वर्षगाँठ तथा आज़ादी की पचासवीं वर्षगाँठ पर सम्पूर्ण भारत में राष्ट्रीय स्तर पर गाँधी जी के विचारों पर चिन्तन; भाषण सेमिनार तथा संगोष्ठियों का आयोजन नाना संस्थाओं ने किया।

सर्वधर्म समभाव भारत की संस्कृति का अभिन्न अंग है। कई शताब्दियों से हम उसे अपनाये हुए हैं जो हमारे उदात्त व्यक्तित्त्व और सशक्त चरित्र का द्योतक है। आज भौतिकवादी परिवेश के चलते अनेक विचारधाराएँ युवापीढ़ी की ही नहीं अपितु हर उम्र के नर-नारियों को गुमराह कर रही हैं। ऐसे नाजुक समय में मानवता के अस्तित्त्व हेतु प्रेम, श्रद्धा, विश्वास, करुणा, सत्य-अहिंसा की भावाना की परम आवश्यकता है। आज दिन-दहाड़े पैसे ही हवस में इनसान शैतान वहशी दरिन्दा बनता जा रहा है। आज हमें गाँधी जी की भावनाओं में निहित स्वर को समझना-समझाना होगा।

मुझे आशा है कि सुधी पाठक इससे सहमत होंगे।

शिक्षक दिवस

5.9.1998

शुभकामनाओं सहित

—मधु धवन

देश निर्माता : गाँधी जी

प्रकृति की संरचना कुछ ऐसी है कि समाज में किसी समय उत्पन्न दुराचार, अत्याचार, बेईमानी एवं आतंक का अन्त करने के लिए विश्व के समस्त भू-भागों में ऐसे महापुरुष अथवा अवतार जन्म लेते हैं जो ज्योतिपुंज बनकर चारों ओर प्रखर प्रकाश का प्रसार करते हैं। ऐसी महान विभूतियाँ अपनी साधना एवं तपोबल से युग को संक्रमण की स्थिति से उभारती रहती हैं। ये युगपुरुष ऐहिक सुख-साधनों, आकर्षणों से मुक्त व्यक्ति और समाज के सर्वतोन्मुखी उत्थान में अग्रसर हो जाते हैं।

कई हज़ारों वर्ष पूर्व लिखी गयी गीता की यह उक्ति सदा प्रासंगिक है—

यदा यदा हि धर्मस्य ग्लानिर्भवति भारत।
अभ्युत्थानम् धर्मस्य तदात्मानं सृजाम्यहम्।

भारत भूमि पर राम, कृष्ण, गौतम, शंकराचार्य, महावीर, स्वामी रामकृष्ण परमहंस, विवेकानन्द, दयानन्द सरस्वती, राजा राममोहन राय, विद्यासागर इसी प्रकार की महान विभूतियाँ हुईं। निर्विवाद रूप से यह कहा जा सकता है कि अंग्रेजी सत्ता की चंगुल से भारत को मुक्त करने का जहाँ तिलक, गोखले, पटेल, लाला लाजपतराय, रानाडे एवं मोतीलाल नेहरू जैसे महानुभावों ने बीजारोपण कर उसे संपुष्ट किया। वहाँ महात्मा गाँधी ने अपनी अखण्ड साधना तथा सूक्ष्मदर्शिता से एक नवीनतम मार्ग अपनाया और जन जागरण कर देश को स्वाधीनता के चरम तक पहुँचाया।

दक्षिण अफ्रीका के भारतवासियों की समस्या का तत्कालीन हल हो जाने पर गाँधी जी ने अपना कार्यक्षेत्र भारत बनाने का सोचा। भारत में अंग्रेजी हुकूमत के जुल्मों को देख उस अन्यायी सरकार को उखाड़ फेंकने का दृढ़ निश्चय किया। उन्होंने अंग्रेजी सरकार के विरुद्ध 'असहयोग' की घोषणा कर देश को कर्तव्य के प्रति जगाने के लिए शंखनाद कर आह्वान किया। उनके नेतृत्व में अभूतपूर्व एकता स्थापित हुई। देश जिस विषम परिस्थिति से गुजर रहा था उसमें नयी दिशा

का अभाव था। वातावरण में आवेश था लेकिन नयी चुनौतियों को स्वीकार करने की क्षमता कहीं खो गयी थी। कांग्रेस उदार और उग्र विचारकों में विभक्त होने के कारण अपना प्रभुत्व बनाने में असफल दीख रही थी। ऐसी परिस्थितियों के बीच देश को गाँधी जी मिले। उन्होंने अपने व्यावहारिक जीवन को आध्यात्मिक, नैतिक, दार्शनिक तथा नैतिक तत्त्वों से समाहित कर देश के समक्ष अपने को प्रस्तुत किया। उनका आगमन तथा व्यवहार देशवासियों के लिए मनोवैज्ञानिक संबल स्वरूप सिद्ध हुआ। भारतीयों के मन से भय दूर हो गया। निर्भयता का मंत्र लेकर भारतीय समाज जागृत हो गया। उन्होंने हिंसा को अहिंसा, घृणा को प्रेम, भय को अभय तथा धैर्य प्रेम से जीता।

गाँधी जी ने देश के निर्माण में धर्म को प्रथम स्थान प्रदान किया। उनके विचार का आधार धर्म की अनुभूति ईश्वर में थी। अतः उनके ईश्वर का रूप समझना आवश्यक है—गाँधी जी ईश्वर को मूर्ति के रूप में नहीं देखते थे। उनके लिए ईश्वर नामविहीन और जातिविहीन था। गाँधी के शब्दों में—"मेरा राम ऐतिहासिक राम नहीं है। वह अमर है। अजन्मा है और जिसका कोई दूसरा रूप नहीं है। मैं अकेले उस राम की पूजा करता हूँ।" अपनी बात को और स्पष्ट करते हुए कहते हैं—"ईश्वर एक ऐसी वस्तु है जिसकी परिभाषा करनी कठिन है, जिसे हम अनुभव करते हैं लेकिन जिसे हम मानते नहीं।"

गाँधी जी सब मनुष्यों को ईश्वर का अवतार मानते हैं। ईश्वर की इस वास्तविकता को गाँधी जी ने एक शक्ति के रूप में आद्योपान्त अनुभव किया। यंग इंडिया, 26 दिसम्बर 1924 के अंक में वह कहते हैं—"ईश्वर प्रकाश है, अन्धकार नहीं। प्रेम है, घृणा नहीं, ईश्वर सत्य है, असत्य नहीं। ईश्वर अकेला ही महान है, हम सब उसकी रचना धूल के समान है।" वह अपनी प्रार्थना ईश्वर और अल्लाह दोनों ही नामों से प्रारम्भ करते थे। ईश्वर के रूप में राम का नाम उन्हें प्रिय था। गाँधी जी के जीवन ने ईश्वर के अनन्त रूप को समझने के लिए तीन आधारों को समझना होगा—ज्ञान, भक्ति और कर्म के माध्यम से गाँधी जी ईश्वर को समर्पित थे। भक्ति के माध्यम से उन्होंने सम्पूर्ण जीवन को राममय बनाकर कर्म की दुनिया में संन्यास नहीं लिया। उनका अपना दृष्टिकोण यह था कि प्रत्येक मनुष्य को कर्म करते रहना चाहिए। फल की अनुभूति उसके हृदय में नहीं आनी चाहिए। फल देना ईश्वर के हाथ में होता है। ईश्वर को वह सदैव कानून और कानून का निर्माता मानते थे। इसलिए उनकी यह आस्था नहीं कर सकता। जिन्हें ज्ञानानुभूति नहीं है उसके विषय में संघर्ष कर सकते हैं। किन्तु गाँधी जी के लिए ईश्वर हर क्षण उपस्थित है। गाँधी जी के कार्यों की पूर्णता का

आधार ही ईश्वरमय जीवन था। वह असंख्य नर-नारियों की सेवा में ही ईश्वर की अनुभूति किया करते थे। ईश्वर की दृष्टि में ऊँच-नीच, छोटे-बड़े का प्रश्न नहीं आता। ईश्वर ऐसे मन्दिर में निवास नहीं करता जिसमें हरिजनों के लिए द्वार बन्द हो। मानव की सच्ची सेवा ही उनके लिए अनिवार्य थी। सत्य और अहिंसा का अन्योन्याश्रय सम्बन्ध है। सत्य में ईश्वर का वास रहता है। गाँधी जी ने इस सत्य के आचरण को ही धर्म माना है। ''सत्य के अनुकूल आचरण करना ही मैं अपना धर्म समझता हूँ। यदि यह दुनिया वैर से भरी होती तो इसका कभी का अन्त हो गया होता। दुनिया प्रेम के ही सहारे टिकी है। सच्ची अहिंसा हृदय परिवर्तन की प्रक्रिया को सहज कर देती है।''

गाँधी जी के लिए स्वराज्य की प्राप्ति का प्रश्न एक लक्ष्य के समान था। इस पवित्र लक्ष्य की प्राप्ति वह अहिंसक साधनों से ही करना चाहते थे। ''सत्य और अहिंसा की नीति के अतिरिक्त मुझमें कोई नीतिचातुर्य नहीं है। स्वदेश और धर्म के उद्धार हेतु भी मैं सत्य और अहिंसा को त्याग नहीं सकता। मैं शुद्ध, पवित्र अहिंसा में श्रद्धा रखता हूँ।'' उनका पूर्ण सत्याग्रही जीवन सत्य के आग्रह और साधनों की पवित्रता के साथ ही आरम्भ हुआ। 'चौरा चोरी' काण्ड के कारण सत्याग्रह में हिंसा आ जाने के कारण उसे बन्द कर दिया क्योंकि वह हिंसात्मक साधनों द्वारा भारत के लिए स्वराज्य पाना नहीं चाहते थे।

सत्याग्रह के बल पर स्वराज्य पाने की साधना में गाँधी जी लगे रहे। सत्याग्रह स्वयं ही सहने की इच्छा का नाम है। इसलिए इसमें वैर्य भावना का जन्म नहीं होता। ''सत्याग्रह का यह अर्थ लिया गया कि विरोधी को पीड़ा देकर नहीं बल्कि स्वयं कष्ट उठाकर सत्य की रक्षा करना।''

सत्याग्रह एक विधेयात्मक एवं अप्रतिहत शक्ति के रूप में कार्य करता है। इसका प्रभाव अनुभव सिद्ध है। इस नये मापदण्ड में सत्याग्रह का विधेयात्मक स्वरूप सत्य और अहिंसा के कारण है। सत्य और अहिंसा क्योंकि निष्क्रिय नहीं है इसलिए सत्याग्रह भी निष्क्रिय वृत्ति का नाम नहीं है। गाँधी जी के लिए सत्याग्रह का अर्थ गतिशीलता तथा क्रियाशीलता है। यह सत्य की शक्ति है जो प्रवाहमान रहनी चाहिए सत्याग्रही को वैयक्तिक रूप से कष्ट सहना है। इसमें भी अहिंसा की आत्मा विधेयात्मक प्रेम के साथ सम्बद्ध है। सत्याग्रह इस प्रकार से विशुद्ध आत्मशक्ति है। सत्याग्रह बलवान का शस्त्र है। इसमें कहीं भी हिंसा को स्थान नहीं क्योंकि वह सदा सत्य पर बल देता है। सत्याग्रह के सिद्धान्त का यदि विवेचन करें तो यह तथ्य स्पष्ट हो जाता है कि उसमें तो निरन्तर कष्ट सहने की क्षमता का विकास होता है। सत्याग्रह शुद्ध आत्मा की भावना के कारण होता है।

विनय और विवेक उसकी बुनियाद है। सत्याग्रही झूठी प्रतिष्ठा के फेर में नहीं है।

गाँधी जी ने सत्याग्रह के बल पर भारतीयों के आत्मबल को ठोस धरातल दिया जिसकी बुनियाद पर ही भारत निर्माण कार्य को गति मिली। सन् 1913 में दक्षिण अफ्रीका से ही उपवास पद्धति को अपनाया था। और प्रेम से क्रमवार मजदूरों के हितों के लिए, रोलेट बिल के विरोध में चौरा-चोरी प्रसंग में, साम्प्रदायिक वैमनस्य के विरोध में उपवास किये थे।

विदेश में– 1. 1913–दक्षिण अफ्रीका में फिनिक्स आश्रम के दो व्यक्तियों के साथ।

2. अगस्त–फिनिक्स आश्रम के एक व्यक्ति द्वारा जानबूझ कर धोखा देने और मिथ्याचार करने के कारण 14 दिन का उपवास।

भारत में– 1. फरवरी, 1918–अहमदाबाद में मजदूरों की हड़ताल के सम्बन्ध में 3 दिन का उपवास।

2. 13 अप्रैल, 1919–रोलेट बिल आन्दोलन के दिनों में 7 दिन का उपवास।
3. नवम्बर, 1921–प्रिंस आफ वेल्स के स्वागत बहिष्कार के सन्दर्भ में मुम्बई में दंगा हो जाने पर 4 दिन का उपवास।
4. 1922–चौरा-चौरी काण्ड के प्रसंग में 5 दिन का उपवास।
5. 17 सितम्बर, 1924–देश में हिन्दुओं और मुसलमानों के बीच बढ़ते हुए वैमनस्य को मिटाने के लिए 21 दिन का उपवास।
6. 1924–साबरमती आश्रम के छात्रों में चरित्रदोष आने पर एक सप्ताह का उपवास।
7. 2 दिसम्बर 1932–श्री अप्पासाहब पट्टवर्धन के समर्थन में 2 दिन का उपवास।
8. 20 सितम्बर, 1933- यरवदा जेल में आठ दिन का उपवास, दलित वर्ग को पृथक् प्रतिनिधित्व देने के विरोध में।
9. 8 मई, 1933–जेल काल में 21 दिन का उपवास, हरिजन आन्दोलन के संदर्भ में।
10. अगस्त, 1993–हरिजन कार्य न मिलने के कारण।
11. 7 अगस्त, 1934–अजमेर की सभा में हुए दंगे पर प्रायश्चित करने के लिए 7 दिन का उपवास।
12. 3 मार्च, 1936–राजकोट में आमरण अनशन, वायसराय के आश्वासन पर 4 दिन में समाप्त।

13. 10 फरवरी, 1942—आगा खाँ महल में 21 दिन का उपवास—सर्वोच्च न्यायालय से न्याय की अपील के लिए।

14. 2 सितम्बर, 1947—कलकत्ता में हिंदू-मुस्लिम एकता स्थापित करने के लिए 72 घण्टे का उपवास।

15. 14 जनवरी, 1948—साम्प्रदायिक एकता के लिए 121 घण्टे का उपवास।

सामाजिक क्षेत्र में व्यक्तिगत उत्थान से उदात्त गुणों का विकास हुआ। 'आत्मशुद्धि की भावना से जीव मात्र में ऐक्य की अनुभूति स्थापित होती है' की भावना भरने वाले गाँधी जी ने राग-द्वेष से दूर, पवित्र आस्थाओं में विश्वास अहम् का नाश, पवित्रता के लिए मौन धारण करना, उपवास, प्रार्थना तथा सर्वधर्म समभाव की उत्पत्ति मानव के नैतिक उत्थान पर बल दिया।

इसके अलावा गाँधी जी के दो मुख्य आन्दोलनों—असहयोग आन्दोलन तथा 'सविनय अवज्ञा आन्दोलन' के चलते देश को सामूहिक ताकत मिली।

गाँधी जी ने एक ऐसे राज्य की व्यवस्था का आदर्श प्रस्तुत किया है जिसमें शक्ति, सत्ता और हिंसा को कोई स्थान प्राप्त न हो। परिणामस्वरूप वह 'रामराज्य' को राज्य का आदर्श मानते हैं।

आर्थिक क्षेत्र के विकास में गाँधी जी का बहुत बड़ा योगदान था। उन्हें ऐसे आदर्श स्वीकार नहीं थे जिसमें भौतिकता आध्यात्मिकता पर अपना प्रभुत्व जमा ले और मनुष्य आर्थिक परिस्थितियों से सामना करता हुआ अनैतिकता से गठबन्धन कर ले। गाँधी जी का कहना था "इन्सान की कमाई का मकसद केवल भौतिक सुख पाना नहीं है, बल्कि अपना नैतिक या रूहानी विकास करना है। गाँधी ने अर्थशास्त्र के रूप में माना है। इसलिए गाँधी जी अर्थशास्त्र और नीतिशास्त्र को कोई विभेद की रेखा नहीं खींचते।

मुख्य लघु उद्योगों के प्रति ध्यान दिलाना यह साबित करता है कि स्वतन्त्र उद्योग चलाये जा सकते हैं जैसे गन्ने का गुड़, शक्कर बनाना, तिलहन का तेल उद्योग, चटाई उद्योग, धान से चावल निकालने का उद्योग, आम पापड़ उद्योग आदि ऐसे बहुत से उद्योग जिनके माध्यम से भारतीय अर्थव्यवस्था को पुनः सुसम्पन्न किया जा सकता है। गाँधी जी ने लघु उद्योगों को महत्त्व प्रदान कर देश की आर्थिक स्थिति को उठाने का प्रयास किया। भारत के पुनरुत्थान के लिए यह आवश्यक है कि लघु उद्योगों तथा ग्रामउद्योग को पर्याप्त महत्त्व दिया जाये।

धार्मिक क्षेत्र में—गाँधी जी ने ऐसे किसी भी धर्म के परम्परागत मान्य सिद्धान्तों के साथ समझौता नहीं किया जिस पर अन्धविश्वासों की काली छाया पड़

रही हो। धर्म के नाम पर मन्दिरों में की जाने वाली पशुबलि प्रथा को मान्यता नहीं दी। उनकी मान्यता के अनुसार कोई भी धर्म हिंसा की स्वीकृति नहीं दे सकता।

गाँधी जी का यह मानना है कि मानव व्यक्तित्त्व का सच्चा विकास केवल अहिंसक समाज में ही विचार का विषय बन सकता है। हम यदि वास्तविक स्वतन्त्रता के सुख को भोगना चाहते हैं तो यह आवश्यक है कि हमें अपने आर्थिक मन्तव्यों की पूर्ति में भी अहिंसक ही बने रहना चाहिए। मानवीय अर्थशास्त्र की जिज्ञासा में जहाँ अहिंसक अर्थशास्त्र को प्रस्तुत देखते हैं वहाँ न शोषण है और न अतिरिक्त लाभ की आकांक्षा है। अहिंसा सूक्ष्म रूप में हमें सच्चे जीवन की अनुभूति कराने के साथ-साथ सद्‌जीवन यापन की प्रेरणा भी देती है। 'श्रम की महत्ता' समानता लक्ष्य, व्यवहार, लघु उद्योग, यांत्रिक सभ्यता और भारत कुटीर उद्योग केन्द्रीकरण की प्रवृत्ति। केन्द्रीकरण की प्रवृत्ति चाहे राजकीय प्रभुत्व के लिए हो अथवा व्यक्तिगत, दोनों ही पद्धतियां विकारग्रस्त हैं। गाँधी जी इस शोषणयुक्त केन्द्रित आर्थिक व्यवस्था के स्थान पर जिस अर्थव्यवस्था को देना चाहते थे उसका स्वरूप शोषणमुक्त विकेन्द्रित अर्थव्यवस्था है। इससे पूँजीवाद के साथ-साथ समाजवाद के दुष्प्रभावों से सहज ही बच सकते हैं। गाँधी जी ने इस अर्थव्यवस्था को भारत के लिए सर्वाधिक उपयुक्त अनुभव किया। वह कहते हैं—मेरा विरोध मशीनरी के विरुद्ध नहीं बल्कि उस उन्माद के लिए है जिसमें मशीन केन्द्रित है। यंत्रीकरण किसी भी रूप में बुरा नहीं है। जब मशीनें श्रम और समय की बचत करती हैं तो अच्छी लगती हैं। जब कि आवश्यकता या साधनों के अनुपात में मनुष्य कम हों, लेकिन मनुष्य बहुत हों तो बेरोजगार को प्रोत्साहन देना है। गाँधी जी को प्रत्येक ऐसा आविष्कार अच्छा लगता था जो जनहित के लिए किया जाये। गाँधी जी ने स्वदेशी मंत्र समाज को दिया। कोई भी देश अपने अस्तित्त्व को सुरक्षित तभी रख सकता है जब कि वह मूल रूप से स्वदेशी भावना को अंगीकार कर ले। स्वदेशी की भावना एक चेतना है जो मनुष्य को अपने पड़ोसी की मदद करने के लिए प्रेरित करती है। स्वदेशी की भावना के पीछे आत्मनिर्भरता का भाव देखना चाहते थे। शराब नशाखोरी पर रोक, शिक्षा का प्रसार बेसिक ट्रेनिंग साहित्यिक शिक्षा की अपेक्षा उद्योग की शिक्षा पर बल दिया जिससे देश का सर्वोदय हो।

गाँधी जी ने सन् 1925 में ही लिखा था, ''मैं भारत को स्वतन्त्र और बलवान बना हुआ देखना चाहता हूँ।''

मूल्यांकन यह स्पष्ट करता है कि गाँधी जी लक्ष्य-प्राप्ति के साधन भी लक्ष्य के अनुरूप ही स्वच्छ एवं पवित्र होने आवश्यक हैं। उन्होंने—सत्याग्रह, उपवास

असहयोग तथा सविनय अवज्ञा आन्दोलनों एवं रचनात्मक कार्यक्रमों द्वारा अपने कथ्य को करनी में परिवर्तित कर सभी को चकित कर दिया। समाज के उत्थान के लिए हृदय की पवित्रता अथवा आत्मशुद्धि के द्वारा ही सम्भव है। समन्वयवादी भावना पर बल देते रहे। गाँधी जी के सर्वधर्म-समभाव की मूल प्रेरणा सर्वजन हिताय की भावना से ही उदय होती है। नैतिक विकास को बढ़ावा देने का सतत प्रयास कर विश्व को प्रमाणित कर दिया कि जहाँ चाह वहाँ राह होती है।

शुभकामनाओं सहित

–मधु धवन

शिक्षक दिवस

5.9.1998

पहला अंक

पहला दृश्य

[मंच को दो भागों में बाँट लें। एक ओर मन मुताबिक प्रतीकात्मक रंगमंच बनायें जिसमें विशेष रूप से आतंकवादी वातावरण के रूह कँपा देने वाले चित्र, आगजनी, भयंकर बीमारियों के रोगी, प्रदूषण इत्यादि का आभास हो। जहाँ एक ओर तकनीक की उन्नति है तो दूसरी ओर मानवीय चेतना का ह्रास। मंच के दूसरे भाग में गाधी जी अकेले बैठे लिख रहे हैं। बीच-बीच में उनकी नज़रें सामने के दृश्य पर जाती हैं। वे चिन्तन करते हुए प्रतीत होते हैं। थोड़ी देर बाद लिखना बन्द कर उठ बैठते हैं। एक-एक कर क्रमवार निकल कर मंच पर आ जाते हैं–]

गाँधी : भारत की स्थितियाँ गम्भीर होती जा रही हैं...क्या (**स्वगत**) तुम देखते रहोगे...?

दूसरा : मैं कोई तमाशबीन तो नहीं जो देखता रहूँ...?

प्रथम : फिर...?

दूसरा : फिर...का क्या मतलब...?

तीसरा : यदि तुम तमाशबीन नहीं तो क्या कर रहे हो...?

पहला : (**गम्भीरता से**) स्वर्ग में बैठकर मैं कर ही क्या सकता हूँ...?

दूसरा : यहाँ से ही तो ज़्यादा अच्छा काम कर पाओगे...।

तीसरा : (**ज़ोर से हँसता हुआ**) यह खूब कही...बात सोलह आने सच कही।

पहला : क्या कर सकता हूँ...? (**चिन्तनशील मुद्रा में घूमते हैं**) (**सोचते हुए**) यह चिन्तन का विषय है।
(**दोनों प्रतिरूप दृश्य हो जाते हैं**)

पहला : कैसे करूँगा...आज वह समाज नहीं रहा...आज लोग मनचले हो गये हैं...

दूसरा : तुमने कितनी खोज की थी क्या था जीवन का सत्य?

पहला : हाँ...मेरे भक्तिपूर्ण खोज ने मुझे 'ईश्वर सत्य है' के प्रचलित मन्त्र के बजाय 'सत्य ही ईश्वर' का रूप दिखाया।

दूसरा : तो इसी से काम शुरू करो...

पहला : हाँ...तुम ठीक कहते हो...जब भारत गुलाम था उस समय भी मैंने यही निश्चय किया था...श्रद्धा, मैत्री, विश्वास, प्रेम, करुणा की राह पर चलूँ जिन्होंने भारत की नैतिक भावनाओं को खाया है वे मुझे भी खा लें। मुझे कोई भय नहीं किन्तु मैं मानवता की पूँजी में वृद्धि ही करूँगा...

दूसरा : तो फिर सोच क्या रहे हो....?

पहला : सोच रहा हूँ कि उस समय लोग बहुरूपिए स्वार्थी नहीं थे किन्तु अब बहुत ज़्यादा हैं।

पहला : कैसे करूँ....कहाँ से शुरू करूँ...?

दूसरा : मेरी राय में व्यक्तिगत उत्थान से काम शुरू करो...।

तीसरा : (**एकाएक सामने प्रकट होता है।**) कुछ करने से पहले चिन्तन-मनन अनिवार्य होता है...। आज पहले जैसी बातें और वातावरण नहीं है।

पहला : (**अपनी गलती को स्वीकारते हुए**) तुम ठीक कहते हो...(**कुछ पल मौन टहलते हुए**) मनुष्य एक पूर्ण इकाई है जिसका व्यक्तिगत उत्थान समाज और देश दोनों के लिए ही वरदान स्वरूप होता है।....मुझे अब क्या करना चाहिए?

तीसरा : सोचो उत्थान कैसे होना चाहिए....? (**बात काटता हुआ**)

दूसरा : उत्थान चँहुमुखी हो...

तीसरा : उदात्त गुणों का विकास होना ज़रूरी है।

दूसरा : ये कौन से गुण हैं पहले यह बताओ—

पहला : (**गिनाते हुए**) प्रेम, विश्वास, श्रद्धा, करुणा, अहिंसा, सत्य

दूसरा : केवल अहिंसामय...केवल अहिंसामय होना चाहिए...

पहला : होना चाहिए नहीं....होना परम् आवश्यक है।

तीसरा : यह बात खासतौर ध्यान देने की है।

पहला : आज आतंकवादी माहौल पैदा हो गया है...यह मार-काट की प्रकृति मुझे अच्छी नहीं लगती। किसी को मारकर,

हत्या कर उसकी सम्पत्ति का मालिक बनना....अपने भारतीयों को ही...?

दूसरा : यही तो कर रहे हैं लोग...?

तीसरा : आज व्यक्ति धर्मभीरू नहीं रहा, वह स्वयं अपने भाग्य का निर्माता बना फिरता है।...

पहला : किसी की आह पर कोई जीवन वाहवाही पा सका?

दूसरा : यह तुम सोचते हो...केवल तुम। दुनिया तो तुम्हें 'लाचारी का नाम महात्मा गाँधी' कहती है...कितनी बार तो तुम सुन चुके हो और मुस्कुरा चुके हो।

पहला : जो भी हो अहिंसामय जीवन ही व्यक्ति को उत्थान की ओर ले जा सकता है।

दूसरा : लोग रातोंरात अपने सपनों को पूरा करना चाहते हैं उनमें सब्र कहाँ...? यदि सब्र होता तो वे आतंकवादी बनते...? वे काम करने वाले परिश्रमी न होते? तुम अपनी दृष्टि बदलते क्यों नहीं? एक आज़ादी हासिल क्या कर ली इसका यह मतलब तो नहीं कि सदा लोग तुम्हारी मानें अपनी मन मर्जी न करें? तुम्हारी मानेंगे तो तुम नादिरशाही नहीं कहलाओगे? **(चिन्तन)**

: प्रजातान्त्रिक शासन प्रणाली में यह अनुचित न होगा?

पहला : कुछ और गहन चिन्तन की आवश्यकता है।

दूसरा : हर व्यक्ति निरन्तर सत्य-अहिंसा पर कैसे चल सकता है?

पहला : नहीं चल सकता तो उसे चलना सीखना चाहिए।

दूसरा : कोई किसी की क्यों परवाह करेगा...?

पहला : अहिंसा....अहिंसा...वास्तव में हमारी आन्तरिक अनुभूतियों की अभिव्यक्ति ही तो होती है।

दूसरा : आतंकवादी ज़्यादा रौद्र होते हैं, उनके सामने अहिंसा की बात करने की सार्थकता नहीं उन्हें तो अर्थ चाहिए...।

पहला : अहिंसा सदा दूसरों को नुकसान पहुँचाने की बजाय अपने जीवन का त्याग करने के लिए तत्पर रहती है...(**दूसरा प्रतिरूप ज़ोर-ज़ोर से हँसता है**)

(प्रकाश मंच के दूसरे कोने पर होता है।)

दूसरा दृश्य

[एकाएक सात-आठ बन्दूकधारी काले साफों से मुँह-सिर लपेटे प्रवेश करते हैं। उनको देखकर घर के लोग—चीखते हैं...बचाओ...]

एक : (**ज़ोर से**) खामोश! नहीं तो भून डालूँगा।

दूसरा : लाइन में खड़े हो जाओ।

(**बूढ़े माता-पिता, बहू-बेटा, दो जवान लड़कियाँ सब लाइन में खड़े हो जाते हैं।**)

एक : खबरदार किसी ने कोई चालाकी की तो...

दूसरा : बाँध दो इनको (**सब उन्हें तेजी से बाँधने लगते हैं। पहले उनके मुँह पर टेप लगाते हैं।**)

: बाँधते वक़्त मनचले जवान लड़कियों को चूमते हैं। वे बेबस घृणा और क्रोध की नज़रों से उनकी ओर देखती हैं। वे उनकी टेप उतारते हैं और जबरदस्ती करते हैं।

एक : खबरदार...अभी तो हम सब तुझे...चूमेंगे...

(**पास आता है**)

दूसरा : जाओ...घर की तिजोरी का माल निकालो।

(**सब उस ओर जाते हैं।**)

एक : सुनो! अपने-अपने प्रभु को याद कर लो....

(**गोलियों की आवाज़ें आती हैं। लड़कियों की भयानक चीखें वातावरण को चीरती हुई सन्नाटे में बदल जाती हैं।**) **सब ज़ोर-ज़ोर से हँसते हैं। उनकी घिनौनी लोभी क्रूर हँसी कुछ देर वातावरण में भरती रहती है।**

(**प्रकश मंच के दूसरे कोने पर होता है।**)

तीसरा दृश्य

[गाँधी जी हतप्रभ उस दृश्य को देखते हैं।]

गाँधी : व्यक्तिगत उत्थान....क्या व्यक्तिगत उत्थान की सम्भावना है?

पहला : वास्तविकता तो यही है जो देख रहे हो...

गाँधी : व्यक्तिगत उत्थान की जिस महान आकांक्षा का मैं इच्छुक

हूँ उसका अस्तित्त्व हृदय की पवित्रता पर टिका हुआ है।

पहला : तुम इन आतंकवादियों से क्यों नहीं पूछते...?

गाँधी : क्या पूछूँ?

दूसरा : यही कि हृदय की पवित्रता में मनुष्य विवेक से साम्य स्थापित कर सकता है?

गाँधी : तुम ठीक समझे हो। (**रुककर**) जो हृदय शुद्ध नहीं उन्हें ईश्वर के दर्शन कभी नहीं हो सकते (**रुककर**) इसलिए आत्मशुद्धि का अर्थ जीवन के समस्त पहलुओं में शुद्ध होना है।

पहला : शुद्ध होना है या करना है?

गाँधी : हृदय यदि अशुद्धि का शिकार रहेगा तो आसपास का वातावरण भी अशुद्ध हो जायेगा और मानव इसी भाँति पतन की ओर चला जायेगा।

पहला : तो बताओ मनुष्य को...।

दूसरा : (**एकाएक आ जाता है**) यह मत भूलो; हृदय की अपवित्रता के कारण जीवन अपने सद्भाव स्नेह, सहानुभूति, सत्य को खोकर आजीवन विकारग्रस्त हो जाता है।

गाँधी : आत्मशुद्धि के बिना मानव मात्र के साथ ऐक्य की भावना स्थापित कभी नहीं होती।

(तीसरा प्रतिरूप आ जाता है।)

तीसरा : मैंने ऐसे लोग भी देखे हैं जो कहते हैं—यदि आप परमात्मा को पाना चाहते हैं तो लोभ न करे। क्या यह लालच नहीं? भगवान को पाने का?

गाँधी : मन की शुद्धता का अर्थ होता है मात्र देना। मन तो यही चाहता है क्या पाया मैंने? पाने से सिर्फ और अधिक पाना ही हम सीखते हैं। किन्तु मन यदि पूछता रहे, क्या पाया मैंने? इस पाने की क्या उपलब्धि हुई? कुछ भी तो नहीं? यदि मन इस बात को समझ ले, तो उसकी समझ ही रूपान्तरित हो जाती है।

पहला : तो बात यह हुई कि जब आप देते हैं तो निरन्तर पाते चले जाते हैं।

दूसरा : बात तो शुद्धि की शुरू हुई थी?

पहला : ईश्वर की प्रार्थना भी शुद्धि का एक मार्ग है।

तीसरा : तो केवल प्रार्थना करने से शुद्धि मिल सकती है?

पहला : प्रार्थना या उपवास शुद्धि की एक शक्तिशाली प्रक्रिया है

दूसरा : प्रार्थना से कैसे मन शुद्धि की बात आती है?

गाँधी : प्रार्थना से मन में एकाग्रता तथा श्रद्धा की उत्पत्ति होती है जो ईश्वर के साथ एकाकार कराती है।

दूसरा : क्या दूषित मन से अल्लाह या ईश्वर का नाम लेना प्रार्थना नहीं है?

गाँधी : क्यों नहीं? प्रार्थना दूषित मन को साफ करती है।

दूसरा : क्या कहते हो नैतिक उत्थान के लिए ये सब ज़रूरी नहीं है? **(क्रुद्ध स्वर में)**

गाँधी : सम्पूर्ण मानव जाति के उत्थान के लिए ये अनिवार्य है। लो और सुनो...(**हँसता है**) और सुनिये...

पहला : व्यक्ति और समाज दोनों एक-दूसरे के पूरक होते हैं। इसलिए दोनों का उत्थान ज़रूरी है।

दूसरा : दोनों के उत्थान में किन-किन चीजों की ज़रूरत है?

तीसरा : नैतिक मान्यताओं को बल देने की ज़रूरत है?

चौथा : सारा समाज परम्परागत रूढ़ियों से जकड़ा है पहले ये निर्धारण करना होगा जिससे व्यक्ति-व्यक्ति को उचित और अनुचित कार्य का ज्ञान हो...।

दूसरा : कहा जा सकता है नीति-धर्म का पालन किया जाये।

पहला : ये नीति-धर्म का रूप क्या होगा?

दूसरा : (**चिन्तन**) नीति मनुष्य को यह विवेक प्रदान करेगी कि उसे कैसा बनना चाहिए।

पहला : कठिन है...नीति भविष्य का निर्माण करती है। नीति में धर्म का समावेश स्वयमेव हो जाता है। बिना नीति के धर्म लँगड़ा है...। यदि धर्म बना रहना चाहे, यदि उसे शुद्ध तत्त्वज्ञान का, आत्मा के दिव्य मन्दिर का रक्षक माने, तो वह नीति के बिना शक्तिहीन है।

दूसरा : ये तो तुम जानते हो...समाज को कैसे समझाओगे?

तीसरा : मुझे कुछ करके दिखाना होगा...

चौथा : सोचना होगा...।

पहला : जब मनुष्य का नैतिक उत्थान होगा तो उसकी समझ का स्वर भी बढ़ जायेगा। ऐसा मनुष्य यह घमंड नहीं करेगा कि उसका ही धर्म श्रेष्ठ है।

दूसरा : ऐसी स्थिति में सर्वधर्म समभाव की भावना पैदा होगी और सम्पूर्ण मानव जाति के बन्धुत्व के भाव बढ़ेंगे...

तीसरा : (**हँसता**) है...विचार करना बुरा नहीं....ऐसा जब हो जायेगा तो कितना अच्छा होगा? (**चुप्पी लेता है**)

चौथा : बन्धुत्व की बात श्रेष्ठ है। जब यह भाव मानव में आ जायेंगे तो वह पाप से घृणा करेगा, और पाप करने वाले पापी से भी तो करेगा...?

तीसरा : उसकी क्या गारंटी है कि वह पाप करने वाले से घृणा न करे।

पहला : हाँ...कोई गारंटी नहीं है। होना तो यही चाहिए कि मनुष्य का ध्येय जहाँ कहीं मिले पाप...पाप से घृणा करे, पाप करने वाले से नहीं।

पहला : मुझे तो जीवन का सार नैतिकता में ही दिखायी देता है।

दूसरा : ऐसा क्यों?

पहला : जीवन के आधारभूत सिद्धान्त नैतिक नियम है। नैतिकता ऐच्छिक नहीं और न ही ये सुविधा की चीज है। (**चिन्तन**) नैतिक नियम, स्वास्थ्य सम्बन्धी नियमों के समान शाश्वत और अपरिवर्तनीय है।

दूसरा : नैतिकता कोई सरल वस्तु है...? नैतिकता का वरण करना साधना का कार्य है। (**चिन्तन**) इसके लिए मनुष्य को त्याग करना पड़ता है (**स्वर में उत्तेजना है।**)

तीसरा : अपरिग्रह, अस्तेय, शरीर श्रम ये आवश्यक हैं। जिसे प्रभु पर विश्वास होता है वह संग्रह के फेर में नहीं पड़ता। उसे विश्वास होता है कि आवश्यकता पड़ने पर प्रभु अवश्य वह देंगे।

चौथा : परिग्रह से मनोवृत्ति दूषित होती है और मनुष्य का नैतिक क्षय होता है।

पहला : नैतिक उत्थान के अस्तेय के विचार का भी महत्त्व है साधारणतया अस्तेय का अर्थ दूसरे के स्वामित्व वाली

वस्तु को न स्वीकार करना है। दूसरों की वस्तु पर अपने स्वामित्व की आकांक्षा करना पतन की एक निशानी है। हम जगत की समस्त वस्तुओं को परमेश्वर के रूप में देखें।

गाँधी : **(ज़ोर-ज़ोर से हँसते हैं।)** हर स्थिति में मुझे तटस्थ रहना है।

पहला : परिश्रम के बिना जो पदार्थ नहीं उपजते और जिनके किये बिना उनका उपभोग करे तो जगत् के प्रति हम चोर ठहरते हैं।

दूसरा : मुझे यह नहीं भूलना चाहिए कि हीन जाति में जातिगत कठोरता के साथ अस्पृश्यता घर कर बैठी है। यह मानव जाति के लिए कलंक है।

तीसरा : तुम जो स्वराज्य की कल्पना कर रहे हो अस्पृश्यता रहते हुए स्वराज्य का क्या अर्थ?

चौथा : यदि तुम छोटी जाति में पैदा हुए होते तो...तो तुम्हारे साथ भी यही होता जो समाज में आज हो रहा है।

दूसरा : समस्या तो यह है कि अस्पृश्यता मानने वालों की संख्या ज़्यादा है।

अस्पृश्यता का विचार घृणा भाव को जन्म देता है। निम्न वर्ग को हमने अपने से कितना दूर कर दिया है। माता जो सन्तान की सेवा करती है वही सेवा वे समाज की करते हैं। उनको अछूत मानना, उनका अपमान करना माना मनुष्यत्व गँवाना है।

क्या करना चाहिए...? **(गूँज से समस्त स्टेज गूँजने लगता है।...क्या करना चाहिए...क्या करना चाहिए)**

पहला : सुन्दर स्कूल, कुएँ बनाने चाहिए जिसमें सर्वसाधारण लाभ उठा सकें। नगरपालिका की पाठशालाओं में बगीचे हों...आज पिछड़ी जातियों के लिए अब समाज में बहुत कुछ हो रहा है।

बुनकर बुनता रहे, चमार चमड़ा कमाता रहे और भंगी पाखाना साफ करता रहे सब अछूत न समझे जाये।

दूसरा : तुमने इस चौथे वर्ण के लिए क्या नहीं किया किन्तु वे भूल गये।

गाँधी : इनका क्या नाम रखूँ...? हाँ...हरिजन...बदल गये हैं। हरिजन नाम ज़्यादा अच्छा और सुन्दर है।

दूसरा : हाँ हरिजन यानी हरि के जन...ये सुन्दर है...

तीसरा : समाज का विकासमान अन्तर्गठन शान्तिपूर्ण जीवन के लिए यह कदम आवश्यक है। (**गाँधी जी में समा जाता है**)

चौथा : यह समाजीकरण के लिए अनिवार्य है।

: हरिजनों के लिए सुव्यवस्था करना सरकार का काम है। वे कर रही हैं...

गाँधी : हरिजनों को स्वयं भी आगे बढ़ना चाहिए।

चौथा : क्या सरकार को गन्दगी ढोने के लिए गाड़ियाँ नहीं देनी चाहिए।

गाँधी : बिलकुल देनी चाहिए तथा रहन-सहन की सम्पूर्ण सुविधाएँ देनी चाहिए। अब समय आ गया है मुझे कमर कस लेनी चाहिए।

(**उठते हैं। चौथा प्रतिरूप उनमें समा जाता है।**)

(**प्रकाश बुझता है।**)

दूसरा अंक

पहला दृश्य

[मंच को सुविधानुसार दो भागों में बाँट लें। प्रकाश जला-बुझा कर मंच संचालन करें। मंच के एक ओर प्रकाश होता है। बापू तथा बा दिखायी पड़ते हैं। बापू की आँखों से आँसू बह रहे हैं। बा उनकी ओर उन्मुख हो कुछ कहती हैं।]

बा : ये क्या! तुम रो रहे हो?

बापू : (मौन रहते हैं...)

बा : कुछ बोलते क्यों नहीं....?

बापू : **(लम्बी साँस खींचते हुए)** क्या कहूँ...?

बा : फिर भी...बड़ी से बड़ी कठिनाई में कभी तो नहीं निकले...।

बापू : बा...। जिस भारतवर्ष के हम गुणगान गाते हैं...आज उसकी दुर्दशा हो गयी है। **(चुप्पी)**

(मंच के दूसरे कोने में प्रकाश होता है। अब प्रकाश केवल पति-पत्नी पर है। दर्शक बा और बापू को देख नहीं सकते हैं।)

पति बलपूर्वक पत्नी से पैसे छीनना चाहता है।

पति : दे...

पत्नी : मेरे पास नहीं हैं।

पति : झूठ बोलती है...साली...

पत्नी : चार-चार बच्चे हैं...क्या उनका पेट नहीं भरना?

पति : साली...देती है या मारूँ...?

पत्नी : वह कैसी मनहूस घड़ी थी जब मेरा ब्याह तेरे जैसे शराबी-जुआरी के साथ हुआ...**(स्वर में दर्द हुआ)** हे भगवान मुझे उठा ले।

पति : बस कर राग अलापने...(**धक्का मारता है।**)

पत्नी : नहीं दूँगी...(**क्रोध और भय से रोती है।**)

पति : दे...(**बच्चे रोने लगते हैं।**) तू उस दिन सेठ के यहाँ से लायी थी ना?

पत्नी : तू क्या कहना चाहता है?

पति : मैं इतना ही चाहता हूँ...तू चुपचाप पैसे मेरे हाथ पर धर दे।

पत्नी : तू पति है कि क्या है? (**भयंकर हँसी हँसती है**) तू मेरे सुहाग की शक्ल में शैतान है...शैतान।

पति : (**पति उससे पैसे छीन लेता है। बच्चों का रोना सारा दृश्य मार्मिक बना देता है।**) चुप करो...
(**डाँटता है।**)
(प्रकाश बुझ जाता है।)
(**अब प्रकाश बा और बापू पर है**)

बा : उफ्! कितना कठोर पुरुष है...। ...उसे जरा भी अपने बच्चों पर दया नहीं आयी। ...शैतान कहीं का।

दूसरा दृश्य

बापू : आओ तुम्हें बाज़ार ले चलूँ। (**मंच के दूसरे कोने में प्रकाश होता है। बाज़ार में लोग खरीद-फरोख्त कर रहे हैं। दो पढ़े-लिखे व्यक्ति आपस में झगड़ रहे हैं।**)

पहला : मैं कहता हूँ...तू पीछे हटता है या नहीं...?

दूसरा : नहीं हटता...बोल क्या करेगा...?

पहला : तेरी यह हिम्मत...?

दूसरा : अरे जा...बड़ा आया तू....?

पहला : (**कमीज की बाँहें रोल करता हुआ लड़ने को आगे बढ़ता है**) देख मैं तुझे आखिरी बार कहता हूँ...तू पीछे हट जा।

दूसरा : नहीं हटता...कर ले जो करना है।

पहला : देख तूने शराब पी रखी है। तू होश में नहीं है।

दूसरा : ओए। तू कौन होता है। मुझे...

पहला : चल...चल...परे हट...तू है शराबी और मैं शराबियों के मुँह नहीं लगता।

दूसरा : मैं पियूँ जो मर्जी करूँ तू कौन होता है?

पहला : पियक्कड़...गाँधी के देश में...।

दूसरा : जा...जा...बड़ा आया गाँधी जी का चमचा।

पहला : हैं तू गाँधी जो को ऐसे कहता है।

दूसरा : कहूँगा...कहूँगा...गाँधी तेरा बाप है क्या...?

पहला : अरे बेवकूफ! गाँधी जी सारे देश के बापू हैं।

दूसरा : सारे देश के...तेरी अक्ल तो नहीं मारी गयी।

पहला : अक्ल तो तेरी मारी गयी है।

दूसरा : ओए सुन! जा अपने गाँधी को बुलाकर ले आ। **(रुककर)** मैं उसके सामने पियूँगा...ओह याद आया...यह वही ऐनक वाला बूढ़ा तो नहीं जिसके तन पर कपड़ा नहीं होगा...जो बकरी का दूध पीता है अरे...उसे क्या मालूम है जीना...उसे तो बच्चा-बच्चा जानता है...उससे क्या करना...

पहला : अगर तू पढ़ा होता तो गाँधी जी के लिए ऐसा नहीं कहता।

दूसरा : मैं सातवीं पास हूँ सातवीं...और मेरी बीवी टीचर है...स्कूल में टीचर मेरी कपड़े की दूकान है। मैं अच्छा कमाता-खाता हूँ।

पहला : तुम्हें गाँधी जी के बारे में ऐसा नहीं कहना चाहिए।

दूसरा : **(रहस्यात्मक स्वर में)** तुम्हें मालूम है गाँधी जी को जनरल नोलेज जरा भी नहीं है। वह न तो कभी पिक्चर देखता है और न उसे किसी फिल्म एक्टरों का नाम मालूम है। जानते हो जब चार्ली चेपलिन उससे मिलना चाहते थे। वे मिलने आये तो बाद में उसने पूछा था कि यह चार्ली चेपलिन कौन हैं? **(कहता हुआ वह पहले के बहुत करीब आ जाता है।)**

पहला : **(उसे हलके हाथों से पीछे धक्का मारता हुआ)** पीछे हट शराबी कहीं का।

(दूसरे की पत्नी पुकारती हुई आती है।)

पत्नी : तुम यहाँ क्या कर रहे हो...?

दूसरा : देखो यह मेरे पीछे पड़ा है।

पत्नी : तुमने फिर पी है...? (**उसे पकड़ते हुए**) कितनी बार कहा है इतनी मत पिया करो। पी-पी कर घर को कंगाल कर दिया है।

दूसरा : क्या कहा...? तू भी उसके साथ हो गयी है?

पत्नी : गाँधी जी ठीक कहते थे...।

दूसरा : क्या कहते थे...? तेरे भी टाँके जुड़े हैं उससे...(**दाँत पीसता है।**)...

(**चिढ़ता हुआ**) बोल क्या कहते थे तेरे गाँधी जी

पत्नी : गाँधी जी कहते थे...(**रुककर**) जब तक व्यक्ति का अपना विकास नहीं होता तब तक वह न अपना हित साध सकता है और न समाज का हित कर सकता है। शराब पीना पाप है...पाप...।

दूसरा : अरे गाँधी को क्या पता? उन्होंने कभी पी? (**ज़ोर-ज़ोर से हँसता है।**)

(**प्रकाश बुझता है।**)

तीसरा दृश्य

[मंच पर प्रकाश हो जाता है। बा और बापू दिखलायी देते हैं।]

बापू : देखा...भारत की स्थिति अन्दर ही अन्दर खोखली हो रही है। आओ आज तुम्हें समुद्र के किनारे ले चलूँ। देखो कि भारत का आर्थिक, सामाजिक और नैतिक पतन किस हद तक हो गया है।

(**प्रकाश मंच के कोने पर होता है। कुछ लड़के जमीन पर बैठ सिगरेट पी रहे हैं। धुएँ के लच्छे आकाश की ओर उड़ रहे हैं।**)

बापू : बा! बीड़ी और सिगरेट के लिए भी मेरे मन में गहरा तिरस्कार है। बीड़ी और सिगरेट को मैं दुर्व्यसन मानता हूँ। वह मुँह को दुर्गन्धयुक्त बनाती है, दाँतों का रंग बिगाड़ती है। अक्सर कैंसर जैसी भयानक बीमारी को जन्म देती है। (**लड़कों के पास जाकर**) तुम ये क्यों पीते हो?

पहला : कौन है बे तू...?

दूसरा : तेरे बाप का क्या जाता है?

तीसरा : बड़ा आया (**नकल उतारते हुए**) तुम ये क्यों पीते हो? ले तू पी कर खुद देख ले...(**उसकी ओर सिगरेट बढ़ाता है।**)

चौथा : थकान दूर करने के लिए...इतनी-सी बात नहीं समझते?

बापू : किसी भी स्वाभाविक रूप से काम करने वाले व्यक्ति को थकान हो जाने पर आराम करना चाहिए...

पहला : मैं गाँधी नहीं हूँ...

बापू : तो बनो...।

दूसरा : क्यों बनें...?

तीसरा : लाचारी का नाम महात्मा गाँधी...तुमने नहीं सुना?

बापू : परिस्थितियों का गुलाम गाँधी नहीं था।

तीसरा : चलो छोड़ो उसको। थकावट के समय तुम क्या करते हो?

बापू : नींद लेता हूँ।

पहला : तुम नहीं पीते इसलिए तुम कुछ नहीं समझते।

बापू : शराब पीने वाला व्यक्ति विवेकहीन हो जाता है।

दूसरा : वह कैसे?

बापू : शराबी को माँ, बहन और पत्नी का भेद भूल जाता है और वह एक न एक दिन ऐसा गुनाह कर बैठता है जिसके लिए उसे क्षमा नहीं करता।

तीसरा : तुम नहीं समझोगे...तुम नहीं समझोगे कि मैं क्या भोग रहा हूँ...मैं कैसे बताऊँ? बस एक घूँट पीकर ही मैं चैन से सो सकता हूँ।

बापू : गलत, बिलकुल गलत।

पहला : तुम क्या जानो हमारा दर्द...रिक्शा ढो-ढोकर देखो पता चलेगा काम क्या होता है। शाम होते-होते शरीर चूर-चूर हो जाता है। बस शराब से थकान मिट जाती है। श्रम के उपरान्त विश्राम का अचूक टानिक है।

दूसरा : इसमें मानसिक और शारीरिक क्लेश दूर हो जाते हैं।

बापू : तुम यह मत भूलो कि ये शारीरिक कई रोगों को जन्म भी देती है। एक विकार से दूसरे विकार को जन्म देती

है। और धीरे-धीरे शरीर बीमारियों की कैद में जकड़ जाता है।

पहला : तुम जो समझो हमें क्या...?

दूसरा : चलो...चलो...दूसरी जगह बैठते हैं (**सब उठकर चले जाते हैं।**) चले आते हैं रंग में भंग डालने के लिए...

(**प्रकाश बुझता है।**)

चौथा दृश्य

[प्रकाश मंच पर होता है। बा और बापू दर्शकों को दिखलायी देते हैं।]

बा : अभी भी तुम चिन्तित हो...?

बापू : क्या कहूँ इस पीने की लत को (**मौन**) ये सारे देश को न जाने कहाँ ले जायेगी?

बा : फिर...क्या किया जाये...?

बापू : (**चिन्तित**)...मेरी चिन्ता पल-पल बढ़ती जा रही है।

बा : सारी दुनिया को क्या करोगे...?

बापू : यह पीने की बीमारी में पशुत्व के चिह्न हैं और स्वयं पशु बनाने की क्षमता भी। शराब और अफीम जैसी नशीली चीज़ें शैतान के दो हथियार हैं। उनसे वह अपने असहाय गुणों को मारकर बुद्धि हर लेता है और उन्हें नशे में चूर-चूर कर देता है।

बा : मैं जानती हूँ तुम्हें कौन-कौन से दृश्य सता रहे हैं?

बापू : (**कुछ पल बा की ओर देखते रहते हैं फिर किसी गहन चिन्ता में खो जाते हैं।**) शराब से पैदा होने वाली बुराई का जितना कड़वा अनुभव मुझे हुआ है, मैं नहीं जानता कि उतना सार्वजनिक काम करने वाले किसी और सेवक को हुआ होगा।

बा : (**हैरान होते हुए**) तुमने मुझे बताया नहीं...तुम्हें अनुभव?

बापू : हाँ (**गम्भीर स्वर में**) दक्षिण अफ्रीका में 'गिरमिट में काम करने वाले हिंदुस्तानियों में बहुत से शराब पीने के आदी होते थे। वहाँ ये कानून था कि हिन्दुस्तानी लोग शराब अपने घर नहीं ले जा सकते थे। जितनी पीनी हो, शराब की दुकान

पर बैठकर पी लें। नारियों को भी शराब की लत पड़ गयी थी। उनकी जो दशा थी अत्यन्त करुणाजनक थी।

बा : तो कैसे रोक लगाओगे...? अब देश आज़ाद है। तुम्हें जो करना था उस समय करते अब तो लोगों के मिजाज ही बदले हुए हैं।

बापू : शराबबन्दी के लिए कितने तो प्रयत्न किये थे...

बा : तो अब क्यों चिन्तित हो? छोड़ो होने दो जो होता है...।

बापू : यह तुम कह रही हो...? विश्वास नहीं होता...। मेरे लिए शराब बन्दी का प्रश्न नीति और नैतिकता का प्रश्न है। अहिंसा का आधार बना जिस देश को आज़ाद कराना मेरा लक्ष्य था...उसे यूँ ही जाने दूँ...।

बा : तुमने उस समय कुछ कठोर कदम क्यों नहीं उठाये थे?

बापू : काश! मुझे घण्टे भर का डिक्टेटर बना देते तो मैं सबसे पहले तमाम शराबखाने प्रतिफल दिये बिना बन्द करा देता।

बा : तुम कैसे कर सकते थे?

बापू : जो शराब का उत्पादन करते हैं उन्हें बलपूर्वक रोका जाना चाहिए। जो लोग बार-बार चेतावनी देने पर भी उसकी लत नहीं छोड़ते उन्हें बिना लम्बी-चौड़ी कार्यवाही कि तड़ातड़ सजायें दी जायें। (**रुककर**) मैं अपने बच्चों को आग में या गहरे पानी में जाने से जबरन रोकने से कोई संकोच नहीं करता। (**टहलते हैं।**) शराब पीने की छूट देना आत्महत्या करने के बराबर है। (**थोड़ी देर मौन टहलते हैं।**) मेरे सामने सवाल पहले 'व्यक्तिगत स्वतन्त्रता' के आदर्शों का है...(**बीच में टोकते हुए**)

बा : आप शराब, अफी, बीड़ी-सिगरेट की बात करते हैं उधर देखिए छोटे-छोटे लड़के-लड़कियों को चरस, ब्राउन शुगर और एड्स के शिकार नौजवानों को...

(प्रकाश मंच के दूसरे कोने पर होता है। बहुत सारे लड़के-लड़कियाँ पसरे हुए पड़े है।

गीत बज रहा है–सब मस्ती में नाच रहे हैं।

कोई कहीं गिरता है और कोई कहीं।)

(प्रकाश बुझ जाता है।)

तीसरा अंक

पहला दृश्य

[बापू और बा मंच के दूसरे कोने से देख रहे हैं।]

गाँधी : यह अच्छा है हम क्यों न इन दोनों में प्रवेश कर जायें।

बा : चलो...(**प्रकाश बुझता है और जलता है।**) (**घर का बरामदा! अखबार पढ़ते हैं। थोड़ी देर अखबार उलट-पलट कर रख देते हैं।**)

कनक : उफ्...अखबार केवल भ्रष्टाचार, अनैतिकता से भरा है। कब सुधरेंगे हम...?

पुष्पा : जब से मध्यप्रदेश सरकार ने आपको सेमिनार और गोष्ठियाँ आयोजित करने की अनुमति दी है तब से आपका ध्यान कुछ ज़्यादा ही भ्रष्टाचार और अनैतिकता को पकड़ने में लगा रहता है।

कनक : एक बात तो ठीक है। गाँधी जी के 125वें जन्मदिवस पर जो आयोजन विभिन्न स्थानों पर हो रहा है, उसकी रिपोर्ट बहुत अच्छी मिल रही है। सब अपने विचारों से यह स्पष्ट करना चाहते हैं कि गाँधी जी के विचार सिद्धान्त लागू होने चाहिए।

पुष्पा : जानते हो...लोग तुम्हें बापू का प्रतीक और मुझे बा पुकारने लगे हैं।

कनक : तब तो हमारी जिम्मेदारी और बढ़ गयी है। हम दोनों को बापू और बा बनकर गाँव-गाँव शहर-शहर जाकर गाँधी जी की दी गयी शिक्षा का प्रसार करना होगा।

गंगूबाई : (**रोती हुई आती है**) है...

पुष्पा : गंगूबाई...क्या हुआ?...रो क्यों रही हो?

गंगूबाई : **(रुदन में तीव्रता जिससे वातावरण भयानक हो...)**

पुष्पा : कुछ तो बोल...?

गंगूबाई : क्या बोलूँ....तुम कुछ नहीं कर सकतीं...मेरी सात साल की बच्ची की शादी तीस साल के विदुर के साथ तय कर आया है...कहाँ सात साल और कहाँ तीस साल का विदुर...

पुष्पा : क्या...तिवारी जी...

तिवारी : मैंने सब सुन लिया है...तुम जरा गाँधी जी के वाक्यों को निकालो....और जल्दी से तैयार हो जाओ।

पुष्पा : पुस्तक के पन्ने पलटती है। बाल विवाह...हाँ...सुनो...

तिवारी : वहाँ सुनाना चलो।

(प्रकाश मंच के दूसरे कोने में होता है।)

(सात साल की बच्ची का विवाह हो रहा है।)

तिवारी : रोको...विवाह रोको...यह अनैतिक है।

पंडित : विवाह तो होगा ही...

तिवारी : क्या बकते हो...? तुम जानते नहीं ये गाँव गाँधी का देश है...

पंडित : तो तुम क्या गाँधी हो...? जो माता-पिता उचित समझेंगे वही होगा...

तिवारी : पंडित...जरा अक्ल पर हाथ मार...इस नन्हीं बच्ची का विवाह

पुष्पा : इस दूषित समस्या को सुधारने के लिए गाँधी जी ने क्या नहीं किया...? सुनो गाँधी जी क्या कहते थे? (**पढ़ती है**) यंग इंडिया 27 अगस्त 1926 के अंक में वह कहते हैं–"यह बाल विवाह का रिवाज जितनी शारीरिक बुराई है उतनी ही नैतिक बुराई है, क्योंकि यह हमारे सदाचार की जड़ें खोखली कर देती है और शरीर का सत्यानाश कर डालती है।

पिता : ये तो भाग्य का विधान है...ये तो परमात्मा बनाता है...जब विवाह का योग है तभी तो विवाह होगा...

तिवारी : जी नहीं महाशय! हम अपने को भाग्य पर छोड़कर मनमानी करने लगते हैं...यह तर्क गाँधी जी स्वीकार नहीं करते थे कि यह सब भाग्य का लेखा है।

गंगूबाई : आप ठीक कहते हैं तिवारी जी...मैं कब से समझा रही हूँ...रो धोकर समझाया किन्तु ये कभी नहीं समझता।

पुष्पा : जानते हैं आप सब (**पुस्तक में झाँकते हुए**) गाँधी जी ने बाल-विवाह को अनैतिकता की संज्ञा ही नहीं दी वरन् अधर्म भी बताया।

तिवारी : गाँधी जी ने कहा है—"जो लड़की गोद में बैठने लायक ही हो उसे पत्नी बना लेना धर्म तो नहीं है, लेकिन अधर्म की पराकाष्ठा ज़रूर है।"

पिता : नहीं...नहीं मैं तो अधर्म नहीं धर्म का कार्य करना चाहता हूँ। कन्या दान का दानयज्ञ कर अपने को कृतार्थ करना चाहता हूँ...

मुझे क्षमा कीजिए....गाँधी जी ने कहा सत्य कहा किन्तु हमारे समाज में दूषित प्रवृत्ति है बाल विवाह...18 अगस्त 1926 यंग इंडिया।

पुष्पा : इस प्रथा का विरोध हम नारियों को करना चाहिए, गाँधी जी इस प्रथा की परम्परा का दोषी नारियों को ठहराते थे...

गंगूबाई : वह कैसे...? हम नारियाँ कैसे?

पुष्पा : गाँधी जी का कहना था—स्त्रियों को जागरूक होकर इस प्रथा का डटकर विरोध करना चाहिए। यह काम विशेष कर स्त्रियों का है।

गंगूबाई : कितना सिर पठको, किन्तु कोई असरनहीं होता क्या मैं अकेली यह काम कर सकती हूँ?

तिवारी : आप ठीक कहती हैं। बेशक पुरुषों को ही इसमें पूर्ण सहयोग देना है।

पुष्पा : पुरुषों को भी आगे बढ़ना होगा।

तिवारी : यह काम माताओं का ही है। माँ को ही यह शिक्षा देनी होगी। गाँधी जी कहते हैं "माँ को इनकार करने का अपना विशेष अधिकार और धर्म समझ लेना ज़रूरी है।"

पुष्पा : समाज को खोखला करने वाले पाखण्ड को दूर करो। गाँधी जी ने जो कुछ कहा वह ठोक-पीट कर कहा। (**लड़के के माता-पिता, बच्ची....दूल्हा की ओर देखते हुए**)

तिवारी : (तुम्हें से) तुम्हें शर्म नहीं आती

(वह सिर झुका कर खड़ा हो जाता है)

(प्रकाश बुझता है)

दूसरा दृश्य

[तिवारी जी बैठे लिख रहे हैं। पुष्पा अनमेल विवाह और विधवा के बारे में गाँधी जी के विचार पढ़ रही है। बीच-बीच में उन्हें कुछ अंश सुना रही है। दर्शक समझ जाते हैं कि विधवा विवाह की समस्या पर विचार प्रकट किये जा रहे हैं। पेज 217 पढ़ती है।

''गाँधी जी ने वैधन्य के सम्बन्ध में प्रचलित मतों को ठुकराया और समाज में विधवाओं को उचित स्थान दिखाने के लिए सद्प्रयत्न किये। वह स्वेच्छा से अपनाए गये वैधव्य को स्तुत्य मानते हैं लेकिन विवशताओं में इसे पाप कहते हैं और घृणा की दृष्टि से देखते थे।'']

(मिश्रा का प्रवेश।)

तिवारी : आइये...आइये...धन्य भाग्य हमारे...

मिश्रा : (नम्रतापूर्वक अभिवादन करते हैं तथा ऊँचे स्वर) में नमस्कार पुष्पा भाभी जी...शहर में चर्चे हैं।

पुष्पा : नमस्कार मिश्रा जी...बड़े दिनों बाद दिखायी दिये...? क्या चर्चे चल रहे हैं जिन्हें सुनकर आना पड़ा।

मिश्रा : बा और बापू बनकर जनजागरण कर रहे हैं।

(दोनों मुस्कराते हैं।)

तिवारी : हमारा देश अपनी मर्यादाओं का अतिक्रमण कर अनजान राहों पर निकलता जा रहा है। आज भी गाँव में बाल-विवाह तथा अनमेल विवाह हो रहे हैं। हम चाहते हैं कि जिन मान्यताओं को हम भूल चुके हैं उन्हें पुनः स्मरण दिलाये ...गाँधी जी ही ऐसे थे जिन्होंने हर परम्परागत रूढ़ियों का गहन अध्ययन किया और विश्व को कई नयी चीज़ें दिखलायीं। आज भी जनता गाँधी जी के नाम से वस्तुस्थिति समझती है उसका पालन कर रही है।

मिश्रा : तो तुम दूसरे गाँधी हो?

तिवारी : आप जो समझें...

पुष्पा : मिश्रा जी...आज भी समस्याएँ हैं जब हम यह कहते नहीं अघाते—"हमारा भारत महान" तो उसकी महानता बनाये रखने के लिए हमें कुछ करना है।

मिश्रा : मैं यह विवाह का निमन्त्रण पत्र देने आया था।

(**तिवारी जी निमन्त्रण पत्र लेकर पढ़ते हैं।**)

तिवारी : ये क्या...शादी कोर्ट में...

मिश्रा : (**निराश स्वर में**) क्या कहूँ, दिल आया गधी पर तो परी से क्या काम?

तिवारी : मैं समझा नहीं?

मिश्रा : बेटा...एक विधवा से विवाह कर रहा है और मैं यह विवाह कदापि नहीं चाहता...

अरे भाई, दुनिया क्या खत्म हो गयी है...तुम पढ़े-लिखे उच्चाधिकारी हो फिर...विधवा को पूछिए...क्या पड़ी है विवाह की?

पुष्पा : ये तो बड़ी, अच्छी बात है।

तिवारी : मिश्रा जी, मेरे पास अल्फाज़ नहीं हैं...

मिश्रा : (**हक्का-बक्का होकर**)...क्या?...आप दोनों प्रसन्न हैं।

पुष्पा : (**प्रसन्नता से**) सुनिये...सुनिये...गाँधी जी ने वैधव्य के सम्बन्ध के प्रचलित मतों को ठुकराया और समाज में विधवाओं को उचित स्थान दिलाने का सदप्रयत्न किया।

पुष्पा : गाँधी जी स्वेच्छा से अपनाये गये वैधव्य को स्तुत्य मानते हैं लेकिन विवशता के कारण अपनाया गया वैधव्य पाप तथा घृणा ही मानते थे।

मिश्रा : कहाँ लिखा है—

तिवारी : वह कहते हैं—बलपूर्वक पालन कराया वैधव्य...

मिश्रा : मैं दिन रात दुखी था...

पुष्पा : आपके हाथों एक अच्छा काम होने जा रहा है...प्रसन्न ...होइए...

मिश्रा : गाँधी जी ने और क्या कहा है...

पुष्पा : (**पढ़ती हुई**) जब तक हमारे यहाँ हज़ारों विधवायें रहेंगी, तब तक हम ऐसी सुरंग पर बैठे हैं जो किसी भी क्षण भभक कर फूट सकती है। अगर हमें शुद्ध होना है, अगर

हम मानव जाति को बचाना चाहते हैं तो हमें जबरदस्ती के वधव्य का यह ज़हर निकाल ही डालना चाहिए। (5 **जुलाई, 1926, यंग इंडिया।**)

मिश्रा : समस्या बहुत बड़ी है...लोगों का कहना है कि एक बार पिता जब कन्यादान कर देता है तो वह फिर कैसे उसी कन्या का, विधवा होने पर दुबारा दान कर सकता है।

तिवारी : अगर विधुर का पुनर्विवाह हो सकता है तो विधवा का क्यों नहीं...?

मिश्रा : गाँधी जी बात कहो—तिवारी जी मन को शान्ति मिलती है।

तिवारी : गाँधी जी का ही कहना है विधवा को भी पूरा अधिकार विवाह का होना चाहिए। इससे गुप्त बुराइयाँ नहीं होंगी।

पुष्पा : मिश्रा जी आपने हमारे अभियान कार्य में सजीवता ला दी है...हम आज अत्यन्त प्रसन्न हैं। कथनी और करनी का साकार प्रत्यक्ष उदाहरण।

(**तिवारी और पुष्पा एक साथ**–) हम यह विवाह धूमधाम से फूलबाग में आयोजित करना चाहेंगे।

मिश्रा : निमन्त्रण कार्ड जो छप चुके हैं। कल तक जायेंगे।

तिवारी : चिन्ता क्यों करते हैं आज नयी तकनीक इतनी विकसित है कि कार्ड पुनः छपेंगे और आधे से ज़्यादा शहर और आस-पास के समस्त गाँव को न्यौता दिया जायेगा क्योंकि इस प्रथा का उन्मूलन और जन जागरण समस्त गाँव-कस्बों-शहरों में चाहिए।

पुष्पा : यह तो बहतु ही मंगल सूचना है।

वन्दे मातरम्।

(पृष्ठ भूमि से)

जहाँ डाल-डाल पर
सोने की चिड़ियाँ
.....

(प्रकाश बुझ जाता है।)

तीसरा दृश्य

[मंच पर प्रकाश होता है।]

बा : अब बस भी कीजिए। कितनी देर तक चिन्ता की चिता में जलते रहेंगे?

बापू : (**दयनीय दृष्टि से बा की ओर देखते हैं।**) तुम जानती हो न...कि कितनी जानें गवा कर हम आज़ादी लाये थे... अब फिर विदेशी का मोह भारत को ले डूबेगा...(**रुककर**) उदारीकरण और भूमण्डलीकरण के नाम पर बहुराष्ट्रीय कम्पनियों का आगमन फिर वही गुलामी में जकड़ लेगा।

बा : कहते तो तुम ठीक हो। जरा-सी ईस्ट-इंडिया कम्पनी आयी थी और धीरे-धीरे कर सारे भारत को निगल गयी। दीमक की बनायी बाँबी में जैसे साँप आ जाता है और सत्ताधारी बनकर दीमक को ही खा जाता है उसी तरह से ये कम्पनियाँ भी करेंगे...।

बापू : मैं स्वदेशी के लिए क्यों रोता था क्योंकि अपना पैसाइ धर ही रहे (**बात काटते हुए**)

बा : भारत के गाँव तो वैसे ही हैं केवल शहरी ही तो विदेशी माल खरीदते हैं।

बापू : तुम भूलो मत ये थोड़े से शहरी ही तो पैसा खर्च करने की क्षमता रखते हैं। वह पैसा विदेश में चला जाता है...

बा : विदेशी माल की किस्म भी तो बढ़िया होती है...भारत में बनने वाले उत्पादन की किस्म कितनी घटिया होती है।

बापू : इसी बात पर ही तो भारत का माल बाज़ार में पड़ा रहता है।

बा : इस बात को कैसे ठीक किया जा सकता है?

बापू : कम से कम अपने भारतीय उत्पादनों से बनी चीज़ें खरीद कर अपने देश को मजबूत किया जा सकता है।

बा : बहुराष्ट्रीय कम्पनियाँ देती भी तो बहुत हैं।

बापू : कहाँ से देती हैं? हमारा ही धन हमें थोड़ा देकर शेष बटोर ले जाती हैं। यह भी तो सोचो।

बा : करने वालों को देखना चाहिए।

बापू : ये करने वाले ही तो स्वार्थी हैं—सारा धन स्विस बैंक में डालकर या बाहरी देशों के कलेबरेशन यानी जुड़कर भी कोई फैक्ट्री खोली जाती है तो भी कितनी हानियाँ होती हैं (**रुककर**) पहला नयी मशीनें आयेंगी...बेरोजगारी की समस्या पैदा करेंगी। दूसरा सारा पैसा तथा उत्पादन विदेशों में जायेगा...

(**चिन्तित**) उफ्....

(**प्रकाश बुझ जाता है।**)

चौथा अंक

पहला दृश्य

[प्रकाश मंच के दूसरे कोने में होता है। कुछ लोग बैठे हैं। प्रकाश कुछ देर तक जलता है फिर बुझ जाता है।]

(प्रकाश होता है।)

पहला : क्या कहा नर-नारियाँ दोनों एक साथ काम करेंगे!

दूसरा : क्या ये उचित है?

पहला : क्यों नहीं?

दूसरा : स्त्री और हम से मुकाबला...?

पहला : ये तुम क्या कहते हो? भारत वीरों का देश है और वीर स्त्री के चलते ही तो निर्मित हुए हैं।

दूसरा : गाँधी जी ने भी तो स्त्री की दशा को सुधारने का कार्य किया। यह अच्छी बात नहीं कही। वे ब्रह्मचर्य की बात करते हैं तो कहीं वे स्त्री-पुरुष को मिलकर काम करने की बात करते हैं।

पहला : (**हमारे प्राचीन**) युग-युगों से चली आयी परम्परा को क्यूँ भूले गये...?

दूसरा : क्या भूल गये....?

पहला : भारतीय समाज में स्त्री को शक्ति के रूप में मान्यता प्राप्त होती रही है और उस रूप की सर्वदा पूजा भी हुई है।
(**किसी भावलोक में तिरने लगता है**)
नमो देविमहामाये विश्वोत्योतिकर शिवे।
निर्गुणे सर्वभूतेशि मातः शंकर कामदे ॥
व्वं भूमिः सर्वभूताना प्राणः प्राणवतां तथा।
धीः श्रीः कान्ति क्षमा शान्ति श्रद्धामेधा घृतिः

दूसरा : क्या पढ़ रहे हो...?

पहला : यही कि नारियों के प्रति यह पूजा भाव स्वतः मूखरित होता है कि जहाँ स्त्रियों की पूजा होती है वहाँ देवताओं का निवास होता है।

दूसरा : (*चुटकी लेते हुए*) वाह भई वाह! नारियों की पूजा होती है वहाँ देवताओं का निवास होता है...तो चलो नारियों से दफ़्तर भर लो...देवता आ जायेंगे और कार्य होने लगेंगे।

पहला : तुम हर बात चुटकी में क्यूँ उड़ा देते हो...तुम ये बात समझने की कोशिश करो कि नारी की श्रद्धा भावना, स्नेह करने की उदारता और क्षमता ने उसे पुरुष वर्ग की श्रद्धा का स्वतः ही पात्र बना दिया।

दूसरा : नारी...नारी...नारी...तुझे क्या हो गया...कहीं तुझे किसी से प्रेम तो नहीं हो गया है जो मेरा ब्रेन वाश कर रहा है...

पहला : चुप कर...प्रेम प्रेम...नारी को देखते ही बस और कुछ नहीं सूझता? (*रुककर*) तू जानता है एक पिता का क्या स्थान होता है? सौ शिक्षकों के बराबर, एक पिता होता है, हज़ार पिताओं से बढ़कर एक माता होती है।

दूसरा : (हँसता है...)

पहला : तुम खाली-पीली क्यूँ हँसते हो...?

दूसरा : नारी को महान। तुम बना रहे हो?

पहला : हमारे भारतवर्ष में एक ऐसा भी वक़्त था कि स्त्री पुरुष को समानता में देखा जाता था कन्या के पैदा होने पर उसे विदुषी बनाने की इच्छाएँ रहती थीं। शिक्षा के उपरान्त स्वयंवर की प्रथा थी। हर लड़की अपना वर चुन ले।

दूसरा : तुम क्या बक रहे हो...?

पहला : मैं बक नहीं रहा...मैं समझा रहा हूँ कि आज नारियों की हीन दशा का कारण है तुम जैसे सिरफिरे...

दूसरा : अच्छा...मुझ जैसे सिरफिरे...

पहला : हाँ...हाँ...तुम जैसे सिर फिरे जिन्होंने नारी को मोहरा बना रखा है।

दूसरा : तुम यह मत भूलो कि समय के चक्र ने स्त्रियों की स्थिति

को परिवर्तित कर दिया। महाभारत काल में पूज्या स्त्री को पतित बनाने के प्रसंग भी मिलते हैं। हिन्दू राजव्यवस्था तक नारी जाति का गौरव इतना अधिक विस्मृत नहीं जितना मुस्लिम काल के प्रभाव से हुआ।

पहला : तुम ठीक कहते हो। मुस्लिम आक्रान्ताओं ने नारी को श्रद्धा की वस्तु से भोग की वस्तु बना दिया। सभ्य और सुसंस्कृत परिवारों की स्त्रियों के लिए घर से बाहर निकलना कठिन हो गया।

दूसरा : **(दुखी स्वर में)** शिक्षा से वंचित उसे परदे की घुटन को स्वीकार करने के लिए झुकना ही पड़ा।

पहला : तुम नहीं जानते विवाह में स्वेच्छा का स्थान विवशता ने ले लिया...क्या...क्या...क्या नहीं हुआ।

हमारे समाज के अच्छे वर के लिए दहेज प्रथा को जन्म दिया विधवा विवाह पर रोक लगा कर सती प्रथा के द्वार खुले।

(प्रकाश बुझता है और मंच के दूसरे ओर जलता है।)

स्वामी दयानन्द सरस्वती, राजाराम मोहनराय पर प्रकाश होता है। वे अपनी–बुलन्द आवाज़ में भाषण देते दिखलायी देते है।

गाँधी : बन्द करो जुर्म...नारी पर जब तक एक भी ऐसी स्त्री मौजूद है, जिसे हम अपनी लम्पटता का शिकार बनाते हैं, तब तक हम पुरुषों का सिर शर्म से नीचा रहेगा। मुझे यह मन्जूर है कि पुरुष जाति का नाश हो जाये मगर यह मन्जूर नहीं कि भगवान की दृष्टि को अपनी वासना का शिकार बनाकर हम पशुओं से भी गये बीते बन जायें।

(अब प्रकाश मंच पर तर्क-वितर्क करने वाले नागरिकों पर होता है)

एक : **(चिन्तित मुद्रा)** बात को बिल्कुल सही कहते हैं सभ्यता का शिकार...

(गम्भीर) मैं भी यह मानता हूँ और अनुभवी हूँ कि स्त्रियों के मामले में यदि पुरुष दखल न दें तो वे अपनी

समस्याएँ आसानी से सुलझा सकती हैं, उनमें बुद्धि, शक्ति, कर्त्तव्यपरायणता की भावना ज़्यादा होती हैं।

दूसरा : चलो अच्छा है...जब उन्हें काम मिलेगा तो दफ्तरों के शुष्क वातावरण में चहल-पहल भी हो और काम करने में रुचि भी सबके अन्दर जगे।

(दोनों हँसते हैं।)

एक : अखबार में विज्ञापन निकालिए। **(दोनों काग़ज़ लेकर बैठते हैं।)**

(प्रकाश बुझता है।)

दूसरा दृश्य

[प्रकाश मंच पर होता है, जिसमें पिता पुत्र को डाँटते हुए पूछ रहा है।]

पिता : क्यों बेटे घुमक्कड़?

पुत्र : हाँ बापू पियक्कड़?

पिता : धत् तेरे की...क्या पिता से ऐसे बोला जाता है?

पुत्र : क्या बात है बापू...?

पिता : बता तेरा पर्चा कैसा हुआ?

पुत्र : ठीक ही हो गया..

पिता : कल किस सब्जेक्ट का; मेरा मतलब कल कौन-सा पेपर है?

पुत्र : 'गाँधीयन स्टडीज'।

पिता : तब तो बहुत आसान है।

पुत्र : क्या कह रहे हैं?...आसान है...

पिता : गाँधी जी को जो मर्जी लिख दो।

पुत्र : अच्छा...गाँधीवाद क्या है?

पिता : जो सीधे रास्ते पर चलता है।

पुत्र : **(मुस्कुराता हुआ)** बस...

पिता : **(लापरवाही से)** भारत को आज़ाद करने का काम ही नहीं किया बल्कि अछूतों को 'हरिजन' का नाम दिया...अपनी अखबार का नाम 'हरिजन' रखा।

पुत्र : इसे गाँधीवाद कहते हैं....?

पिता : और लो बेटा...अस्पृश्यता-निवारण आन्दोलन को

अधिकतम प्रभावशाली करने के लिए 21 दिन का उपवास किया। यह गाँधीवाद है।

पुत्र : पिता जी, ये तो घटनाएँ हैं न? गाँधीवाद क्या होता है...?

पिता : गाँधी जब चला गया...(**रुककर**) मेरी समझ में यह नहीं आता कि कालेज में इस तरह के विषय क्यों रखे जाते हैं (**चिन्ता-से**) 'गाँधीयन स्टडीज'...न उसने खुद खाया और न ही हमें खाने दिया...हाँ याद आया 'न खाओ न खाने दो', देश की सम्पत्ति बचाओ...। और तो और हमारे पीने के सख्त खिलाफ था। कहता था–
"मैं चोरी से शराबखोरी को ज़्यादा बड़ा गुनाह समझता हूँ।"

पुत्र : जिस दिन आप गाँधीवाद को समझ जायेंगे... (**बात काटते हुए**)

पिता : ओह घुमक्कड़ पुत्र! मैं तो समझा ही समझा हूँ...तू मेरे ज्ञान की परीक्षा लेना चाहता है तो सुन गाँधीवाद है–अनुशासन में रहो, अन्तर्जातीय विवाह करो, हिन्दी का प्रचार करो, खादी पहने, बाल-विधवाओं का पुनर्विवाह करवाओ, उपवास करो, अपनी बात मनवाने के लिए आन्दोलन करो, हड़ताल करो, सत्य बोलो, हरिजनों को गले लगाओ, गो-सेवा करो...(**याद करता हुआ**)...और....और

पुत्र : (**खूब हँसता है...**)

पिता : अरे तू घुमक्कड़ हँसता क्यों है क्योंकि मैंने...नशाबन्दी का नाम नहीं जोड़ा...(**ज़ोर से हँसता है**)

पुत्र : मेज से अपनी पुस्तक उठाता है–सुनिये पिताजी! डॉ. मोटुरि सत्यनारायण लिखते हैं–
संसार में भारत ही एक ऐसा स्वयंपूर्ण स्वतन्त्र तथा स्वायत्त सांस्कृतिक केन्द्र है। उसकी प्रकृति ने जीवन के लिए आवश्यक सभी सामग्री पैदा होने वाली समग्र अनुभूतियाँ प्रस्तुत की हैं, तभी तो यह विश्वास है कि हिमाचल में देवता निवास करते हैं और वहाँ उनके अधिपति भगवान शंकर का आवास है।
भगवान शंकर की धर्मपत्नी स्वयं उस नगाधिराज की

पुत्री है। भारतीय साहित्य के जितने सांस्कृतिक बिन्दु हैं, उनसे उनके किसी न किसी भू-भाग से सम्बन्ध है। दैवी शक्तियों के साथ जोड़ने के लिए उत्तेजनात्मक पौराणिक चित्र बनाये गये हैं। गंगा-गौरी संवाद के रूप में दक्षिण भारत में मशहूर एक कहानी है।

(प्रकाश बुझता है। मंच के दूसरे कोने में प्रकाश।)

गंगा : मैं तुम्हारे लिए सन्देश लायी हूँ।

गौरी : **(कन्याकुमारी)** कौन...गंगा...?

गंगा : हाँ, मैं उस पुरुष के यहाँ से आ रही हूँ, जिनके विरह से तुम दुखी हो गयी हो और उनसे मिलने के लिए आतुर हो।

गौरी : तुम उनको कैसे जानती हो?

गंगा : मेरा नाम गंगा है। मैं उनके जटाजूट में रहती हूँ। तुम्हारा दूल्हा भी तुमको पाने के लिए तप कर रहा है। तुम चाहो तो मैं तुमको वहाँ ले जा सकती हूँ।

गौरी : यह तो आश्चर्य की बात है। तुम कहती हो कि उन जटाओं में तुम बसती हो, जिनको मेरे विरह में तप कर-कर उन्होंने बढ़ाया है।

गंगा : अवश्य, यद्यपि में उनकी जटा में बसी हुई हूँ तथापि उनके हृदय में तुम्हारा ही स्थान है।

गौरी : **(उत्सुकता से)** अच्छा

गंगा : मुँह से वह तुम्हारा ही नाम लेते हैं। मैं उनकी जटावासिनी इसीलिए बनी कि वे मुझे न तो अपने हृदय में स्थान देना चाहते हैं न अंकशैया पर ही।

गौरी : यह तो असम्भव है, वे तुमको जटाजूट में नहीं रख सकते। मेरे पति सच्चे भारतीय हैं। मुझे अपने दिल में रखकर किसी दूसरे को यह स्थान नहीं दे सकते हैं।

गंगा : तुम ऐसा मत सोचो कि तुम्हारे पास आज मैं पहली बार आयी हूँ। मैं वर्षों से इधर से गुजरती रही हूँ। तुम्हारे चरणों तक आकर भी तुम्हारे सती धर्म से प्रभावित होने के कारण संकोच करती रही। मुँह खोल कर उनका सन्देश

तुम्हें सुना न सकी। मैं प्रायः वर्ष में कम से कम एक बार तुम्हारे पास आती रही हूँ। अगर तुम मान जाओ, तो मुमकिन है कि हम दोनों को हृदय में समान स्थान मिल जाये। क्या तुम मेरे साथ चलने को राजी हो?

गौरी : कतई नहीं। इस देश की संस्कृति के अनुसार एक पति दो दाराओं को नहीं रख सकता।

गंगा : जानती हूँ...।

गौरी : क्या तुम बता सकती हो कि उस पुरुष का नाम क्या है और कहाँ रहते हैं?

गंगा : उनका नाम शंकर है। वे हिमालय के उच्च शिखर पर रहते हैं, वे बर्फ से सदा धवल रहते हैं और उनका वाहन वृषभ है।

गौरी : यह सम्भव नहीं कि भारत के इस प्रदेश की प्रथा के अनुसार मैं उनके पास जाऊँ। हमारी सभ्यता है कि वे चाहें तो मेरे पास आयें। उनको अपने पास रखने को तैयार हूँ। तुम वापस जाओ उनको बुला लाओ। मैं तुमको मुँहमाँगा इनाम दूँगी....।

पुत्र : पिताजी! बताइए उससे आपको क्या पता चला...?

पिता : भारत की नारियाँ कैसी होती हैं...?

पुत्र : इस लोककथा में भारत के भौगोलिक सांस्कृतिक और परिवेशगत एकता का सजीव प्राणवान सच्ची झलक दी है।

पिता : इतनी बड़ी है...(**आश्चर्य प्रकट करता है।**)

पुत्र : यह बहुत बड़ी बात है। इसका सिरा थामकर भारतवर्ष की भावात्मक एकता के सिंहद्वार तक आसानी से पहुँच सकते हैं।

पिता : तुम ठीक कहते हो भारत के भौगोलिक दर्शन के बिना न तो भारतीय संस्कृति का अंदाजा लग सकता है और न ही इस संस्कृति के पूर्ण दर्शन किये बिना भारतीय जीवन दर्शन में निहित तत्त्वों, परिकल्पनाओं और प्रतीकों का मूल्यांकन हो सकता है।

पुत्र : संस्कृति और साहित्य का जो रूप निर्मित हुआ है।

उसे भारत ने सम्पूर्ण विश्व का दर्शन करते हुए किया। सम्पूर्ण विश्व की प्रकृति को पहचाना (**रुककर**) उसके स्वभाव तथा गीत-प्रगीत से परिचित होकर विश्व मानवता को अपने में उतारा। सम्पूर्ण भारतीय साहित्य में वसुधैव कुटुम्बकम् की भावना मिलती है—जिससे मानवतावाद और भ्रातृत्ववाद निकलता है।

पिता : ओह...(**द्वार की घण्टी बजती है**)
जा देख कौन आया है...?

पुत्र : (**आदेश का पालन करता है**) अरे मनोहर।
(**मनोहर का प्रवेश मनोहर पिता को नमस्ते करता है**)

मनोहर : नमस्ते अंकल।

पिता : नमस्ते बेटा मनोहर...कैसे आना हुआ?

मनोहर : कल 'गाँधीयन स्टडीज' का पर्चा है...

पिता : (खूब ज़ोर से हँसते हैं) तो तू भी...

पुत्र : अच्छा पिताजी हम पढ़ कर आपके साथ चर्चा करेंगे।

(**प्रकाश बुझता है।**)

तीसरा दृश्य

[प्रकाश मंच पर होता है। गाँधी जी चुपचाप बैठे हैं।]

बा : मैं कहती हूँ आप इतने चिन्तित क्यों हो जाते हैं?

बापू : शिक्षकों के प्रति सरकार की अपेक्षा उचित नहीं...

बा : सरकार अपने आप क्यों नहीं सही वक़्त पर कुछ करती?

बापू : शिक्षक देश निर्माता होते हैं। उनकी जितनी बुनियादी आवश्यकताएँ हैं वे तो कम से कम पूरी हों...?

बा : अब कुछ खा तो लो...।

बापू : तुझे खाने की पड़ी है...मैं व्याकुल हूँ कि पुराणों में शिक्षक की महानता का गुणगान करने वाला देश किस प्रकार शिक्षक के प्रति बेरुखा हो गया है।

बा : क्या शिक्षकों की माँगे सही हैं...?

बापू : शिक्षक की हर माँगें जायज है। जिस देश का राजनेता यानी राज्य का रक्षक चारा घोटाला आदि में इतना

धन हड़प लेता है उस देश के शिक्षक को सजग होना चाहिए।

बा : **(आश्चर्य से)** वह क्यों?

गाँधी : क्योंकि जब शिक्षकों को वेतन दिया जायेगा तो सरकार का धन अन्य अनावश्यक अनुदान स्वीकृत करने में नहीं जायेगा और शिक्षकों को दिया गया वेतन स्रोत से आयकर कट सीधा सरकार को मिल जायेगा जिससे धन का अन्य महकमों में उपयोग होगा। दूसरी बात शिक्षकों की स्थिति स्तर ऊपर उठेगा।

बा : लो न्यूज देखो।

(खबरों में सुनायी देता है–आज 30,000 शिक्षकों ने अपने को गिरफ्तार करवाया। सारे देश में आज धूमधाम से शिक्षक दिवस मनाया गया।)

बापू : बा....यह देखा....उफ् आज शिक्षक दिवस किन्तु कोई निर्णय नहीं। **(बेचैनी से टहलते हैं।)**

(प्रकाश बुझता है।) (मंच पर प्रकाश होता है। बापू उसी तरह टहलते हैं।)

बा : आप सारी रात सोये नहीं...?

बापू : देश की बुनियाद हिल गयी हो। मेरा मतलब देश के निर्माताओं यानी शिक्षकों की यह दुर्दशा हो...उसे देख मुझे नींद आयेगी...?

बा : लो आज की खबरें सुनो–**(रेडियो आन कर देती है। मानव संसाधन मन्त्री मुरलीमनोहर जोशी ने शिक्षकों से बातचीत की और कहा कि उनकी कुछ हद तक माँगें मान ली जायेंगी। पाँचवें वेतन आयोग के अनुसार उन्हें वेतन मिलेगा। जनवरी 1996 से यह लागू होगा तथा जिन प्राध्यापकों की उचित योग्यताएँ नहीं हैं उन्हें अनुभव के बल पर देखा जायेगा।)**

बा : लीजिए...शिक्षकों की समस्त समस्याएँ सरकार ने सुन लीं तथा यह भी घोषणा की है कि वे अपनी 26 दिनों ही हड़ताल खत्म कर बुधवार 9 सितम्बर से कक्षाएँ लेंगे।

बापू : **(प्रसन्नता से...)**

गुरुर्ब्रह्मा गुरुर्विष्णुर्गुरुर्देवो महेश्वरः।
गुरुः साक्षात् परब्रह्म तस्मै श्री गुरुवे नमः॥

(प्रकाश बुझता है।)

चौथा दृश्य

[मंच पर प्रकाश होता है। सुनील योग साधना की मुद्रा में बैठा है...उसके चेहरे पर नाराज़गी की रेखाएँ हैं। पत्नी सोनी का प्रवेश।]

सोनी : मैं कहती हूँ अब योग साधनर खत्म भी करो।

सुनील : **(इशारे से)** मेरा मौनव्रत है।

सोनी : **(इशारे से मौनव्रत की बात समझते हुए)** हे राम...फिर मौनव्रत...मैं कहती हूँ तुमको यह मौनव्रत की बीमारी क्या लग गयी है...

सुनील : **(इशारे से क्रुद्ध होने का प्रयत्न करता है। सामने लगी गाँधी जी की फोटो की ओर इशारा करता है।)**

सोनी : इतने वर्ष तुम्हें गाँधी जी याद नहीं आये...अब जब तुम 60 के होने के आये हो तो बापू और उनके विचार आ गये हैं...**(रुककर)** यह क्यों नहीं मानते कि सठिया गये हो...

सुनील : मैं सठिया नहीं गया...मैं गाँधीवादी भावनाओं के ओर बढ़ रहा हूँ। **(लिख कर दिखाता है।)**

सोनी : **(खिलखिलाकर हँसती है।)** चलो देर आये दुरुस्त आये ...किन्तु मैं पूछती हूँ गाँधी जी ने कब कहा कि घर में चुपचाप मौनव्रत लेकर बैठ जाओ।
(खिलखिलाती है।)

सुनील : तुम मेरा उपहास क्यों उड़ा रही हो...?

सोनी : क्योंकि मौनव्रत वाले इतनी जल्दी मौन तोड़ते नहीं **(हँसती हुई कहती है।)**

सुनील : **(अपनी गलती को समझते हुए)** अच्छा...अच्छा ज़्यादा हँसो मत...यह नहीं करती कि मेरी शक्ति बने, मुझे लक्ष्यसिद्धि में मदद करे...।

सोनी : **(और ज़ोर-ज़ोर से हँसती हुई)** सुनील मौनव्रतधारी जी! गुस्ताखी माफ। **(रुककर)** मेरे यह बाल धूप में सफेद

नहीं हुए है। (**हँसती है**) क्या मैं नहीं जानती कि मौनव्रत क्यों रखा गया है।

सुनील : (**इशारे से चिढ़ते हुए**) क्यों?

सोनी : ज़रूर कल किसी संस्था के अध्यक्ष पद की लालसा पूर्ण नहीं हुई होगी। (**अन्दर जाती है।**)

सुनील : (**हतप्रभ-सा स्वगत्**) अरे! इसे कैसे पता चला? ज़रूर किसी ने बताया होगा...। कितनी आशा थी कि मुझे अध्यक्ष पद पर आसीन करवायेंगे किन्तु क्या मिला...? आगे से मैं किसी संस्था में नहीं शामिल होऊँगा।

सोनी : (**सोनी का प्रवेश...उसके हाथ में दो प्लेटे हैं। एक में जलेबियाँ हैं और दूसरे में पकौड़े। वह उन प्लेटों को लाकर सुनील के सामने रख देती है।**)
खाइए...मौनव्रतधारी जी...(**हँसती है**)

सुनील : (**अपना बड़प्पन दिखलाने के लिए मुँह फेर लेता है।**)

सोनी : (**उठकर रेडियो लगा देती है और गाने सुनती है।**)

सुनील : (**आवेश में उठकर बन्द करता है।**) मुँह पर हाथ रख चुप रहने का इशारा करता है।

सोनी : (**जाकर ऑन कर देती है।**) मैं कहती हूँ यह कहाँ का इन्साफ है...? घर कोपभवन बना कर रख दिया है। मुझ से खफा भी नहीं हो ऊपर से मौनव्रत रख कर बैठे हो तो बताओ में क्या करूँ...?

सुनील : (**लिखकर**) मौन रहो...?

सोनी : (**मौन बैठी रहती है। वातावरण बोझित होने गलता है।**) मौन कभी-कभी वाणी से अधिक वाचाल होता है।

सुनील : (**क्रुद्ध नेत्रों से देखता है।**)

सोनी : एक चुप सौ सुख... (**राहत की साँस**) चलो अच्छा है... जहाँ तक हो सके वहाँ तक मौन ही रहना चाहिए। मौन में अन्तर्शक्ति जगाने की क्षमता होती है।

सुनील : इस बीच जलेबियाँ खाता है। (**सोनी उसे देखकर ज़ोर-ज़ोर से हँसती है।**)

सोनी : व्रत में खाया जाता है क्या?

सुनील : खाना बन्द करता है। (**आग्नेय नेत्रों से देखता है**)

सोनी : कोई भी प्रतिज्ञा करना या व्रत लेना बलवान का काम है निर्बल का नहीं।

सोनी : **(बात टालते हुए)** अभी तो रिहर्सल है व्रत कल रखेंगे...

सुनील : चीखता है सो...नी...

सोनी : व्रत में अपार शक्ति होती है, क्योंकि उसके पीछे मनोवैज्ञानिक दृढ़ता होती है।

सुनील : **(टेबल पर हाथ मारता है)** सोनी...

सोनी : संयम सीखो सुनील...संयम सीखो। दुर्बल मन का मनुष्य संयम-पालन नहीं कर पाता; लेकिन अभ्यास से संयम आ सकता है।

सुनील : मैं कुछ सीखना चाहता हूँ...

सोनी : बोलना एक सुन्दर कला है; मौन उससे भी ऊँची कला...

सुनील : मौन बेबस चिढ़ता-सा उसकी ओर देखता है।

सोनी : तुम गाँधी जी के मौनव्रत को धारण करना चाहते हो... आओ पहले अभ्यास करें।

(दोनों का प्रस्थान।)

(प्रकाश बुझता है)

हिन्दी नाटक

विकास-क्रम की दृष्टि से हिन्दी-नाटक साहित्य की विधा है। जो नया रूप धारण कर भारतेन्दु युग में विकसित हुई। संस्कृत साहित्य में नाटकों की एक समृद्ध परम्परा रही। सत्रहवीं और अठारहवीं शती में कुछ नाटक अवश्य लिखे गये जैसे—प्राणचन्द चौहान का 'रामायण महानाटक' (सं. 1667) बनारसीदास का समय सार (सं. 1663), गुरु गोविन्द सिंह का 'चण्डी चरित्र', राजा यशवन्त सिंह का प्रबाध चन्द्रोदय (सं. 1700) नेवाज का शकुन्तला (सं. 1727) किन्तु ये सब पद्य में लिए गये है। इसी प्रकार के कई नाटक 19वीं सदी में रचे गये—माधवविनोद नाटक, जानकी राम-चरित नाटक, रामलीला विहार नाटक।

आधुनिक युग के आरम्भ में अंग्रेजी-राज्य के शोषण और अत्याचारों से जन-चेतना का उदय हुआ तो नाटक इस जन-चेतना का वाहन बनकर साहित्य क्षेत्र में उतरे।

भारतेन्दु युग में खूब प्रहसन लिखे गये। 19वीं सदी में रंगमंचीय नाटक लिखे गये—अमानत का 'इन्दरसभा' और पं. शीतला प्रसाद त्रिपाठी का 'जानकी मंगल'। 'इन्दरसभा' गीति नाट्य परम्परा का पहला नाटक माना जाता है। महाराज विश्वनाथ सिंह का 'आनन्द रघुनन्दन' और भारतेन्दु के पिता बाबू गोपालचन्द्र का 'नहुष'। राजा लक्ष्मणसिंह ने कालिदास के प्रसिद्ध नाटक 'अभिज्ञान शकुन्तलम्' का अनुवाद किया जिसमें खड़ीबोली गद्य और ब्रजभाषा का पद्य था। इस प्रकार खड़ीबोली-गद्य में यह हिन्दी का सर्वप्रथम अनूदित नाटक था।

पारसी-थियेटर और भारतेन्दु युग

भारतेन्दु युग से नाटकों की परम्परा समृद्ध हुई। एक ओर जहाँ संस्कृत-नाटकों की परम्परा का प्रभाव था तो दूसरी ओर बंगला के माध्यम से कुछ सीमा तक प्रत्यक्ष रूप से भी अंग्रेजी नाटकों का प्रभाव हिन्दी नाटकों पर पड़ रहा था। इस युग में दो तरह के नाटक लिखे गये एक प्रेम, भक्ति भी तो दूसरे में नयी युग-चेतना। स्वयं भारतेन्दु ने नाट्य-शिल्पों का मिश्रित रूप अपनाते हुए 'चन्द्रवली नाटिका'

और प्रेम जोगिनी प्राचीन पद्धति पर तथा भारत दुर्दशा, अन्धेर नगरी आदि नवीन मिश्रित शैली पर लिखे। भारतेन्दु ने हिन्दी-नाटकों का खूब उत्थान किया। उन्होंने पहला काम यह किया कि संस्कृत, बंगला, अंग्रेजी आदि के सुन्दर नाटकों का स्वयं अनुवाद किया और करवाया।

- नाट्य-रचना के भारतीय और यूरोपीय सिद्धान्तों व सम्यक् अध्ययन कर हिन्दी नाटकों के लिए सिद्धान्तों की रचना की। जो 'नाटक' शीर्षक निबन्ध से स्पष्ट होती है।
- नाटकों द्वारा जन-जागरण किया।
- हिन्दी रंगमंच को जन्म दिया।
- भारतेन्दु उस युग की नाटक और रंगमंच सम्बन्धी गतिविधियों के प्रधान केन्द्र थे।
- नाटकों को नयी शैली दी।
- भारतेन्दु के सभी सहयोगियों ने प्रचुर मात्रा में नाटक लिखे।

बालकृष्ण भट्ट—दमयन्ती स्वयम्बर वृहन्नला, वेणु संहार, कलिराज की सभा, बाल-विवाह, रेल का टिकट, जैसा काम वैसा परिणाम।

इनमें पौराणिक कथाओं को अपने युग की समस्याओं का अंकन किया गया था। परन्तु इनके कथानक कमज़ोर थे। पात्रों पर नाटककार का व्यक्तित्त्व हावी रहा। हास्य-व्यंग्य के माध्यम से समस्याओं पर प्रकाश डाला गया है।

प्रतापनारायण मिश्र

इस युग के प्रभावशाली नाटककार थे। गौ संकट, कलि प्रभाव, भारत दुर्दशा, जुआरी ख्वारी, हमीर हठ आदि नाटकों से राष्ट्रीय जागरण और समाज सुधार का स्वर उठाया।

राधाकृष्ण दास

महारानी पद्मावती, महाराणा प्रताप, दुखिनी बाला आदि में प्राचीन भारतीय महापुरुषों का गौरवगान किया।

श्रीनिवासदास

रणधीर, प्रेममोहिनी, संयोगिता स्वयंवर, तत्पासंवरण, प्रहलाद चरित्र नामक नाटक लिखे। इनके अलावा प्रेमधन जी ने भारत सौभाग्य, प्रयाग रामागमन, वारांगना रहस्य (अपूर्ण) वृद्ध विलास।

राधाचरण गोस्वामी ने चन्द्रावली, अमरसिंह राठौर, भंग तरंग, बाबू केशवदास

ने सज्जाद सम्बल, शमसाद सौसन। गजाधर भट्ट ने मृच्छकटिकम्, अम्बिकादत्त व्यास ने 'भारत सौभाग्य', 'गौ संकट', 'लतिका'।

गोपालराम गहमरी ने 'जैसा का तैसा'।

किशोरी लाल गोस्वामी ने 'चौपट चपेट'

देवकीनन्दन त्रिपाठी ने सीता हरण, रुक्मिणी हरण, कंस वध। शालिग्राम ने अभिमन्यु वध, पुरु विक्रम, मोरध्वज, लावण्यवती सुदर्शन, माधवानल कामकन्दला आदि पौराणिक ऐतिहासिक प्रेम गाथात्मक नाटक तथा प्रहसन (one act play) लिखे।

पारसी थियेटरों के नाटक

सन् 1870 में षेस्टन जी फ्रामजी नामक एक पारसी सज्जन ने 'ओरिजनल थियेट्रिकल कम्पनी' नामक नाटक कम्पनी खोली। कालान्तर में ऐसी अनेक नाटक कम्पनियाँ खुलीं। इनसे हिन्दी को एक नये ढंग का रंगमंच मिला। इस रंगमंच का निर्माण कुछ-कुछ अंग्रेजी रंगमंच के अनुकरण पर किया गया था। ये नाटक प्रेम हिन्दी क्षेत्र में अव्यवसायी नाटक मंडलियाँ की स्थापना की गयी, जिनमें पढ़े-लिखे लोग सुन्दर नाटक प्रस्तुत करते थे। हिन्दी रंगमंच के विकास में इनका काफी योगदान था। हिन्दी रंगमंच के विकास में इनका काफी योगदान था। भारतेन्दु ने इस तरह की मंडलियों को खूब प्रोत्साहन दिया।

नाटक

द्वितीय उत्थान

इस युग के मेरुदण्ड महावीर प्रसाद द्विवेदी ने 'नाटक शास्त्र' नामक ग्रन्थ की रचना की। परन्तु नाटकों के क्षेत्र में ठोस कार्य नहीं हुआ। इस काल के नाटकों एवं उनके प्रणेताओं को चार भागों में विभाजित कर सकते हैं–

1. चटकीले दृश्य; कृत्रिम विचार मुद्राएँ, अश्लील प्रेम–(नारायण प्रसाद बेताब, राधेश्याम कथावाचक, कृष्णचन्द्र, तुलसीदास शैदा)

2. साहित्यिक कोटि में आने वाले–
   चन्द्रगुप्त, दुर्गावती (बदरीनाथ भट्ट)
   चन्द्रकला भानुकुमार (रायदेवी प्रसाद पूर्ण)

3. प्रहसनों एवं हास्य रस प्रधान नाटक–गड़बड़ झाला, नोंक-झोंक, बेचारा सम्पादक, बूढ़ा घर (जी.पी. श्रीवास्तव, बेचन शर्मा उग्र, ब्रजनन्दन सहाय, लोचन प्रसाद पाण्डेय)

4. पद्य-रूपकारों में
   अनध (मैथिलीशरण गुप्त)
   कृष्ण (सियारामशरण गुप्त)
   करुणालय (जयशंकर प्रसाद)

प्रसाद युग

जयशंकर प्रसाद नाट्य-क्षेत्र में नयी साहित्यिक चेतना के अग्रदूत बन कर आये। उनके इस क्षेत्र में प्रदेश के साथ नाटकों की शिल्प-विधान में पूर्ण परिवर्तन होने आरम्भ हो गये। नाटकों में प्राचीन संस्कृत नाट्य शैली को निकालकर अंग्रेजी की पद्धति अपनायी। अंकों को पाश्चात्य शैली के अनुरूप दृश्यों में विभाजित किया गया। इस काल को 'हिन्दी-नाटकों का उत्थान काल' कहना उचित है।

प्रसादोत्तर युग

कुछ नाटककार प्रसाद की नवीन नाट्य शैली और सांस्कृतिक पुनरुत्थान की भावना से प्रभावित हो हिन्दी नाट्य-क्षेत्र में उतरे थे। इन लोगों ने प्रसाद की तरह ही ऐतिहासिक नाटक लिखे। सामाजिक समस्यामूलक यथार्थवादी पौराणिक आदि विभिन्न प्रकार के असंख्य नाटक लिखे। साथ ही एकांकी नाटकों की एक नयी विधा चल पड़ी।

इस युग के नाटककारों में हरिकृष्ण प्रेमी, सेठ गोविन्ददास, उदयशंकर भट्ट, गोविन्द वल्लभ पन्त, वृन्दावनलालवर्मा, चन्द्रगुप्त विद्यालंकार लक्ष्मीनारायण मिश्र उल्लेखनीय हैं। इन नाटककारों ने पौराणिक और ऐतिहासिक नाटक लिखे। प्राचीन इतिहास ने मुख्यतः मुस्लिम युग को ही अपना आधार बनाया। हिन्दू-मुस्लिम एकता, राष्ट्रीय, साम्प्रदायिक राजनीति आदि विषयों पर नाटक लिखे।

सेठ गोविन्ददास ने ऐतिहासिक, पौराणिक और सामाजिक तीनों प्रकार के नाटक लिखे जिनकी संख्या सौ से ऊपर है।

वृन्दावनलाल वर्मा—ऐतिहासिक उपन्यासकारों के रूप में ख्याति प्राप्त हैं। झाँसी की रानी, बीरबल, ललित विक्रम।

अन्य नाटककारों में

चन्द्रगुप्त विद्यालंकार — अशोक, रेवा
प्रेमचन्द्र — कर्बला
सियारामशरण गुप्त — पुण्य पर्व
लक्ष्मी नारायण मिश्र — गरुड़ध्वज, वत्सराज, वितस्ता की लहरें।

सुदर्शन	–	सिकन्दर
सत्येन्द्र	–	मुक्ति यज्ञ
चतुरसेन शास्त्री	–	छत्रसाल
जगन्नाथ प्रसाद मिलिन्द	–	गौतम चन्द
जगदीश माथुर	–	कोणार्क आदि नाटक तथा नाटककार हुए।

प्रतीक-प्रधान नाटक

नीति-नाट्यों की तरह एक अन्य प्रकार के नाटक लिखे गये जिनके विभिन्न पात्र विभिन्न भावनाओं, विचारधाराओं में वस्तुओं के प्रतीकों के रूप में प्रस्तुत किये गये। इनके प्रवर्तक जयशंकर प्रसाद थे। सन् 1927 में उनका 'कामना' नाटक हिन्दी का पहला प्रतीकवादी नाटक माना जाता है। आगे चलकर इसी परम्परा में पन्त का 'ज्योत्स्ना', सेठ गोविन्ददास का 'नवरस', भगवती प्रसाद वाजपेयी का 'छलना', कुमार हृदय का 'नक्शे का रंग', लक्ष्मीनारायण लाल का 'मादा कैक्टस', तीन आँखों वाली मछली, सूखा सरोवर, रक्त कमल, रातरानी, दर्पन, सुन्दर रस नाम प्रतीकवादी नाटक लिखे गये।

इस युग के अन्य उल्लेखनीय नाटकों में विनोद रस्तोगी के 'आज़ादी के बाद' नया हाथ।

नरेश मेहता के सुबह के घण्टे, खंडित यात्राएँ, मन्नू भंडारी का 'बिना दीवारों का घर, शिवप्रसाद सिंह के 'घाटियाँ गूँजती हैं, ज्ञानदेव अग्निहोत्री के 'नेफा की एक शाम' उल्लेखनीय हैं।

रफ्तार

पात्र

लड़की का परिवार

1. दादी + दादा
2. माता
3. पिता
4. नौकर
5. महिमा
6. गहिमा
7. सहेलियाँ महिमा की-4
8. अशोक
9. श्रेया
10. श्रेया की माँ

लड़के का परिवार

1. दादी + दादा
2. माता—कुँवरबाई
3. पिता—प्यारेलाल
4. लड़का—अंकुर
5. लड़के की बहन—प्रियंका
6. नौकर
7. सास की सहेलियाँ
8. व्यापारी-3
9. महिला मंडल-15
10. खुशबु - बच्ची - बड़ी - बड़ी

प्रथम अंक

पहला दृश्य

[आधुनिक राजस्थानी अमीर घर का वातावरण शानदार मखमली सोफे पर दादी बैठी है। राजसी वस्त्रों में सुसज्जित है, मुख पर भारी उदासी है। कुछ देर वह बैठी रहती है, फिर चिन्तित हो घूमती है।
(कैमरा उनके चेहरे को फोकस कर रहा है। चिन्तित आँखें एकटक अपलक देख रही हैं मानो कोई उदास भविष्य देख रही हों।)]

दादी : क्या हो गया है जमाने को...सारी दुनिया क्यूँ बदलती जा रही है...सबके सब बनावटी दिखावटी...आगे घर-गृहस्थी चलेगी कैसे...?

(इतने में उनकी पोतियाँ महिमा और गरिमा दौड़ती हुई आती हैं)

महिमा : तू जाती कहाँ है...माँ...माँ...दादी...दादी...देखो न...गरिमा की बच्ची...

(दौड़ती रहती हैं। दादी को पकड़ उनके आगे-पीछे)

दादी : अरे...क्या हुआ है...?

गरिमा : मेरा दुपट्टा...

इतने में महिमा गरिमा के हाथ से दुपट्टा छीनती है

महिमा : देखो न दादी! यह कैसी बहन है...अपनी बड़ी बहन को एक दुपट्टा नहीं देती...दे...।

गरिमा : दादी...जब भी मैं कुछ लाती हूँ...मही दी उसे छीन लेती है...आज मुझे पार्टी में जाना है...वहाँ पहले मैं पहन कर जाऊँगी...

(महिमा और गरिमा भागमभाग करती हैं...कई चीज़ें गिरती हैं। माँ उर्मिला और पिता श्री किशनलाल जी अन्दर आते

हैं तो वे उनसे टकराती हैं। एक फूलदान गिरता है।)

दादी : (**क्रोध से**) न खींच दुपट्टा महिमा...न कर, अरे तू बड़ी है...कुछ तो छोटी पर रहम कर...(**वे नहीं मानतीं खूब तू-तू मैं-मैं होने लगती है।**)

गरिमा : दादी...देखो न दीदी को...

महिमा : (**दो धौल पीठ पर जमाती है।**)

दादी : बहू...देख ये कैसे लड़ रही हैं...मही, अगले महीने शादी होने वाली है और इसकी हरकतें...कोई बताये इसे...अक्ल घास चरने गयी है...

उर्मिला : माँ! यही तो दिन हैं...फिर ब्याही जायेगी...कहाँ यह पल मिलेंगे...?

दादी : उसे कुछ सिखलाएगी भी कि नहीं...? ससुराल...

उर्मिला : (**बात बीच में ही काट कर**) माँ...! ससुराल का ताना मत मारा करो...ससुराल जायेगी कर लेगी...

दादी : मैं ताना मार रही हूँ या तुम्हें बता रही हूँ...

महिमा : (**दादी के कन्धों को प्यार से पकड़कर**) मेरी प्यारी दादी... आप क्यों दुखी होती हैं...आज जमाना बदल गया है...

गरिमा : हाँ...दादी...जमाना बदल गया है...आजकल ससुराल में काम कौन करता है?...

महिमा : और आजकल सेल फोन हैं...जब कुछ मुसीबत होगी तो आपसे पूछ लूँगी...आप फोन पर बतायेंगी न...?

दादी : चल हट मसखरी करती है...जमाना बदल गया है...पर लग गये हैं...पर...(**हँसती है**)

गरिमा : दादी...दीदी की ससुराल में चार पाँच नौकर तो होंगे ही...(**छेड़ती है**)

जीजा जी कहेंगे...डार्लिंग! एक कप चाय तो बनाना तब दीदी कहेगी...चाय...चाय क्या होती है...?

(**महिमा शरमाती और दादी की ओर देखकर गरिमा को चिढ़ाती है। जीभ निकाल हँसती हुई भाग जाती है।**)

दूसरा दृश्य

[दरवाज़े की घण्टी बजती है। गरिमा दौड़कर दूसरे कमरे से आती है और द्वार खोलती है। सामने महिमा दीदी की सहेलियाँ महक, दिशा और ख्याति को देखकर प्रसन्न होती हुई वहीं से प्रसन्नता से पुकारती है।]

गरिमा : दीदी...ओ दीदी...देखो तो कौन आया है...? **(महिमा दबे पांव आती है और दरवाज़े की ओट से झाँकती है। अपली सहेलियों को वहाँ देखकर उछल पड़ती है।)**

महिमा : अरे गरिमा की बच्ची...**(उसे पकड़कर दो-तीन धौल जमा देती है।)** तूने तो मुझे डरा ही दिया...मेरा पाव भर खून सूख गया...मैंने सोचा...**(सब खिलखिलाकर हँसती हैं।)**

महक : कहीं ससुराल से कोई नहीं आ गया...? आरे...हमने सोचा हम चारें की शादी होनेवाली है...हम क्यों न मिलकर अपनी खुशियाँ बाँटें...? **(सब बेडरूम में जाकर पसर जाती हैं एक बिस्तर पर तो दूसरी सिंगल सोफे पर)**

दिशा : तुम सब कितना खुश हो किन्तु मुझे पता नहीं क्यूँ डर लग रहा है...शादी के बाद कितनी जिम्मेदारी बढ़ जायेगी **(चिन्तित)** रसोई में जाकर खाना बनाना...**(एकाएक उसकी नज़र महिमा पर पड़ती है)** तुम्हें खाना बनाना आता है...?

महिमा : **(लापरवाही से खिलखिलाकर हँसती है)** खाना...हा...हा...**(उसके साथ सबको आनन्द आने लगता है)** तकनीकी युग में जी रही हैं और खाना बनाने की बातें कर रही हैं...

दिशा : **(हतप्रभ-सी उनको देखती है)**

महक : **(अपने बालों पर ब्रश फेरती हुई अपने को दर्पण के सामने सहेजती हुई)** अरे दिशा...तू भी न...अरे आजकल घर का खाना कौन खाता है...?

दिशा : फिर...**(उसकी आँखें आश्चर्य से अपलक उनकी ओर देख रही हैं मानो कुछ नयी बात सीख रही हो)**

महक : इतने फूड ज्वाइंट खुल चुके हैं कि अब तो हर काम आसान हो गया है...

(नौकर के साथ गरिमा अन्दर आती है...ठण्डी पैप्सी के गिलास उन्हें थमाती है...)

ख्याति : दिशा...! सब बन्द डिब्बों का खाना खाते हैं... **(रुकती है)** मैं तो सुहास को कह दूँगी...देखो जी...मुझसे एक काम करवा लो या बच्चों से आँगन चहकवा लो या खाना बनवा लो...एकही काम करूँगी...**(सब हँसी-ठिठोली करती प्रसन्न हैं।)**

महिमा : मैं तो सास-ससुर को ही बदल डालूँगी... **(सब उत्सुकता से उसकी ओर देखती हैं...)**

दिशा : वह कैसे...?

महिमा : वैरी सिम्पल...

ख्याति : सास को टी शर्ट पहनाएगी और ससुर को बरमुड़ा **(हँसती है)**

महक : मुझे तो कोई चिन्ता नहीं...नो चिन्ता...नो फिक्र...मुझे बंबई में अकेले रहना है...मेरा क्या...खूब मौज-मस्ती मारेंगे...खाना बनाऊँ या न बनाऊँ मेरी मर्जी **(बड़ी गर्वीली अदा से)** मुझे पूछनेवाला कौन है...

(उर्मिला और गरिमा का प्रवेश)

(उर्मिला को देख सब नमस्ते नहीं करती हैं अपितु हैलो।)

समवेत् : हैलो आंटी जी...

उर्मिला : अरे वाह! जय जिनेन्द्र...आज तो दिन बड़ा भग्यवान है...चारों की शादी होने वाली है...तुम सबको बधाई हो...ख्याति! बेटी तेरी शादी कब की तय हुई है?

ख्याति : अगले महीने की बारह तारीख को आंटी जी...।

उर्मिला : और तेरी महक...?

महक : मेरी भी अगले महीने की 15 तारीख को।

उर्मिला : और दिशा तेरी...?

दिशा : मेरी...**(घबराई-सी)** अगले हफ्ते...मुझे डर लग...

(दादी का प्रवेश। दादी अगला वाक्य सुन लेती हैं)

उर्मिला : डर...डर किस बात का...???

दिशा : ससुराल में खाना बनाना पड़ेगा...

दादी : सो तो है बिटिया...

उर्मिला : माँ...आप भी...

समवेत् : जय जिनेन्द्र दादी जी।

दादी : जय जिनेन्द्र

उर्मिला : माँ, आजकल कौन खाना बनाता है...?

दादी : हमारे घर में तो बनता है...(**हँसती हुई**) आज मनुष्य खाना नहीं खाते हैं...क्या...? (**व्यंग्य करती-सी**) आज विज्ञान ने कोई नयी मशीन बना दी है जैसे एक्स रे मशीन, जीरॉक्स मशीन...या कोई नया अल्लादीन का चिराग बना डाला है...जिन आयेगा और खाना बनाएगा (**सब हँसते हैं, दादी की अदाएँ सबको हँसाती हैं।**)

दादी : भाई! मुझे वहाँ ले चलो जहाँ खाना नहीं बनता...(**बातों का रुख बदलता है।**) हमारे घर में तो दिन-रात बनता है।

दिशा : आंटी जी! महिमा को खाना बनाना आता है...?

गरिमा : खाना...दिशा! महिमा दीदी ऐसा खाना बनाती है कि कुत्ते भी भाग जाते हैं और दूसरों को भी भगा देते हैं...

उर्मिला : हाँ...हाँ...महिमा को सब कुछ आता है...। (**पर्दा डालती-सी**)

दादी : (**गंदा-सा मुँह बनाती हैं।**) ऊँह खाक आता है...बनायेंगी आलू तो बन जायेगा गोबर...कितनी बार कहा कि आओ पापड़-बड़ियाँ सीख लो...किन्तु हँसी ठिठोली के सिवा कुछ आये तब न...

महक : दादी...आजकल पापड़-बड़ियों का ज़माना गया...

दादी : तो...क्या आ गया है...?

ख्याति : नूडल्स...पीजा...

दादी : जाओ...हाय...हाय...उफ्...

महक : (**उर्मिला से**) हम सब मिलकर पिक्चर जायेंगी...फिर शादी के बाद कब मिल पायेंगी...?

दादी : पिक्चर जाओगी...अकेली...??? हमारे यहाँ तो शादी की बात तय हो जाने पर लड़की घर से बाहर नहीं जाती...।

उर्मिला : माँ! आप कैसी दकियानूसी बातें कर रही हैं...

महिमा : दादी...! इसमें घबराने की क्या बात है...?

उर्मिला : जाओ...जाओ...

(सब चिहुँकती चली जाती हैं। दादी बड़बड़ाती है।)

दादी : हमने भी पूरी उम्र गृहस्थी की जिम्मेदारी ईमानदारी से निभाई है...कर्तव्यों की राह में कभी किसी को कोई शिकायत नहीं हुई...(**रुककर**) बहू, जरा सोच...क्या दे रही हो आने वाली पीढ़ी को...? खुली छूट...

उर्मिला : माँ, ससुराल में न जाने कैसा जीवन हो...?

तीसरा दृश्य

[प्रातःकाल भोर का समय है। सारा घर सोया है घड़ी में 6 बज रहे हैं।]

दादी : महिमा...ओ...बिटिया महिमा...

महिमा : (**चिढ़ती-सी**) क्या है दादी...?

दादी : उठ रानी बेटी...सुबह हो चुकी है...अभी से उठने की आदत नहीं डालेगी तो ससुराल में कैसे उठेगी...ससुरालवाले क्या कहेंगे...?

उर्मिला : (**क्रोध से आती है।**) माँ, आज इतवार है...आप उसे सोने क्यूँ नहीं देती...? आप मेरी बच्ची के पीछे हाथ धोकर पड़ी हैं।

दादी : (**डपटती-सी**) बस...बस...बहू...ज़्यादा मुँह न खोल...तेरी बच्ची है तो मेरी कुछ नहीं...? तेरी है तो तुझे मुझ जैसी चिन्ता क्यों नहीं...? मैं तो तेरे स्वभाव से नाराज़ हूँ... अगले महीने उसकी शादी है और तू...? (**रुककर**) न कुछ सिखा रही है...न सीख दे रही है...
ऊपर से ऐशोआराम की बातें सिखा रही है...तू बच्ची की माँ है या दुश्मन..?

(झगड़ा-सा होता देख महिमा उठती है।)

महिमा : शादी मेरी है और...सुबह-सुबह...उफ्...आप दोनों मुझे और मेरे ससुराल को लेकर क्यूँ झगड़ती हैं...

दादी : तू तो कुछ नहीं सीखती...चार किताबें क्या पढ़नी आ गयी हैं...अपने को न जाने क्या समझती है...?

उर्मिला : पता नहीं...क्या चाहती हैं...(**चिढ़ती-सी**)

दादी : देख 6 बजे से उठा रही थी अब...घड़ी देख...यह जवान लड़की के चाल-ढाल हैं?

उर्मिला : इस उम्र में आप भी ऐसी ही थीं और मैं भी...(**रोष में**)

दादी : किसी ने ठीक ही कहा है...कीचड़ में पत्थर फेंकोगे तो छींटे अपने पर ही पड़ेंगे...

उर्मिला : जो कहना है कहो...मेरी बला से...

महिमा : कहिये दादी...क्या कहना चाहती है...?

उर्मिला : कुछ नहीं...जाओ तुम सो जाओ...
(**बड़बड़ाती हुई वह भी अन्दर चली जाती हैं।**)
कॉलेज की लड़कियाँ उछलती कूदती मजे मारती हैं और मेरी बच्चियाँ जरा हँसती हैं तो...

चौथा दृश्य

दादी : (**दादा से**) देखो...देखो...इसके तेवर...ब्याह होने जा रहा है...न खाना पकाना आता है...न सब्जी काटनी आती है...न आचार-मुरब्बे डालने आते हैं...न पापड़ बेलना...न भूनना...अरे...कुछ भी तो नहीं आता...

दादा : (**महिमा को समझाते हुए**) महिमा बेटे!
लड़की शादी के बाद इंजन बनती है तो लड़का इंजन का ईंधन...तब जाकर डिब्बे खींच सकता है।

महिमा : दादा जी...

दादा : महिमा बेटी! इतनी देर तक सोते हैं?

महिमा : अभी नौ ही तो बजे हैं, दादाजी।

दादी : इतनी देर तक सोएगी तो ससुराल वाले क्या कहेंगे? कहेंगे...माँ ने तो कुछ सिखलाया ही नहीं...

दादा : या कहेंगे...कुम्भकर्ण की औलाद है...

पाँचवाँ दृश्य

[शादी हो चुकी है। विदाई का सामान उपहार सब तैयार है।]

माँ अपनी बेटी महिमा को गले लगाती हैं। महिमा दादी के गले लगती है। दादी उसे सीख देती हैं—बिटिया! यह जग की रीत है...बेटी तो सदा पराया धन होती है..एक न एक दिन उसे ससुराल जाना ही पड़ता है।

नारी संजीवनी शक्ति का भंडार होती है...वह तीनों कुलों को तार देती है—मायका, ससुराल और ननिहाल। घर में सबका सम्मान करना, सास-ससुर की सेवा करना।

(पीछे से गाना—बेटी तो है धन ही पराया...चल रहा है।)

दूसरा अंक

पहला दृश्य

[लड़केवालों का घर सजा है। श्री किशनलाल जी तथा श्रीमती कुँवरबाई बेताला का घर शादी के बन्दनवारों से सजा है। घर में चहल-पहल है।
घर में बहू महिमा आ चुकी है। सगे-सगे-सम्बन्धी सब इधर-उधर बैठे मस्ती मार रहे हैं। आभूषणों से छोटी-बड़ी सब नारियाँ सजी-धजी हैं।
16 वर्षीय ननद प्रियंका भाभी को चलने में मदद कर रही है।]

प्रियंका : भाभी...हाँ बैठना है आपको...
(सजी हुई जगह पर भाभी को बिठाती है)
पार्श्व गीत (मारवाड़ी चल रहा है।)
ऐ मोती समुन्दरीया
लाड़ी और घर और वर माँगे जे...
[घर के बड़े बुजुर्ग एक-एक करके उसके सामने आते हैं, वह उनके पाँव छूकर आशीर्वाद लेती है।]

पहला : सदा सुखी रहो...दूधों नहाओ पूतों फलो...

दूसरा : सदा सुहागन रहो...
(लड़के की माँ कुँवरबाई की सहेलियाँ वहीं खड़ी हैं। वे बारी-बारी से कहती हैं।)

इंदुमती : (भावपूर्ण अंदाज से) कुँवर तेरी बहू तो बड़ी खूबसूरत है।

शकुनबाई : अजी! चाँद का टुकड़ा है...चाँद का...तेरी तो लॉटरी लग गयी...लॉटरी...(सब खुश हाते हैं।)

गुलाबवती : (कुँवरबाई के पास आकर बड़े अंदाज से कहती है)
सुन्दर भी और पढ़ी-लिखी भी है...।

इंदुमती : अजी, सोने पर सुहागा है...सोने पर (रुककर) ज़रूर पिछले जन्म में मोती दान दिये होंगे...

कुँवरबाई : (**रहस्योद्‌घाटन करती-सी**) तुम सब ठीक कहती हो। सचमुच, मेरी तो लॉटरी निकली है...घणी पुटरी है और घणी पढ़ी-लिखी भी...और घणा मालताल लायी है।

(मंच पर सास-ससुर, दादी, दादा, नौकर और दूल्हा है। सास सामने पड़े डिब्बों को उठा कर अन्दर जाना चाहती है और बहू महिमा उनकी मदद करने के लिए आगे बढ़ती है। कुँवरबाई हँसती हुई कहती है)

कुँवर : न...न...बहू...न...तू अभी आराम कर...अभी तो चार दिन क्या चार घण्टे भी नहीं हुए हैं...।

दादी : (**प्यार भरे लहजे से**) अभी तो बहूरानी...हाथों की मेहँदी को पानी भी नहीं लगा। मेहँदी का रंग ज्यों का त्यों है...।

नौकर : वाह माँजी...यह आप ने खूब कहा...मेहँदी को पानी भी नहीं लगा यानी कि पानी न लगे तो काम नहीं करना पड़ेगा...? (**महिमा की ओर मुड़कर**)

बहूरानी! फिर तो आप प्लास्टिक के दस्ताने पहन लीजिए ...फिर न पानी लगेगा...न मेहँदी उतरेगी न काम करने का सवाल ही पैदा होगा...।

दादी : (**प्यार भरी झिड़की देती हैं**) चल हट, मसखरी न कर...जा ...बहूरानी के कमरे में पानी रखकर आ...।

प्रियंका! जा बेटी...दुल्हन को अन्दर ले जा।

प्रियंका : जी दादी...।

दादी : बहू...! नयी दुल्हन को बताया कि कल सुबह का मुहूर्त अच्छा है, उसे पहली बार रसोई में गुड़ की लापसी बनानी होगी।

(दादी की बात सुनकर महिमा के चेहरे पर घबराहट है)

प्रियंका : क्या हुआ भाभी!

महिमा : (**सिर हिलाकर**) कुछ नहीं...

(प्रियंका उसे कमरे में ले जाती है। फिर वह भी उसे छोड़कर चली जाती है।)

प्रियंका : भाभी! आप आराम करें...।

दूसरा दृश्य

[महिमा बरामदे में जाकर फोन से अपनी माँ से बात करती है। बरामदे के साथ के कक्ष की खिड़की से माँ बातचीत सुन लेती है।]

महिमा : हैलो...माँ...

उर्मिला : हैलो, महिमा बेटी...कैसी हो...?

महिमा : माँ, मैं बिलकुल ठीक नहीं हूँ...आप जल्दी से यह बताइए गुड़ की लापसी क्या होती है...? दादी बिलकुल सही कहती थीं।

उर्मिला : क्यों...क्या हुआ...?

महिमा : **(उतावली सी)** माँ जल्दी बताओ...कितना तेल...कितना घी...कितना आटा...कितना पानी...

उर्मिला : क्या...??? **(ज़ोर-ज़ोर से हँसती है।)**

उर्मिला : **(हँसती है)** तेल...हा...हा...

महिमा : फिर...?

उर्मिला : घी...घी...डाला जाता है।
(जब महिमा माँ से बातें करती है तो सास कुँवरबाई सुन लेती है।)

कुँवरबाई : **(एकाएक धक्का-सा लगता है।)**
स्वर लहरी से प्रभाव डाला जाये।
(स्वगत्) हूँ...तो बहूरानी ने पोथियाँ पढ़ी हैं...**(रुककर जैसे कुछ सोच में हो)**
(प्रसन्नता से) मेरी बहू ने पोथियाँ तो पढ़ी हैं। खाना बनाना नहीं सीख सकी तो क्या हुआ...? अब मैं उसकी माँ हूँ ...मैं उसे गृहस्थी चलाना, खाना बनाना सिखलाऊँगी।
(स्वर लहरी से संकल्प का भाव प्रकट हो।)
अपने आप ही बोलती है–
सास बनने से पहले ही मैंने फैसला कर लिया है कि जब अपनी अनपढ़ नौकरानियों के नखरे सहती हूँ तो अपनी पढ़ी-लिखी बहू की छोटी-मोटी गलतियों को अनदेखा तो करूँगी ही साथ ही नौसिखिया निकली तो खूब अच्छी तरह सिखलाऊँगी...। **(सोच बदलती है)**

तीसरा दृश्य

[प्रातःकाल घड़ी सात बजा रही है। लापसी का बर्तन हाथ में उठाये मेज पर रखती है। महिमा का सास के निकट जाना। प्रणाम करना]

कुँवर : **(प्यार से)** दुल्हन लापसी तैयार है। मैंने ज़्यादा बना दी है। सब खूब मजे से खायेंगे। तू उस देग से भर-भर कर देते रहना।

महिमा : **(चेहरे पर सुकून छा जाता है।)** माँ। अब मैं क्या करूँ...?

कुँवर : तू पकौड़ी का बेसन घोल ले...।

महिमा : जी...माँ जी...! **(महिमा फुर्ती दिखलाती है। नौकर कुछ काट रहा है। वह बेसन लेकर गैस के ऊपर रखा, पानी जो उबल रहा है, उसमें डालने लगती है।)**

नौकर : अरे...रे...रे...गर्म पानी में बेसन...**(हँसता है)**

(महिमा घबरा जाती है। माँ भी वहाँ आ जाती हैं वह स्थिति को सँभालने के लिए हँसती है। महिमा को पता नहीं चलता कि वह क्या करे...हँसे या रोए...एकाएक सास हँसती है...रामू हँसता है और महिमा हँसती है।)

महिमा : माँ!!!

सास : फिक्र न कर...धीरे-धीरे सब सीख जायेगी। चल ये चलकर मेज सजा दे। मेहमान आते ही होंगे।

(टेप से प्रभाव डाला जाये) दादी की आवाज़ें...

(मेहमानों का आना। लापसी आदि खाना और महिमा की प्रशंसा करना।)

चौथा दृश्य

[अंकुर और महिमा अपने कक्ष में, रात काफी हो रही है, अंकुर काफी चिन्तित है।]

महिमा : क्या बात है...कुछ परेशान दिखायी देते हो...?

अंकुर : क्या बताऊँ कल मीटिंग में एक Presentation देना है...

महिमा : बस...! Presentation तैयार करना तो मेरे बाँये हाथ का खेल है...

अंकुर : पर तुम्हें पता है...क्या करना है...?

महिमा : तुम फ्रेश होकर आओ तब तक मुझे अकेला छोड़ दो...

अंकुर : फ्रेश होने जाता है। और महिमा Laptop खोलकर बैठ जाती है...

[लाइट ऑफ]

पाँचवाँ दृश्य

[महिमा अपनी सास के साथ कपड़े समेट रही है।]

उसी वक़्त सेल बजता है।

महिमा : हैलो!

अंकुर : (**दबी आवाज़ में**) हैलो स्वीट हार्ट...क्या कर रही हो...?

महिमा : (**महिमा के चेहरे पर चमक आ जाती है।**)

अंकुर : किसी ज़रूरी काम की सूचना देने के लिए मैंने फोन किया था। सोचा, मीटिंग में बैठ गया तो भूल जाऊँगा।

महिमा : कौन-सी ज़रूरी सूचना...?

अंकुर : कल हमारे साथ लंच पर तीन मित्र व्यापारी आ रहे हैं। हमारे घर की दाल-बाटी और चूरमा उन्हें बहुत अच्छा लगता है।

महिमा : जी...पर...!!! (**चेहरे का रंग उड़ जाता है।**)

अंकुर : महिमा! बाबू जी भी कुछ कहना चाह रहे हैं...

महिमा : जी बाबू जी, जय जिनेन्द्र...

बाबूजी : दुल्हन बिटिया! गट्टे की सब्जी, जीरा पुलाव और दही बना देना।

महिमा : जी बाबू जी, (**चिन्तित हो जाती है। फिर फोन बजता है**)

छठा दृश्य

[महिला मंडल की अध्यक्षा का फोन]

अध्यक्षा : हैलो...कुँवरबाई जी...विमलाबाईजी

विमला : जय जिनेन्द्र...आपकी सेहत कैसी है?

कुँवर : ठीक है...कहिये फोन कैसे किया?

विमलाबाई : आखिल भारतीय महिला मंडल के तत्त्वावधान में भ्रूण हत्या पर शिविर लगाने पधार रहे हैं।

कुँवर : आइये...आइये...हमें भी सेवा का मौका मिलेगा...। अब तो घर में बहू आ गयी है...अब क्या चिन्ता...?

(पास खड़ी महिमा सुन रही है। उसका चेहरा पीला पड़ जाता है। वह अपने कक्ष में आती है और बेचैन और व्याकुल होती हुई।

हे भिक्षु स्वामी! राह दिखा...कुछ चमत्कार कर...हे प्रभु! मेरी रक्षा करो।

हे प्रभु! मेरी रक्षा करो...दीदी ठीक कहती थी किन्तु मैंने कब सुना?

पिछले एक माह से सास ने मेरी हर कमी पर परदा डाला...अभी तक पति और ससुर जी तक को मेरी कमियों का पता नहीं चला...अब क्या होगा...?)

सातवाँ दृश्य

[इतने में सास की खाँसने की आवाज़। आवाज़ से सारा मंच घबरा जाता है। पति और ससुर दौड़ते हुए आते हैं।]

ससुर : क्या हुआ...कुँवर क्या हुआ...?

(दवा पिलाते हैं। अंकुर और महिमा पास खड़े है।)

अंकुर : महिमा! माँ के लिए उकाढ़ा बना दो।

महिमा : **(पति की ओर हैरानी से देखती है।)**

अच्छा **(वह रसोई में आ जाती है।)**

अंकुर : **(पानी खौल रहा हे। अंकुर आकर उसमें उकाढ़ा डालता है। झटपट लाकर पिलाता है। थोड़ी देर में माँ सो जाती है। ससुर और पति दूसरे कमरे में जाते हैं।)**

महिमा : माँ! आप अभी ठीक हो जायेंगी...

माँ : अब तू आ गयी है...मैं ठीक हो जाऊँगी।

महिमा : माँ! आप न होतीं तो मेरा क्या होता...? मैंने तो सुना था सास बड़ी सख्त होती हैं...लेकिन आप तो मेरी माँ से भी अच्छी हैं...

बहुत अच्छी हैं...(**संवेदनशील**)

महिमा : माँ! आपने मेरी कमियों का पता हवा को भी लगने नहीं दिया (**रुककर**) मेरी माँ तो जरा-जरा-सी बात पर बहुत झल्लाती हैं।

माँ (सास) : खाना बनाना जरा भी मुश्किल नहीं होता...

महिमा : मेरे चाचा अक्सर छेड़ते थे...पुदीना चाय या अदरक या मसाला चाय हो...सब में सब डाल देना...

(**दोनों खूब हँसती हैं।**)

[लाइट ऑफ]

आठवाँ दृश्य

दफ्तर : जी, कुँवरबाई जी का घर है?

महिमा : जी।

कर्मचारी : उन्हें सूचना दे दीजिए कि महिला मंडल के सदस्य यहाँ पहुँच रहे हैं।

महिमा : कितने सदस्य ?

कर्मचारी : दस-पंद्रह तो होंगे।

महिमा : जी अच्छा। (**स्वगत्**) हे प्रभो! अब क्या करूँ?(**हताश-सी कमरे का चक्कर काटती है।**) माँ को चुपके से फोन लगाती है। फोन नहीं लग रहा है...वह और चिन्तित हो जाती है। काफी देर बाद फोन लगता है।

महिमा : हैलो माँ!!!

उर्मिला : हाँ, महिमा बेटी कैसी हो?

महिमा : एकदम अच्छी नहीं हूँ (**रुआँसी-सी**)

उर्मिला : (**घबरा कर**) क्यों...क्या हुआ? सास ने कुछ जली-कटी कहीं क्या?

(**हाय-तोबा मचाती हैं**) हाय...मेरी फूल-सी बच्ची हाय-हाय ...सुनो जी, हमारी बच्ची ससुराल में खुश नहीं है। हाय ...कुछ करो...लगता है दहेज काफी नहीं था हाय...(**दर्शक सुन सकते हैं।**)

महिमा : हैलो माँ सुनो तो

उर्मिला : हाय क्या सुनूँ? क्या बाकी रह गया है...अरे मैं कहती भी रही पूरा पता लगाओ लोग कैसे हैं...अब मैं क्या करूँ?

महिमा : (**चिढ़ती-सी**) ओफ्फो माँ! आप जल्दी से एक खानसामा महाराज भेजो चाहे कुछ करो माँ...ट्रेन से भेजो चाहे कार से भेजो...परन्तु सुबह तक ज़रूर भेजो।

उर्मिला : यह कोई खेल है क्या? यह इतना आसान नहीं है जितना तू सोच रही है। खानसामे कोई आलू-टमाटर नहीं कि दुकानों में पड़े हैं जो गया और ले आया।

महिमा : (**व्याकुलता से**) माँ, कुछ करो।

उर्मिला : हाँ, एक काम कर सकती हूँ 'अग्रवाल भवन' को फोन कर देती हूँ कि वह रसोइया भिजवाकर खाना तैयार करवा दे। ...नहीं तो दो किलो दाल का सीरा, गट्टे की सब्जी, जीरा पुलाव, दही-बड़े और दाल-बाटी बनाकर घर भिजवा दे हमारी ओर से।

कुँवरबाई : (**सास का प्रवेश**) बहू दुल्हन!!!

महिमा : (**घबराती-सी उनकी ओर देखती है। मानो चोरी पकड़ी गयी हो**) जी-जी...

कुँवरबाई : (**उसे तो पता ही है कि महिमा को खाना बनाना नहीं आता। अतः वह प्यार से सिखाने लगी।**)
(**स्वगत दर्शक सुन सकते हैं**)
क्या नयी माँ को चिन्ता नहीं करनी चाहिए?

कुँवरबाई : चल दुल्हन, दही-बड़ों के लिए दाल भिगो देते हैं।

महिमा : वह (**हिचक**) माँ...माँ...प्रबन्ध कर देंगी।

कुँवरबाई : इतने से काम के लिए माँ को दुख दे रही है...दुल्हन बिटिया! अब तुम ससुराल आ चुकी हो...तुमने खूब पढ़ाई की अब खाना बनाना सीख लो...मैं सिखाऊँगी अपनी बिटिया को (**प्यार से उसकी ठोड़ी ऊपर करती है। प्यार पाकर महिमा की आँखें नम हो जाती हैं। सास उसे गले लगाती है। उनकी आँखें एक-दूसरे को देखती हैं**)

कुँवरबाई : सास भी तो माँ होती है...बिटिया...मैं तुम्हें सिखाऊँगी तुझे। हम दोनों मिलकर करेंगी...मैं बताती जाती हूँ तू बनाती जा।

(सास के मनुहारपूर्वक व्यवहार से महिमा रोमांचित हो उठती है।) रामू! तू जल्दी-जल्दी सब्जियाँ काटकर-धोकर रख देना।

नौकर : जी माँजी, कितने बजे तक?

कुँवरबाई : सुबह सात बजे तक। **(उसी समय उर्मिला की ओर से फोन आता है। फोन कुँवरबाई उठाती हैं।)**

कुँवरबाई : हैलो

उर्मिला : प्रणाम करूँसा।

कुँवरबाई : जय जिनेन्द्र उर्मिला बहन...आप किसी बात की चिन्ता मत करो यहाँ बन्दोबस्त हो गया है।

उर्मिला : जी...यह तो बड़ी अच्छी बात है।

कुँवरबाई : महिमा की चिन्ता अब तुम्हें करने ज़रूरत नहीं है, मैं देख लूँगी। अच्छा रखती हूँ।

[लाइट ऑफ]

नौवाँ दृश्य

[भोजन हो चुका है। हाथ पोंछते हुए ड्राइंगरूम में आते हैं। महिमा दाल का सीरा लिए आती है और सबको देती है। सब सीरा खाते हुए।]

अंकुर : माँ...बाबू जी मि. भटनागर बड़े उद्योगपति तो हैं ही, बहुत अच्छे कवि भी हैं।

भटनागर : **(मुस्कुराता हुआ)** बस...शौकिया करता हूँ क्योंकि नेताओं के साथ उठता-बैठता हूँ।

दूसरा : भटनागर जी! नेता जी पर सुनाइए।

तीसरा : वह सुनाइए क्रान्ति वाली...

भटनागर : चलिए आप इतना कहते हैं तो सुना ही देता हूँ।
नेताजी बोले,
देश में नयी क्रान्ति लानी है
जन-जन को जगाना है
घोर भ्रष्टाचार मिटाकर
नया सूरज उगाना है।
मैंने पूछा—

नेताजी,
इसके लिए क्या करना होगा?
कैसा काम करना होगा?
वे बोले—नया सूरज उगाना है
तो खाना होगा चंदा।

(सब हँसते हैं। वाह वाह करते हुए सास-ससुर तथा मेहमान उठते हैं। परस्पर नमस्ते करते हुए विदा लेते हैं। उनके जाने के बाद महिमा का जी मचलता है। और वह कै करने की इच्छा से बाथरूम की ओर भागती है। घर में खुशी की लहर फैल जाती है। म्यूजिक से प्रभाव डाला जाये।)

[लाइट ऑफ]

तीसरा अंक

पहला दृश्य

[घर का वातावरण। ऑफिस जाने से पहले अंकुर महिमा से मौन प्रेमप्रलाप करता है। प्रेमभाव भंगिमाओं से पूर्ण दृश्य एक भी वाक्य नहीं है।]

अंकुर : **(दबे पाँव आना)** सारा दिन माँ के साथ चिपकी रहती है पति का तो कोई ख्याल ही नहीं।

महिमा : इसी में तो मज़ा है।

अंकुर : महिमा डार्लिंग! वह कमाल का प्रजेंटेशन था। इतनी प्रशंसा हुई कि क्या कहूँ? और कल का खाना क्या जायकेदार था ...माँ के हाथ का स्वाद और तुम्हारे हाथ के स्वाद में कोई अन्तर ही नहीं था।

महिमा : सच?

अंकुर : **(उसके बालों को सहलाता है)** सच।

महिमा : फिर सच तुम भी जान लो। खाना बनाना तो मुझे आता ही नहीं। मेरी सासु माँ इतनी अच्छी हैं कि क्या कहूँ?

अंकुर : तुम भी तो कितनी योग्य हो...कितना सहज सरल स्वभाव से माँ का दिल और बाबूजी का दिल जीत लिया है।

महिमा : नहीं अंकुर! तुम बहुत अच्छे हो।

अंकुर : तुम भी...तुमने घर को स्वर्ग बना रखा है।

महिमा : हमारी खुशहाली और प्रसन्नता का मुख्य कारण हमारी माँ हैं। वे न होतीं तो मुझे इतना आत्मविश्वास आता ही नहीं।

अंकुर : तुम तो गोल्ड मेडलिस्ट हो।

महिमा : हूँ उसकी दृढ़ता तभी बनी रहती है जब वातावरण प्रेम भरा हो...**(अंकुर का प्रसन्न होना)**

अंकुर : महिमा! अब मैं चार दिनों के लिए दौरे पर जाऊँगा। तुम जर्मन से आने वाले डेलिगेटस के लिए तीन तरह के प्रेजेंटेशन तैयार कर देना।

महिमा : (**तकिया रखती है**) डांट यू वरी...मैं हूँ न अंकुर के साथ मस्ती करती है फिर सो जाते हैं।

[**लाइट ऑफ**]

दूसरा दृश्य

[**ससुर किशनलाल जी बार-बार फोन करते हैं। वे बहुत चिन्तित हैं। उनकी चिन्ता से घर-भर में भी चिन्ता का आलम छाया है। महिमा चाय लेकर बाबूजी के पास जाती है।**]

महिमा : बाबू जी (**किशनलाल महिमा की ओर देखते हैं**) मैं भी आपके परिवार का अंग हूँ...आपकी परेशानी भी मेरी परेशानी है...मुझे भी हक है आपकी परेशानी जानने का।

बाबूजी : तुम क्या करोगी बिटिया? तुम गृहस्थी का काम ही करो तो अच्छा होगा। (**टालना चाहते हैं**)

महिमा : नहीं बाबूजी। आपको अपनी परेशानी मुझे बतानी होगी। नहीं तो मैं रो पड़ूँगी।

बाबूजी : (**कुछ देर चुपचाप उसकी ओर देखते हैं फिर उसके भाव बदलते हैं**) महिमा, जर्मनी से डेलिगेट्स आ रहे हैं। (**रुककर**) आना तो उन्हें दो दिन बाद था इसलिए अंकुर कलकत्ता गया है। मैं मुंबई जा रहा हूँ। मैनेजर को बंगलौर में एक डील करने के लिए भेजा है। अब ऐसा कोई नहीं है जो इस समय बिजनेस ग्रुप की देखभाल कर सके। यदि ये खुश और सन्तुष्ट होकर गये तो हम जर्मन की तीन कंपनियों के साथ मिलकर भारत में एक ऐसी कम्पनी खोल सकेंगे जो भारतीय मल्टीनेशनल होगी और हमारे भारतीयों को खूब नौकरियाँ मिल सकेंगी।

महिमा : यह मौका तो बाबूजी सुनहरा है। मौके को कभी भी खोना नहीं चाहिए। एक बात कहूँ बाबूजी, मेरी दादी कहा करती थीं—'मनुष्य की योग्यता तो पच्चीस पैसे होती है,

बाकी पिच्हत्तर पैसे तो मौका यानी सही अवसर मिलने पर ही होता है, आप कहें तो इस डेलिगेट को रिसीव करना और दो दिन सँभालने का काम मैं करूँ?

बाबूजी : **(आश्चर्य से)** तुम कर सकती हो?

महिमा : जी बाबूजी।

बाबूजी : **(प्रसन्नता से)** तुम दो दिनों के लिए सँभाल लो तो सारी समस्याएँ खत्म हो जायेंगीं।

महिमा : बाबूजी! आप चाहें तो मैं उनको प्रजेंटेशन भी दे सकती हूँ।

बाबूजी : वह तो अंकुर ही बना सकता है।

महिमा : आज तक आपने उनकी जो कारीगरी देखी है **(रुककर)** वह मैं ही तो बनाकर देती हूँ। बाबूजी इसलिए मेरे पास उनके हर सवाल का उत्तर होगा ही...**(सास-ससुर विस्फारित नेत्रों से देखते हैं मानो बहू करिश्मा हो)**

महिमा : **(दादी का प्रवेश। सजी-धजी सेठानी)** आइये दादी माँ!

दादी : बचुआ! अब क्या करेगा?

बाबूजी : माँ! जाको राखे साइयां जिसके सिर पर माँ का हाथ हो तो क्या चिन्ता?

बाबूजी : माँ...आपके पोते की बहू इतनी गुणवती है...हमारी सारी चिन्ताएँ एक झटके में छूमंतर कर दीं।

दादी : कैसे?

बाबूजी : सारी समस्याएँ एक चुटकी चीनी की तरह चाय में घोल कर पिला डालीं...लो चाय पियो।

दादी : **(प्रसन्नता से)** क्या हमारी बहू इतनी होशियार है? वैसे तो आज की पढ़ी-लिखी लड़की हर समस्या को बखूबी सँभाल लेती है।

कुँवरबाई : मैं तो जानती थी कम्प्यूटर पर काम करके यही देती है सुनिये! आपकी फ्लाइट का समय हो गया है।

बाबूजी : हाँ...हाँ...अब मुझे कोई चिन्ता नहीं है...महिमा बिटिया है।

(प्रस्थान)

[लाइट ऑफ]

तीसरा दृश्य

[सेल फोन से बातचीत करते हुए। खुशखबरी देते हुए। मंच पर केवल अंकुर है जो सब तरफ की खबरों की जानकारी ले रहा है।]

अंकुर : बाबूजी! ज़र्मनवाले महिमा के व्यवहार से इतने प्रसन्न हैं कि हमारी मेहनत सफल हो गयी है।

बाबूजी : उनकी क्या रिपोर्ट थी?

अंकुर : उन्होंने रिपोर्ट में लिखा है कि भाषा की समस्या न होने के कारण हर बात पर चर्चा हो सकी। प्रतिनिधि लेडी महिमा ने हमारे हर सवाल का जवाब दिया जिससे हम सन्तुष्ट हैं। अब समय पर आगे की कार्यवाही की जायेगी।

बाबूजी : बंगलौर में क्या हुआ?

अंकुर : उसकी रिपोर्ट भी ठीक है।

बाबूजी : शबाश बेटे! जो काम हमसे भी होना कठिन लग रहा था उसे हमारी बहू ने कर दिखाया...वह पुरस्कार की अधिकारिणी है।

अंकुर : **(प्रसन्नता से पर चुप रहता है।)**

बाबूजी : बेटे! बहू के लिए हीरे का पेंडेंट और ढेर-सारे फूल, मेवे मिठाइयाँ लेकर घर आओ, मैं भी घर पहुँचता हूँ।

अंकुर : जी...**(सेल बन्द करता है।)**

[लाइट ऑफ]

चौथा दृश्य

[अंकुर का फूलों-फलों-गुब्बारों और हीरे के पेंडेंट के साथ घर पहुँचना। महिमा का इसका गलत अर्थ लगाना। महिमा अभी माँ बनना नहीं चाहती है।]

महिमा : अंकुर! तुम समझते क्यों नहीं?

अंकुर : महिमा! तुम कैसी बातें करती हो?

महिमा : **(चिढ़ती-सी)** मैं नहीं चाहती...तुम्हें कितनी बार समझाऊँ? **(अन्दर चली जाती है।)**

(बाहर माता-पिता सुन लेते हैं। अंकुर का चेहरा उतरा हुआ है। उसका मन खिन्न हे। माँ का पुत्र को कन्धे से

पकड़कर आश्वासन देना।)

बाबूजी : बेटी महिमा! ज़रा इधर आना।

महिमा : जी बाबूजी!

बाबूजी : यह उपहार यह खुशियाँ तुम्हारे काम की सफलता के लिए हैं...जर्मन वालों ने हामी भर दी है। **(प्रसन्नता से सबका सिर हिलाकर समर्थन करना। खुशी की लहर का संगीत।)**

[लाइट ऑफ]

पाँचवाँ दृश्य

कुँवरबाई : (महिला मंडल को फोन करती है।) हैलो विमलाबाई जी!

विमलाबाई : जय जिनेन्द्र...हाँ कुँवरबाई जी, खबर मुझ तक पहुँच गयी है।

कुँवरबाई : हम सब भ्रूण हत्या के विरोध में अभियान चला रहा रहे हैं, किन्तु मेरी अपनी बहू भ्रूण हत्या करवाना चाहती है।

विमलाबाई : पहले अपने घर की स्थिति तो सँभाल...

कुँवरबाई : आओ, पहले इसे समझाओ।

[लाइट ऑफ]

छठा दृश्य

[भ्रूण हत्या पर ज़ोरदार भाषण दिया जा रहा है। यह टी.वी. में भी आ रहा है। उसको सुनकर महिमा में पहले तनाव फिर द्वन्द्व की स्थिति उत्पन्न होती है। तनाव की स्थिति में उसे कुछ अच्छा नहीं लगता। उसका मन उससे प्रश्न करता है।]

मन-1 : उसका एक मन कहता है शादी हो गयी है, गृहस्थी तो चलानी ही होगी।

मन-2 : इतनी जल्दी क्या है?

मन-1 : बच्चे पैदा करना...फिर उनकी परवरिश क्या कर पायेगी?

मन-2 : भ्रूण हत्या...जीव हत्या का दोष होता है।

मन-1 : मैं माँ बनूँगी...माँ हत्यारिन नहीं होती...माँ तो जीवनदायिनी शक्ति होती है...नहीं नहीं...मैं भ्रूण हत्या नहीं करूँगी...मैं

लड़का हो या लड़की बच्चे को जन्म दूँगी।

मन-2 : लड़का चाहिए या लड़की?

मन-1 : लड़का। लड़की का जीवन उफ् कितना कठिन होता है।

सातवाँ दृश्य

अंकुर : **(महिमा की डिलीवरी हो चुकी है लेकिन अंकुर अपनी नवजात बच्ची को देखने कक्ष में नहीं जाता। महिमा को इस बात का रंज है कि उसने पुत्र नहीं पुत्री पैदा की है।)**

(नर्स उसे बच्ची को देखने को कहती है।) ठीक है देख लिया...जाओ तुम अपना काम करो।

नर्स : **(कक्ष में चली जाती है)** बच्ची के बाल देखिए कितने सुन्दर हैं।

महिमा : **(बालों की तरफ देखती है लेकिन बुझी-बुझी-सी। नर्स अपना काम कर चली जाती है।)**

(अंकुर का प्रवेश वह उसकी ओर देखता है। महिमा भी उसकी ओर देखती है।)

महिमा : अब बेटी के पिता कहलाने में शर्म आती है...उस समय जब मैं कह रही थी अबार्शन करवाना है तो भ्रूण हत्या का डोज़ पिलाया और अब...मुझे गुनाहगार की नज़रों से देख रहे हैं? **(अंकुर चुप रहता है।)**

(महिमा उसे न देख दूसरी तरफ देखने लगती है। तनाव इस बात पर बढ़ रहा है कि लड़की क्यों पैदा हुई? पैदा किया है तो लड़का करना था?)

(कुँवरबाई का प्रवेश। हाथ में दूध की थरमस आदि है। मेज पर रखते हुए।)

महिमा : जय जिनेन्द्र माँ।

कुँवरबाई : जय जिनेन्द्र।

अंकुर : पाय लागूँ माँ।

कुँवरबाई : कहाँ है मेरी लाडो? **(प्यार से)** मेरी छोटी-सी...नन्हीं-सी नाजुक-सी गुड़िया **(माँ प्रसन्न हैं। और बिना महिमा और**

अंकुर से कुछ कहे बाहर जाती हैं और बच्ची को ले आती है। खूब प्यार करने लगती है।)

[लाइट ऑफ]

आठवाँ दृश्य-8

चालीस दिन हो चुके हैं। महिमा बच्ची को गोद में लेकर बैठी है। महिमा के भाई अशोक का प्रवेश। काफी सारे तोहफे लाया है। सब उससे मिलते हैं। धीरे-धीरे सब काम पर निकल जाते हैं। रह जाते हैं भाई-बहन।

महिमा : भइया! भाभी को भी ले आते तो अच्छा होता।

अशोक : हाँ...तुम ठीक कहती हो...ले आता तो अच्छा होता...इतना तो देखती कि गृहस्थी जमाने का काम पत्नी का होता है। अच्छा तू बता?

महिमा : (**प्रसन्नता से**) बहुत अच्छा है...माँ-बाबूजी-दादी बेहद प्यार करते हैं। मेरी छोड़िए आप अपनी बताइए। आप के चेहरे पर वह चमक नहीं है, लगता है मुंबई रास नहीं आयी है?

अशोक : (**लम्बी साँस लेकर छोड़ते हुए**) मेरी गृहस्थी तो जमी ही नहीं...

महिमा : (**चिन्तित-सी**) क्यों?

अशोक : तेरी भाभी को न खाना बनाना आता है, न ही मेरी कमाई पर घर चलाना। बस फोन...फोन।

महिमा : तो फिर खाना कौन बनाता है?

अशोक : होटल जिंदाबाद...मेरी कमाई तो दो चीजों में ही खप जाती है...फोन और होटल।

महिमा : गलत...दो नहीं...चार...शोपिंग और ब्यूटी पार्लर। (**दोनों खूब हँसते हैं।**) भइया, आप माँ को बुला लीजिए न। खाना बनाना सिखा देंगी और साथ में गृहस्थी जमा देंगी।

अशोक : बड़ी समझदार हो गयी है मेरी नन्ही...मही। ससुराल का रंग ऐसा चढ़ना चाहिए।

महिमा : मैं माँ से बात कर करूँगी। आप टेंशन मत लें। जैसे मेरा...

अशोक : जैसे तेरा...क्या मतलब?

महिमा : मुझे भी खाना पकाना कहाँ आता था। सब मेरी सास जी के चलते ठीक हो गया है। अब खाना ऐसा बनाती हूँ कि उँगलियाँ काट कर खा जाओगे। वैसे भी खाना बनाना कठिन नहीं होता, बस हम यूँ ही डरती हैं...

(अशोक बच्ची को उठाकर बातें करता है। महिमा की ओर मुड़कर)

अशोक : महि! तू इसे सबकुछ सिखाना। यह जहाँ जाये अपनी खुशबू से वातावरण प्रफुल्लित कर दे। (**इसी बात को अशोक रुआँसा होकर एक-एक वाक्य कहता है।**) तेरी मामी को भी खाना बनाना आ जाये तो...तो मैं भी घर का खाना खा सकूँगा।

महिमा : मैं अपनी खुशबू को उसकी प्रतिभा तथा आत्मविश्वास के बल पर बेटी, पोती, नातिन, पत्नी, बहू, और माँ आदि के तौर पर ही नहीं बल्कि कामकाजी महिला के रूप में पूरी तरह सफल बनाने का प्रयास करूँगी (**रुककर**) उसकी भूमिका कामकाजी नारी के रूप में भी पूरी तरह सफल होगी। वह मेरी तरह मात्र गृहिणी नहीं बल्कि मुझसे बढ़कर पर्सनल और प्रोफेशनल दोनों क्षेत्रों में दोहरी भूमिका निभाते हुए परफेक्ट होममेकर बन जायेगी।

अशोक : (**बच्ची को हाथों पर झुलाते हुए दुखी स्वर में गाता है...सुन**) मेरे दाम्पत्य जीवन का इतिहास जैसे तुझे पता है महिमा...तू जानती है मैं बचपन से ही बड़ा रसिक था...तू जानती ही है। विद्यार्थी कम कवि अधिक था।

महिमा : क्या गा रहे हैं दाम्पत्य जीवन की गाथा?

अशोक : कवि हूँ न, गा-गाकर कह सकता हूँ।

महिमा : मगर किसे पता कि अपना दुखड़ा सुना रहे हैं?

अशोक : तुम ठीक कहती हो...

(**सुबकी लेता है**) मगर यह मेरा विश्वास है कि मेरा पूरा का पूरा दाम्पत्य जीवन अपने आप में हिन्दी कविता का समूचा इतिहास है।

(**सुबकता है।**)

महिमा : (**विचलित-सी**) भइया!!!

अशोक : **(नाटकीयता से)** सुन मेरी बहना!
बस एक तू ही है मेरा ऐसा गहना...
जिसे अपना दर्द है कहना...

महिमा : **(नाटकीयता से)** हाँ...हाँ (सिर हिलाती है।)

अशोक : करनी-भरनी सब यहीं है। हाय-हाय जिन दिनों मैं विश्वविद्यालय में आया। यह जानकर पछताया कि अपनी जवानी के चार दिनों में से दो को यूँ ही गुजार चुका हूँ **(आहें)** झटपट यह सोचकर मैं कुछ कर गुजरने को आगे बढ़ने लगा। इसलिए
हर नयी कन्या को नयी कविता की तरह पढ़ने लगा।

महिमा : **(आश्चर्य मिश्रित खेदपूर्ण भाव से देख रही है।)** फिर?

अशोक : यह अलग बात है, कोई पल्ले नहीं पड़ती थी उसकी अदाएँ बस सूई की तरह गड़ती थीं।

महिमा : फिर?

अशोक : यह देख मैं कवित्व-ज्ञान का उपयोग करने लगा। ...हर छात्रा पर प्रयोग करने लगा।

महिमा : फिर?

अशोक : देखते-देखते यह करने का आदी हो गया **(रुँआसा)** नयी कविता से प्रयोगवादी हो गया।

महिमा : उफ् च...च...च...**(आश्चर्य तथा प्रसन्नतामिश्रित भाव से)** फिर क्या हुआ?

अशोक : प्रयोगवाद का यह दौर
उस समय बीता, जब श्रेया ने मेरा दिल जीता
मेरी ज़िन्दगी की अद्भुत बात थी।
आगे घटना अपने आप में
नयी...शरुआत थी।
उस कन्या यानी श्रेया के संग
मेरे प्रणय सम्बन्धों की गाथा
प्रतीकवादी ढंग से आगे बढ़ी
आलोचकों की जुबान पर ऐसी चढ़ी
प्राध्यापकगण, छात्र-छात्राएँ
फुसफुसाने लगे, चपरासी

मुझे देख मुस्कुराने लगे,
हर अधर पर मेरा संवाद था।
यह पल मेरे जीवन का रहस्यवाद था।

महिमा : सुना खुशबू...अपने मामा की करतूत (**उसी समय वह सू ...सू कर देती है और वह बच्ची को महिमा को देता है। महिमा अन्दर जाती है**)

अशोक : ख्यालों में आह क्या दिन थे। (**महिमा अंकुर के साथ बाहर आती है।**)

महिमा : फिर क्या-क्या किया भइया?

अशोक : (**प्रसन्नता से नाटकीय ढंग से**) मैं उस पर कविता गढ़ने लगा बैठ पार्क में सीमेंट बैंच पर अरुणोदय से अस्ताचल तक उसकी बाट जोहने लगा था।
नेह भरी सुख की बदली से
बरसे प्रेमाश्रु, गया मैं भींग
प्रेम की पींगें चढ़ाता
स्वर्ग का आनन्द ले रहा था अब सुखा रहा हूँ पैंट-कमीज़।

महिमा : (**ज़ोर-ज़ोर से दोनों हँसते हैं।**)

अंकुर : कभी इस पेड़ के नीचे तो कभी उस पेड़ के पीछे?

अशोक : प्रेम का उन्माद था। यह मेरी ज़िन्दगी का छायावाद था।

महिमा : मज़ेदार है न अंकुर?

अंकुर : फिर क्या हुआ साले साहब?

अशोक : मैं सोच रहा था किस रीति से उसे अपना जीवनसाथी बनाऊँ। यह था हमारा रीतिकाल

अंकुर : आपने तो प्रेम के चलते इतिहास ही पलट दिया।

अशोक : खैर, एक दुर्घटना घटी, वह विवाह के लिए पटी
मैं हवन-वेदी पर हुआ शहीद अब रोटियाँ सेंक रहा हूँ।

महिमा : अब?

अशोक : अब साड़ियों के पैकेट ढो रहा हूँ, न कोई दुख न सुख
बीबी का दास हूँ क्योंकि यह मेरा भक्तिकाल है।

अंकुर : (मुस्कुराता है।) यह तो अच्छा है। जीवन सच्चा है।

अशोक : इधर कुछ दिनों से वह लड़ने लगी है...उसकी शौर्यगाथा पहले कानों में पड़ती थी, अब सिर पर पड़ने लगी है।

...बोली उसकी रणभेरी-सी हो गयी है। मुझे वीरों-सा रूप करना पड़ रहा है यह मेरे जीवन का वीरगाथा काल है। **(रोता है मंच पर विषाद फैल जाता है। दिल हिला देने वाली स्थिति हो जाती है। महिमा भी रोने लगती है।)**

अशोक : अन्तिम गति, अब
ऐसा लगता है बहना!
धीरे-धीरे मैं उसका अंश हो गया हूँ
अच्छा खासा कवि था
अब अपभ्रंश हो गया हूँ।
(रोता है और मंच पर कारुणिक दिल दहला देने वाली स्थिति दर्दनाक उभारी जाये जिससे भाव व्यक्त हों।)

महिमा : हे प्रभु किसी लड़के को ऐसी स्थिति मत देना। मैं माँ से बात करूँगी।

[लाइट ऑफ]

नौवाँ दृश्य

महिमा : **(अपनी माँ को फोन लगाती है।)**

माँ : मही! बेटी कैसी हो?

महिमा : मैं तो ठीक हूँ माँ किन्तु आप कैसी हैं?

माँ : **(दर्शक सुन सकते हैं।)** घर के नौकर-चाकर ठीक हैं मुद्दे की बात कर भई...

महिमा : माँ आपको पता है कि मुंबई में अशोक भइया की क्या दशा है?

माँ : अपनी मर्जी से गया है...मज़े में होगा।

महिमा : माँ, वह खुश नहीं हैं। मेरी बात उनसे हुई थी...वह खुश नहीं हैं।

माँ : क्या वह सुखी नहीं है...हे प्रभु! वह हमारी सुनता कहाँ है? अपने पिता से कहकर मुबम्ई में नौकरी लगवा ली। मैं कहती रही कि बेटा घर तथा कारोबार छोड़कर न जा ...वहाँ कैसे फ्लैट में रहेगा...कहाँ किसी नौकरी में सफल हो पायेगा? जो जीवनभर महलों में रहे हों वे फ्लैटों में

नहीं रह सकते जिन्होंने शान-शौकत की ज़िन्दगी बिताई हो वे कहीं नहीं रह सकते।

महिमा : माँ छोड़ो न पुरानी बातें, अब कुछ करो न।

माँ : भाभी की इतनी चिन्ता है तो कह भाई से अपनी सास बुला ले। मैं गयी तो श्रेया काम करना तो दूर अशोक को शोक या शॉक ही देगी।

महिमा : ठीक है माँ। रखती हूँ।

[लाइट ऑफ]

दसवाँ दृश्य

महिमा : **(अशोक का प्रवेश)** भइया! मेरे मन में एक ख्याल आया है कि क्यों न भाभी की मम्मी को मुंबई बुला लिया जाये। आम के आम गुठलियों के दाम। एक तो उन्हें अच्छा लगेगा और दूसरा मम्मी से सीख लेंगी।

अशोक : **(चिढ़ते हुए)** तुझे क्या बताऊँ। पूरा एक महीना रहीं। उन्होंने काम कम भड़काया ज़्यादा। ऐसे-ऐसे विचार डाल दिये कि मत पूछो...इससे तो मैं भूखा ही अच्छा।
(अंकुर का प्रवेश। उसने वाक्य सुन लिया है।)

अंकुर : क्या कहती हैं? **(हँसते हुए)** ज़रा हम भी तो सुनें?

अशोक : माता-पिता की खिल्ली उड़ती है। **(रोष में)** कौन-सा यह अपमान सह सकता है?

[लाइट ऑफ]

ग्यारहवाँ दृश्य

[फ्लेशबैक मुम्बई का फ्लैट जिसमें श्रेया की मम्मी तथा श्रेया गाना गा रही हैं। अशोक सो रहा है। वह झाँक कर देखती है। संकेत करती है। आजकल पॉवर प्वाइंट पर दिखा सकते हैं।]

श्रेया : मम्मी! शादी में कौन-सा गायेंगे ज़रा रिहर्सल करते हैं।

मम्मी : **(आँख मारते हुए)** पतिवाला
(गाती है)

जय सिय राम जय जय सिया राम
ऐसा पति मुझे दो भगवान
सुबह को उठकर चाय बनाये
चाय बनाकर मुझे उठाये, और कहे लो पियो मेरी जान
ऐसा पति मुझे दो भगवान।
महीने के अन्त में पैसे लाये
पैसे लाकर मुझे थमाये और कहे
लो उड़ाओ मेरी जान
ऐसा पति मुझे दो भगवान।
संडे के संडे पिक्चर दिखाये
पिक्चर दिखाकर फाइव स्टार में डिनर खिलाये
और कहे--मैं हूँ तेरा गुलाम
ऐसा पति मुझे दो भगवान
जय सिय राम जय जय सिया राम
ऐसा पति मुझे दो भगवान।

अशोक : **(चिढ़ता, बेबस हुआ...हाथ-पैर मारता है। दर्शक उसकी लाचारी देखकर आनन्द लेते हैं।)**
मम्मी, मैं सोना चाहता हूँ।

मम्मी : सोओ सोओ बेटा।

[लाइट ऑफ]

(लाइट ऑन होती है।)

अशोक : यही तुम्हारे माता-पिता पुराने ख्यालात के हैं। माँ कितना प्यार देती थी किन्तु क्या कहूँ? जब उनको वापस भेजा तो राहत मिली।

अंकुर : सब ठीक हो जायेगा, साले साहब।

महिमा : मैं दृढ़ संकल्प करती हूँ...मैं अपनी बेटी खुशबू को खूब अच्छी तरह हर काम सिखलाऊँगी। सब में निपुण बनाऊँगी। **(संकल्प करती है।)**

अशोक : मही और अंकुर! अब मैं चलता हूँ। तुम सदा अखण्ड सौभाग्यवती रहो। सदा सुखी रहो...खुशबू की खुशबू से तेरे जीवन की बगिया महकती रहे।
(प्रस्थान)

[लाइट ऑफ]

बारहवाँ दृश्य

[अंकुर की बहन मनचली होती जा रही है।]

महिमा : प्रियंका! चैट छोड़ कुछ रसोई का काम सीख।

प्रियंका : **(रोष में)** तुम मेरी माँ लगती हो?

महिमा : **(एकटक उसकी ओर देखती है। फिर प्यार से समझाती है।)**
देख प्रियंका अब तू बाईस की होने वाली है। मैं अपने अनुभव से तेरी भलाई के लिए कह रही हूँ

प्रियंका : बस भाभी...मुझे उपदेश मत दो।

महिमा : तू समझती क्यूँ नहीं? दुनिया चाहे जितनी रफ्तार से आगे बढ़े किन्तु अपनी गृहस्थी चलाने के लिए खाना बनाना आना चाहिए।

प्रियंका : मेरी बात कुछ और है...

महिमा : हर लड़की को एक-न-एक दिन इंजन बनना पड़ता है। उम्र के साथ हमें हर तरह का प्रशिक्षण ले लेना चाहिए। (उठकर कर चली जाती है।)

[लाइट ऑफ]

तेरहवाँ दृश्य

[गरिमा और महिमा की बातचीत महिमा कम्प्यूटर पर कुछ काम कर रही हैं। दादी और माँ भी पास बैठी कुछ कर रही है। सेल बजता है। महिमा उठाती है।]

महिमा : हैलो!

गरिमा : महिमा दी?

महिमा : प्रसन्नता से कैसी हो?

गरिमा : मैं ठीक भी हूँ और नहीं भी

महिमा : क्या मतलब...ठीक हूँ भी...और नहीं भी?

गरिमा : पहले दादी तुम्हारे पीछे पड़ी रहती थीं...तुम्हें सोने नहीं देती थीं...यह सीख, वह सीख...अब मेरे पीछे हाथ धोकर पड़ी रहती हैं।

महिमा : अच्छा है न...वह हमारी दादी हैं यानी पिताजी की माँ,

हमारी प्यारी।

गरिमा : आप यह कैसी भाषा बोल रही हैं...कल तक तो आप चिढ़ा करती थीं।

महिमा : तब मैं भी तुम्हारे जैसी पढ़ी-लिखी बेवकूफ थी। अनुभवहीन कोरी पोथियाँ पढ़ी थीं। जीवन ज्ञान और अनुभव से स्वर्ग बनाया जा सकता है।

गरिमा : वाह!! नौ सौ चूहे खाकर बिल्ली चली उपदेश देने (**हँसती है**)

महिमा : नौ सौ चूहे खाकर ही उसके मुँह का द्वार बन्द और अक्ल का खुलता है।

गरिमा : अच्छा।

महिमा : तू इस बिल्ली का अनुभव सुन और अपना जीवन खूबसूरत बना। दादी जैसा कहती हैं वह ध्यान से सुन। माँ उनको कुछ कहे तो उन्हें समझा कि लड़की को यदि महिमा दीदी की तरह सास न मिले तो बहुत मुश्किल हो जाती है। जीवन नर्क बन जाता है। (**कुँवरबाई और दादी प्रसन्नता से उसे देखती हैं**) मैं तो उनके पैर धोकर पीऊँ...वे इतनी अच्छी है। अच्छा, अब तू पढ़ाई के साथ-साथ महिला मंडल में भी जाया कर। वहाँ होनेवाली सारी प्रतियोगिता में भाग ले। जानकारियों के साथ आत्मविश्वास में बढ़ोतरी होगी।

गरिमा : आप ज़िन्दगी को कैसे देखने लगीं है...

महिमा : यही सच है। जीवन हिम्मत का सौदा है।

(सेल रखती है)

[लाइट ऑफ]

चौथा अंक

पहला दृश्य

[प्रियंका कम्प्यूटर के सामने बैठी चैट कर रही है। महिमा वहाँ आती है और नाराज़ होती है।]

महिमा : यही अगर तू कम्प्यूटर से अपना ज्ञान बढ़ाये तो कितना अच्छा होगा।

प्रियंका : मैं जो चाहे करूँ...चैट करूँ...चैट रिलेशन करूँ...भाभी हो भाभी की तरह ही रहो। मुझे सिखाने की...पढ़ाने की कोशिश मत करो।

दूसरा दृश्य

[समय इतना हो गया है कि बेटी पाँच साल की हो गयी है। महिमा उसे पढ़ा रही है। बेटी खुशबू पूछती है।]

खुशबू : माँ! आज खाना क्या है?

महिमा : (प्यार से) आज मेरी खुशबू क्या खायेंगी?

खुशबू : (**बेटी खशबू विज्ञापन वाली मुद्रा में कहती है**) मैगी नूडलस बस दो मिनट।

महिमा : (**सिखाने का प्रयास**) पहले हम सब्जियाँ धोयेंगे फिर काटेंगे...यह गाजर है, यह मटर है, यह बन्दगोभी है, यह बीनूस है। अब इन्हें छोटा-छोटा काटेंगे। एक कटोरी पानी डालकर गैस पर रखेंगे... इसमें इन सब्जियों को उबालेंगे और अब नूडल्स डालेंगे।

खुशबू : अब थोड़ा पकायेंगे बस दो मिनट लो गर्मागर्म खायेंगे... फिर होमवर्क करेंगे...फिर म्यूजिक क्लास जायेंगे (**बच्ची**

ताली बजा-बजाकर कहती है) गलत-गलत आज स्विमिंग है कल म्यूजिक है।

महिमा : चलो...चलो

(प्रस्थान)

[लाइट ऑफ]

तीसरा दृश्य

[दादी के पास ड्राइंगरूम में दो-तीन बूढ़ी औरतें बैठी बातें कर रही हैं।]

दादी : तुम ठीक कहती हो रामप्यारी, अपने सास-ससुर से घूँघट उठाकर बात नहीं करती थीं। उस जमाने में रात होने तक मेरा मुँह नहीं देख पाते थे लेकिन आजकल की बहुओं में तो परदे का रिवाज ही समाप्त हो गया है।

रामप्यारी : आजकल की छोकरियाँ को न तो चारित्रिक मूल्यों की परवाह है, न बड़े-बूढ़ों का आदर-सत्कार ही।

लखी : आज जो हालत हैं उसे देखकर तो डर ही लगता है।

चंपाबाई : मुझे तो चिन्ता इस बात की है कि आनेवाली पीढ़ी का रंग कैसा होगा?

लखी : मेरी बहू नौकरी करती है...उसके आने का कोई समय नहीं होता। कभी पूछूँ कि देर क्यूँ हो गयी तो सीधे मुँह उत्तर ही नहीं देती।

दादी : क्या कहती है?

लखी : तीखी आवाज़ में कहेगी—मैं कोई पिकनिक करने या मज़े मारने नहीं जाती।

(महिमा काफी बेचैन है। वह दूर से बूढ़ी औरतों की बातें सुन रही है। अंकुर आकर उसे कन्धे से अपनी ओर खींचता है।)

महिमा : ओह! आ गये।

अंकुर : आ भी गये और गले भी लगे किन्तु प्रसन्नता का स्तर ठण्डा था क्या जान सकता हूँ कि ऐसा क्यों?

महिमा : अंकुर! ये बूढ़े लोग जब मिलते हैं तो पुराने और नये की तुलना शुरू कर देते हैं...क्यूँ?

अंकुर : (**हँसते हुए**) क्योंकि उनका नज़रिया निराशावादी होता है। अपने इस निराशावादी नज़रिए के चलते वे नये ज़माने के लोगों से बात-बात में कुढ़ते हैं।

महिमा : तुम ठीक कहते हो। इन बूढ़े लोगों को न युवावर्ग के चलने का तरीका पसन्द है और न बात करने का। युवाओं के काम-काज को लेकर खान-पान तक में मीनमेख इतना निकालते हैं कि क्या कहूँ?

अंकुर : लगता है दादी की सहेलियों की बातें सुन रही थीं?

महिमा : कभी औरत को घर जाने में देर हो जाये तो बस यही रट लगायेंगे...हमारे समय में सूर्य डूबने से पहले घर आ जाते थे।

अंकुर : यह कोई नयी बात थोड़े ही है...हर पीढ़ी अपने जमाने की प्रशंसा करती है और वर्तमान की निंदा।

महिमा : क्या यह अच्छा नहीं होगा कि वे भी वर्तमान में जीना सीख लें।

अंकुर : (**मसखरी की तबीयत से**) हम दोनों वर्तमान में जिया करेंगे।

महिमा : हाँ...हम अतीत में नहीं वर्तमान में जिया करेंगे तो हर युग हमें 'अपना' लगेगा। एक आइडिया है।

अंकुर : क्या आइडिया?

महिमा : अगर आप मेरी बात सुनेंगे, समझेंगे औा साथ देंगे तो मैं अपना आइडिया शेयर करूँगी।

अंकुर : (गम्भीर) आज मार्डन युग की लड़कियों से डर लगता है।

हिमा : अगर पति इस तरह का उत्तर दे तो निराशा होती है

अंकुर : क्यों?

महिमा : क्योंकि सबसे ज़्यादा पत्नी ही पति को समझ सकती है। अगर वह ऐसा कहे तो पत्नी को ठौर कहाँ।

अंकुर : (**झेंपता-सा**) नहीं नहीं मही, मैं तो तुम्हें अपने से ज़्यादा अच्छी तरह पहचानता हूँ। बताओ क्या कहना चाहती हो?

महिमा : मैं एक ट्रेनिंग सेंटर खोलना चाहती हूँ।

अंकुर : **(बात काटते हुए)** हमारे यहाँ...

महिमा : गुमराह होते समाज को दिशा देने का नेक काम है।

अंकुर : दादा-दादी, माता-पिता से बात करना शेर के मुँह में हाथ डालना है। **(पिता का प्रवेश)**

पिता : नहीं बेटे! हम इतने भी भयानक नहीं हैं।

अंकुर : पिताजी, महिमा परफेक्ट होम सेंटर खोलना चाहती है।

पिता : अजी सुनती हो! **(आवाज़ सुनते ही दादा-दादी, माँ आ जाते हैं। उनकी ओर देखते हुए कहते हैं)**
आपकी बहू परफेक्ट होममेकर सेंटर खोलना चाहती है।

दादी : वह क्या होता है?

पिता : वह क्या होता है, यह महिमा ही बतायेगी।

महिमा : घर-परिवार के रिश्तों को कैसे सँभालें, होम एंड फाइनेंशियल मैनेजमेंट यानी घर के आय-व्यय का सही बजट बनाना। भविष्य की सुरक्षा के लिए बचत करें। सामाजिक बनें। आस-पड़ोस, समस्त के साथ मेलजोल बनाएँ। अपने बच्चों की शिक्षा के साथ-साथ उनकी इमोशनल ज़रूरतें समझें। आर्ट ऑफ कुकिंग आदि।

दादा जी : सिलाई, कढ़ाई, सफाई भी करना आना ज़रूरी है।
(सब प्रसन्न हैं।)

[लाइट ऑफ]

चौथा दृश्य

[सेंटर खुल चुका है। उसकी प्रगति की रिपोर्ट माइक पर दी जाये कि उस सेंटर में 55 लड़कियाँ ट्रेनिंग पा रही हैं। खुशबू भी वहाँ ट्रेनिंग पा रही है।
(खुशबू गाते-गाते बड़ी हो जाती है। वह हर तरह की प्रतियोगिता में भाग लेती है। हर जगह जीतकर आती है। घर में माँ के साथ खाने के समय दिखाया जाये। उसे बार-बार प्रतियोगिताएँ जीतते हुए दिखाया जाये। अंकुर-महिमा, माता-पिता, दादा-दादी की प्रसन्नता का कोई ठिकाना नहीं।)]

दादी : खुशबू की सफलता सारे घर की सफलता है। आचार्य ठीक कहते हैं—जीवात्मा स्वयं अपना मित्र है और स्वयं अपना शत्रु।

दादा : (**एक लम्बी साँस खींचकर**) महिमा बहू ने अच्छा किया, दूसरे व्यक्ति पर कोई कब तक निर्भर रह सकता है? हर मनुष्य को हर क्षेत्र में अपने पैरों पर खड़ा होना चाहिए।

सास : महिमा तेरी मेहनत सफल हुई।

महिमा : इसका सारा श्रेय आप सबको जाता है। मुझे यदि आप दोनों का साथ न मिला होता तो (**रुककर**) माँ के सुखद स्वभाव को देखकर मैंने यह निर्णय किया था...दृढ़ संकल्प लिया था कि अपने बच्चों को लड़का-लड़की दोनों को सब कुछ सिखलाऊँगी।

सास : संकल्प द्वारा स्वयं को सँभालना प्रथम पुरुषार्थ है।

ससुर : संकल्प से साहस और आत्मविश्वास को जगाया जा सकता है। साहस के साथ विवेक हो तो उसे दिशा मिल सकती है। आज की सफलता इसी पर है। आज हम सबका जीवन, हमारी मेहनत सफल हुई।

(**सेल बजता है। उसमें होनेवाली बातचीत दर्शक सुन सकते हैं।**)

महिमा : जी, आप कौन?

सुराना : मैं अमरीका से ज्योति सुराना बोल रही हूँ। आप खुशबू की मम्मी हैं?

महिमा : जी।

सुराना : जय जिनेन्द्र

महिमा : जय जिनेन्द्र

सुराना : मेरा नाम ज्योति सुराना है। हम अमरीका में ही बस गये हैं। मुझे खुशबू आपकी बेटी को 'इंडियन आइडिल' में देखकर तथा उसका इंटरव्यू सुनकर ऐसा लगा कि मेरे पुत्र के लिए खुशबू सुयोग्य है।

महिमा : आपसे बात कर खुशी हुई। आप अपने पुत्र का बायोडाटा तथा फोटो भेजिए। फिर उसके दादा-दादी देखेंगे।

सुराना : फिर क्या...?

महिमा : अभी उसका मन है कि हायर एजुकेशन के लिए आस्ट्रेलिया जाये। हम भी यही चाहते हैं।

दादा : (**महिमा के हाथ से फोन लेकर**) जी मैं खुशबू का दादा

बोल रहा हूँ। आपने सही आँका है। हमारी पोती लाखों में एक है। पढ़ाई में अव्वल, खाना बनाने में अव्वल, सिलाई-कढ़ाई में अव्वल तथा केक बनाने में अव्वल है।
(दूसरी तरफ से अंकुर को फोन आता है।)

अंकुर : आप इंटरनेट से भेज दीजिए (**फोन बन्द कर प्रसन्नता से**) हमारी खुशबू...

दादा : व्यक्तित्त्व का विकास किस तरह खुशबू बनकर फैल जाता है। हमारी खुशबू की खुशबू से पता चलता है।

खुशबू : दादाजी।

दादा : ओ खुशबू बिटिया कैसी हो?

खुशबू : दादाजी...डील या नो डील...प्रोग्राम में मैंने एक करोड़ जीत लिया है। (**खुशी की लहर**)

दादा : सुनो...सुनो...सब सुनो...हमारी खुशबू ने एक करोड़ जीत लिया है। (अंकुर, महिमा, दादा, दादी, नौकर सब खुशी से झूम उठते हैं। भविष्य हमारे हाथ में है।
(मधुर संगीत लहरी)

[पर्दा गिरता है।]

□□